体适能与多维健康的发展研究

汤　明◎著

吉林文史出版社

图书在版编目（CIP）数据

体适能与多维健康的发展研究 / 汤明著 . — 长春：
吉林文史出版社 , 2024.3

ISBN 978-7-5752-0090-5

Ⅰ . ①体… Ⅱ . ①汤… Ⅲ . ①大学生 – 体育锻炼 – 研
究②大学生 – 身体素质 – 健康教育 – 研究 Ⅳ .
① G807.4 ② G806

中国国家版本馆 CIP 数据核字 (2024) 第 053689 号

体适能与多维健康的发展研究
TISHINENG YU DUOWEI JIANKANG DE FAZHAN YANJIU

著　　者：汤　明
责任编辑：程　明
出版发行：吉林文史出版社
电　　话：0431-81629359
地　　址：长春市福祉大路 5788 号
邮　　编：130117
网　　址：www.jlws.com.cn
印　　刷：河北万卷印刷有限公司
开　　本：710mm×1000mm　1/16
印　　张：15.5
字　　数：210 千字
版　　次：2024 年 3 月第 1 版
印　　次：2024 年 3 月第 1 次印刷
书　　号：ISBN 978-7-5752-0090-5
定　　价：88.00 元

前言

今天，面对现代社会快节奏的生活和不断增长的生活压力，人们的健康观念正在发生深刻的变革。传统的健康观仅仅局限于身体健康的范畴，而现代的健康观越来越强调身心整体的健康。基于此种背景下，本书揭示了体适能与多维健康之间的密切联系，并为人们提供了一种全新的生活方式。

在古代，健康被定义为没有疾病的状态，此种定义明显忽视了心理和情感健康的重要性。随着时代的进步，人们开始认识到，健康不仅仅是身体健康，还包括心理健康、情感健康和社交健康等多个维度，此种变化反映了人们对生活质量的更高追求，表明健康的定义在不断地深化。

体适能的概念在近年已经超越了单纯的身体健康范畴，成为一个全面的健康观念，身体、情感、心理以及社交等方面都被纳入体适能中。观念变革并非是瞬时改变的，而是与科技、文化和社会进步密切相关。进入 21 世纪，科学技术的发展为人们揭示了更多关于身体与心灵的奥秘。现代医学研究表明，心理状态直接与身体健康相互影响。比如，持续的心理压力可能会导致身体各系统的功能下降，从而降低免疫力，增加患病的风险。相反，身体状况也会对个体的心理健康产生重大影响，比如慢性疼痛、疾病和身体伤害都可能导致情绪低落或焦虑。进一步看，身体健康的确为个体提供了一定程度的心理安慰和支持。例如，身体健康、活力四射的人更容易保持乐观的情绪和对未来充满希望的心态，正面的情绪和心态促使他们积极地参与社交活动，与他人建立密切的人际关系。同样，良好的心理状态也为个体提供了与人交往的信心和勇气。当一个人拥有健康的心理，他们往往更容易理解他人，更具同情心和同理心，与他人的沟通也更为流畅和深入。而良好的人际交往又反过来为他们带来更多的社交支持，从而提升他们的心理健康水平。社交健康也已经被证实为影响身心健康的重要因素，良好的社交关系可以给予个体情感上的支持，帮助他们更好地应对生活中的种种压力和挑战。反之，孤立、被排斥或缺乏社交支持的人可能会出现各种身体和心理问题。在身体、心理和社交三者相互影响、相互促进的健康观念下，体适能的概念出现。体适能与多维健康之间的关系是复杂而又紧密的。

　　了解理论固然重要，但如何将这些理论付诸实践同样重要。本书提供了体适能与多维健康的理论知识，并分析了一系列实践策略和方法。无论是饮食、运动还是休息，本书都为人们提供了全方位的指导，帮助人们在日常生活中实现真正的健康。笔者希望每一位读者都能从这本书中受益，走上健康的生活之路。

目录

第一章　健康体适能概论

在当今社会，人们对健康的重视程度越来越高，自身的健康意识也逐渐建立起来，这一趋势引发了对健康体适能的关注。健康体适能作为一项新的概念，正在迅速进入人们的视野。

第一节　体适能的概念

一、健康的定义

（一）我国古代对健康的理解

我国古代对健康的理解深刻而全面，这一理念可以在《周易·象传》"天行健，君子以自强不息"一语中得到阐释。"天"代表了大自然和宇宙的规律，意味着古代中国人认为健康与自然法则息息相关，一个人要保持健康，就需要顺应自然的运行规律。"君子"指的是知天命、德行高尚的人，这里强调了健康与德行的联系，认为一个真正的君子不仅在品德上要高尚，还需要在身体健康方面自强不息。"自强"指的是自我强化、自我完善的过程，古代中国人认为健康不仅仅是身体强壮，还包括心灵和道德的成长，尤其是阴阳平衡的重要性。"不息"强调健康是一个不断提高、不断努力的过程，永无止境，与现代健康观念中的持续改进和自我管理相符。老子的名言"道大，天大，地大，人亦大"和"人法地，地法天，天法道，道法自然"，进一步强调了健康与宇宙和谐、与自然法则一致的概念。人类的健康应当遵循大道和自然法则，与天地融为一体。

（二）世界卫生组织对健康的定义

世界卫生组织在1948年的宪章中提出了健康的新定义：健康不仅是没有疾病和衰弱状态，而且是保持生理、心理和社会适应的完美状态。该定义深刻地揭示了健康的多维性，强调不仅要关注身体健康，还要重视心理健康和社会适应能力。

二、影响健康的因素

（一）生物学因素

生物学因素在健康和寿命的影响中起着重要作用。生物学因素包括多个方面，对人体的发育和健康状态都有着深刻的影响。传染病和感染性疾病由病原微生物引起，如细菌、病毒、真菌等，可以迅速传播，对人体健康产生严重威胁。在社区中，传染病的暴发可能导致大规模的健康危机，因此，控制传染病的传播是维护健康的重要措施之一。某些遗传或非遗传的内在缺陷、变异、老化等因素也对健康产生重要影响，这些因素可能导致人体发育畸形、代谢障碍、内分泌失调和免疫功能异常等问题出现。而健康问题可能是先天性的，也可能是随着年龄的增长而逐渐显现出来的。[①]因此，了解个体的遗传背景和生理特点对健康管理至关重要。生物学因素中的社区人群特征也对健康水平产生影响，包括

---

① 裘琴儿.健康体适能理论[M].徐州：中国矿业大学出版社，2012：1.

年龄、民族、婚姻状况等特定人群特征。不同年龄段的人可能面临不同的健康问题，不同民族之间可能存在遗传倾向，婚姻状态也与健康有关。社区人群特征在一定程度上决定了个体对某些疾病的易感性和遗传危险性，从而影响整个社区的健康水平。

（二）环境因素

环境因素包括自然环境和社会环境，与人类健康问题密切相关，是当前全球面临的严重挑战之一。自然环境的影响是不可忽视的。环境污染是一个严重威胁人类健康的问题，包括空气污染、水质问题、土壤污染等，直接影响空气的呼吸、水源的饮用和土地的农业生产，从而对健康产生负面影响。此外，人口问题也与环境紧密相连，过度的人口增长可能导致资源短缺和环境恶化，从而威胁到人类的健康。社会环境同样对健康具有深远的影响，社区的地理位置、生态环境、住房条件、卫生设施、就业机会以及邻里关系等因素都会不同程度地影响社区居民的健康状况。社会环境还包括政治制度、经济水平、文化教育、人口状况和科技发展等多个方面，良好的社会环境有助于提供教育、医疗保健、就业机会等资源，从而为人民的健康提供根本保障。

（三）卫生服务因素

卫生服务的提供范围、内容以及质量直接关系到人们的生存、老化、疾病管理和生命终结等一系列健康问题，卫生服务的范围包括医疗保健、预防保健、紧急医疗救助等多个方面。医疗保健提供了治疗疾病和健康问题的关键手段，预防保健着重于预防疾病的发生，包括免疫接种、健康教育、健康检查等，紧急医疗救助在突发状况下救治伤病患者，是保障生命安全的重要环节。卫生服务的内容也包括医疗设施和医疗技术的可获得性，现代医疗设施和高科技医疗技术可以提供更准确、更有效的医疗服务，对疾病的诊断和治疗有着积极影响，卫生服务的质量包括医护人员的专业水平、医疗流程的规范程度和卫生设施的条件等。卫生服务因素关乎个体健康与整个社会的公共卫生，一个高质量的卫生服务系统可以更好地控制和管理疾病的传播，减少流行病的爆发，维护社区的健康水平。及时有效的卫生服务可以减少疾病的并发症，提高治疗成功率，延长生命。

（四）行为与生活方式因素

行为与生活方式因素涵盖了个体的生活习惯和行为，它们受文化、民族、经济、社会、家庭、同辈等多方面因素的影响，包括那些可能危害健康的行为和不良生活方式。生活方式是指在特定环境条件下形成的生活意识和行为习惯的总和，反映了个体的生活选择，包括饮食习惯、运动习惯、吸烟、酗酒、药物滥用等。这些生活方式因素直接影响到身体健康，决定了是否会出现健康问题。不良生活方式和有害健康的行为已经成为当今威胁人类健康、导致疾病和死亡的主要原因之一，例如，吸烟和酗酒不仅会增加心脏病、癌症和呼吸道疾病的风险，还会减少寿命。不足的身体活动和不健康的饮食习惯可能导致肥胖、糖尿病和高血压等健康问题。此外，药物滥用和不安全的性行为也会引发传染性疾病的传播。

三、体适能的定义

体适能，源自英文的"Physical Fitness（PF）"，最早于 1987 年出现在美国健康、体育教育和休闲协会（American Association of Health, Physical Education and Recreation，AAHPER）提出的体适能健康教育计划中。该计划的核心内容旨在传授与健康相关的知识和方法，主要包括体育活动对改善有氧体适能、肌肉力量、耐力、柔软性以及身体成分的影响，以及营养与体育活动的健康知识。

体适能，这一概念代表着人们在日常生活、休闲娱乐以及应对突发状况时所需的身体能力，强调个体在面对各种环境需求时的适应性和综合健康状态。体适能是身体素质的一种体现，更是人体整体健康水平的一个关键指标，同时成为运动训练和体育锻炼新思想的重要指导性概念。[①]体适能的本质是通过适当的锻炼和训练，使身体具备足够的能力胜任日常工作和应对各种生活挑战，包括了心肺功能、肌肉力量、灵活性、耐力和身体成分等多个方面。一个拥有良好体适能的个体能够更高效地完成日常任务，还能够更好地应对紧急情况，提升身心的整体舒适度。体适能的提出对运动科研、体育锻炼和运动训练领域产生了深远影响，人们能够以更科学、客观的方式来理解和处理健康问题。与传统健身观念相比，体适能强调个体的适应性和全面性，不再仅关注单一的体能指标，还关注整体健康和生活质量。人们可以通过体适能的概念，更好地了解自己的身体状况，并根据需要进行合理的锻炼和训练，促进了健康教育的发展，使个体能够更好地掌握健康知识，明智地选择生活方式，以提高体适能和整体健康水平。

体适能是一个关于人体生理和功能的重要概念，描述了人体各个组织和器官在正常情况下的有效机能，以适应日常工作和生活环境，并具备处理紧急情况的能力。体适能的基本要素包括心血管功能（循环系统）、肺功能、肌肉力量和耐力、关节活动范围以及身体脂肪百分比，诸多要素共同构成了人体整体健康和适应性的核心。

从学术的角度来看，体适能包含了体育、运动和休闲活动这三个重要维度。既可以是知识和技术的传授，也可以通过参与运动、游戏和竞争来实现身体对生活环境的适应，还可以是在休闲时间内愉悦、自愿、建设性地利用身体的活动。与高竞技运动不同，体适能活动的目标不是为了追求竞技胜利，而是为了追求个体的身心健康，以满足日常生活的需求。体适能的理解和实践不仅仅是知识上的掌握，更需要将知识付诸实践，实践中体验到知行合一的境界，从而达到身心健康的目标。体适能的多维度性质使其成为一个更全面的概念，既关注了身体健康，还强

---

① 姜桂萍.健康体适能 [M]. 西安：西安交通大学出版社，2018：3.

调了精神和情感健康。①体育和运动不再被视为纯粹的竞技活动，而是被视为促进健康和幸福的手段。综合性的理解也强调了体适能活动的多样性，包括有氧运动、力量训练、伸展运动、团队合作和休闲活动等各种形式。体适能活动的核心特点之一是其健康导向性，与一些高强度的竞技运动不同，体适能活动强调了为了提高整体健康而进行锻炼，适用于各个年龄段的人群，包括老年人。体适能活动的目标是帮助个体提高生活质量，增强抵抗力，降低慢性疾病的风险，从而实现身体和心理的健康平衡。

四、体适能的分类

体适能是一个涵盖多个方面的概念，与人体健康、劳动工作能力以及竞技运动水平都密切相关，不同的体适能要素对相关领域的影响并不相同。为了更好地理解和应用体适能的概念，人们通常将其分为竞技体适能和健康体适能两种。

竞技体适能主要关注与运动竞技能力有关的体适能要素，包括灵敏性、协调性、平衡性、速度、爆发力和反应时等因素。竞技体适能的重点在于提高个体在特定竞技项目或运动比赛中的表现水平，此类体适能要素的训练通常涉及专业的竞技训练方法，旨在使个体在竞技领域中达到最佳水平。

健康体适能则主要关注与人体健康水平密切相关的体适能要素，包括心血管适能、体脂含量、肌肉适能和柔韧适能等因素。健康体适能的目标是提高个体的整体健康，降低慢性疾病的风险，提高生活质量。健康体适能的训练通常包括有氧运动、力量训练、柔韧性锻炼等，旨在增强身体的抵抗力和适应性，减少疾病的发生和发展。

健康体适能研究专家鲍切尔德和沙费尔德建构了一个更加详细的健

---

① 姜桂萍 . 健康体适能 [M]. 西安：西安交通大学出版社，2018：5.

康体适能体系，包括 22 项检测项目，分为五个不同的构成要素：身体形态、肌肉、运动、心肺和代谢。该体系基于多年的健康科学和临床医学研究成果，全面地考虑了健康体适能的各个方面，这些检测项目可以用来评估个体的整体健康状况，并为制订个性化的健康改善计划提供=依据。

健康体适能是体适能的一个分类，关注与人体健康密切相关的体适能要素。该分类主要强调体适能对个体整体健康水平的重要性，利于维护自身健康，提高生活满意度，完成日常工作以及降低慢性疾病发生。了解和衡量健康体适能的状况能够制订健康管理计划以及提高生活质量，在健康体适能的分类中，有五大要素起到了关键作用，包括心肺耐力、肌力与肌耐力、身体成分、柔韧性以及神经肌肉松弛。

心肺耐力适能反映了心血管系统、肺部和循环系统的功能，主要表现在这些系统能够有效地为肌肉提供足够的氧气和养分。在五大健康体适能要素中，心肺耐力适能被认为是最重要的，其在维护整体健康和预防慢性疾病方面发挥着关键作用。心血管疾病，尤其是动脉粥样硬化，已被广泛认为是许多慢性疾病的发病基础。一些常见的慢性疾病，如高血压、高血脂、糖尿病和肥胖等，都与缺乏运动有关。因此，提高心肺耐力适能可以通过增强有氧运动能力来改善这些疾病的预防和管理。有氧运动对心血管健康有着积极影响，可以增加心脏泵血的效率，提高心脏每搏的输出量，从而整体改善心血管功能。[①]有氧运动还有助于提高高密度脂蛋白（好胆固醇）水平，减轻动脉粥样硬化的程度，有助于降低高血压的风险，改善心肌供血，降低安静时心率，减轻心脏负担，提高胰岛素受体的敏感性，从而降低血糖水平。心肺耐力适能与体重管理密切相关，通过有氧运动，个体可以有效地减低体重，提高心肺功能，对于预防肥胖以及与肥胖相关的健康问题十分关键。

肌力是体育运动中的重要元素，体现了肌肉或肌肉群在面对阻力时

---

① 裘琴儿.健康体适能理论 [M].徐州：中国矿业大学出版社，2012：10.

所能施加的最大力量，力量的大小直接影响人的运动表现和日常活动的效率，比如，搬运重物、攀爬或进行力量型运动，都需要强有力的肌肉来支持。肌力不仅仅是简单的力量，它还包括对物体的控制能力和协调性。因此，它不仅仅是肌肉的力量，还包括神经系统的协调，这样才能实现准确、有效的运动。而肌耐力则体现了肌肉在长时间重复运动时的持久力，它和肌力有所区别。肌耐力更多地依赖于肌肉内的能量供应系统，包括糖原、脂肪和氧气的利用，肌耐力的高低直接关系到运动员在长时间运动时的表现。

身体成分适能关注的是个体的体脂百分比以及身体组织的分布，体脂百分比是一个关键的健康指标，对于维持整体健康和减少慢性疾病风险具有重要意义。当个体的体脂百分比过高时，健康和体适能都会受到威胁，同时增加罹患心脏病、高血压、糖尿病、中风、脂肪肝、高血脂胆固醇等慢性疾病的风险。体脂百分比是衡量肥胖程度的关键指标之一，在国内，用于评定人体胖瘦的方法非常精确，即使是具有相同身高和体重的两个人，他们的体脂百分比也可能截然不同。因此，判断一个人是否真正肥胖主要依赖于其体脂百分比的高低，体脂百分比过低或过高都可能对健康产生负面影响。除了体脂百分比，身体成分适能的测量还包括其他指标，如水肿指数、肌肉形态指标、营养状况以及基础代谢率等。有些的指标能够更全面地反映个体身体组成状况，包括脂肪质量、肌肉质量、骨密度等因素。

柔韧适能指的是个体能够有效地活动各个关节，使其达到最大的活动范围。柔韧性适能受到多种因素的影响，包括关节的结构，以及肌肉、肌腱、韧带、软骨组织和皮肤等因素。[①] 对于身体的柔韧性适能而言，关节的结构起着重要作用。某些关节天生具有较大的活动范围，而其他关节的活动范围较小。此种差异可能导致某些人天生更加柔韧，而另一些人则相对较僵硬。肌肉、肌腱和韧带的状态也对柔韧性适能产生影响，

---

① 姜桂萍. 健康体适能 [M]. 西安：西安交通大学出版社，2018：5.

肌肉的柔软性和弹性可以影响关节的活动范围，而肌腱和韧带的健康状态也对关节的灵活性有重要影响。骨骼结构和软骨组织也是柔韧性适能的关键因素，骨骼结构可以影响关节的稳定性和活动范围，软骨组织的健康状况可能影响关节的顺畅运动。皮肤的柔软性也是影响柔韧性适能的因素，一些人的皮肤可能较为松弛，从而有助于他们在某些活动中更加灵活。柔韧性适能好的人可以更轻松地进行身体的扭转、回旋、弯曲和伸展等各种活动，从而在一定程度上降低了运动损伤的风险。

　　肌肉松弛，即肌肉的紧张度降低，导致肌肉变得软弱，通常是由于肌肉变弱，失去正常的神经支配，或因为某些疾病的影响而导致的。比如，截瘫和神经损伤患者会出现肌肉无力的症状，而废用性萎缩则是因为肌肉长时间未被使用和锻炼而导致的。肌肉松弛的症状是多样的，但总的来说，都表现为肌肉的软弱和无力。具体来而言，肌肉失去了正常的丰满度，手握力量减弱，患者在做主动或被动运动时会发现身体的运动阻力明显降低，关节的正常运动范围有所增加，甚至超过正常范围，也反映出肌肉的力量和硬度都在减弱，无法为关节提供有效的保护。

第二节　体能与体质的理论

一、体能

（一）体能的提出

　　体能这一概念最早由 AAHPERD 于 20 世纪 50 年代首次提出，随着人们认知能力的提高，对体能的理解也不断演变与发展。在不同的时代和角度，人们对体能进行了深入分析和多维度的理解，反映了社会对健康、生活质量和运动的不断关注，并强调体适能在个体健康和生活中的重要性。

1. 国外对体能的理解

国外学者普遍认为体能是身体适应生活、活动以及环境（如温度、气候变化或病毒等）的综合能力。该观点强调了体能的多维性，包括健康体能和运动体能两个重要方面。健康体能关注个体的生理健康状态，包括心血管健康、体脂百分比、肌肉适能、柔韧性等，对维持健康至关重要。运动体能则强调个体在体育竞技和高强度运动方面的表现，包括力量、速度、灵敏性、协调性等。这一综合观点有助于人们更全面地理解体能的重要性，除了关注身体健康，还关注运动能力和应对各种环境挑战的综合素养，从而有助于指导健康管理和运动训练，提高个体的生活质量和适应能力。

2. 国内对体能的认识

国内学者对"体能"的理解呈现多样性，不同时期的教材和观点都对体能进行了不同层面的探讨，反映了体能概念的演变和深化。1996 年版的全国体育院校通用教材《体育理论》将体能视为体质的一部分，强调它是人体各器官系统在肌肉活动中表现出来的能力。该定义将体能划分为身体素质和身体基本活动能力两个方面，包括了走、跑、跳、投、攀登、爬越、举起重物等多种体能表现形式，强调体能在日常生活和运动中的应用，将其与身体素质有机结合，凸显了体能的实际应用价值。2000 年出版的全国体育院校通用教材《运动训练学》则对体能进行了深入的分析，将运动员体能定义为机体的基本运动能力，强调其在运动员竞技能力中的重要性，将体能看作是运动员综合机体形态、身体机能和运动素质所构成的重要因素。此种观点强调了体能对于竞技体育的关键作用，强化了体能在运动员训练和竞技表现中的地位。

3. 国内外对体能认知的差别

体能概念的不同理解源于多个关键因素，其中以下三点显著：①体能与运动素质的关系。体能与运动素质密切相关，不同人对体能的理解取决于他们在运动领域的背景和经验。运动员和教练可能更强调体能在竞技运动中的作用，将其看作是身体基本运动能力的一部分，强调特定的体能要素，如心肺耐力和肌肉力量。体育专家和健康专家则更关注体能与整体健康的关系，强调身体素质和基本活动能力的发展。②体能与适应能力的关系。体能是机体适应生活、活动和环境的能力的一部分，不同人对体能的理解也受到对适应能力的认知不同而产生差异。一些观点强调体能是适应多样化生活和环境需求的基础，因此包括广泛的运动和身体素质要素，而其他观点可能更专注于特定环境或活动的体能需求，例如竞技运动或特定职业的要求。③体能与心理要素的关系。体能不仅涉及生理机能，还受到心理因素的影响，不同的心理态度和目标也会影响对体能的理解。有些人可能将体能与自我挑战、自我超越联系在一起，将其视为实现个人目标和成就感的途径，而其他人可能更关注体能与心理健康的关系，将其视为缓解压力和焦虑的方式。

综合考虑以上三种关系，可以将对体能的观点分为四类：①专项耐力论，强调特定体能要素的发展，通常与竞技运动相关，追求在特定领域中的卓越表现；②机能能力论，关注机体适应生活和环境的能力，将体能视为一种多功能的综合能力；③身体基本运动能力，强调发展广泛的身体素质和基本活动能力，以提高整体健康和适应多样化需求；④大小体能论，将体能分为大体能和小体能，强调心肺耐力和肌肉力量等重要体能要素。综合这些观点，人们可以更全面、准确地理解和认识体能的多重维度，以更好地应对不同领域的体能需求，促进个人的身体健康和全面发展。

（二）体能的内容

1.对体能内容的不同理解

（1）国际上对体能内容的理解。国际上对体能内容的理解在不同国家和文化之间存在差异，主要源于各国文化、国别、体育传统和研究重点的不同。

国际体能测验标准化委员会（CISS）成立于1964年，旨在制定国际体能检测的内容和方法标准，以便各国参考和比较，国际体能测验标准化委员会的目标是确保国际体能测试的一致性和可比性，关注的重点在于维持体能的整体健康，但并未明确强调健康体能。

国际身体健康测试标准化委员会（ICSPFT）主要依据其标准进行体能测试，标准包括六个主要内容：身体资源调查、运动经历调查、医学调查与测验、生理学测验、体格和身体组织测验以及运动能力测验，注重对身体健康和活动水平的综合评估。

德国学者拉逊提出了构成体能的十大要素，包括对疾病的抵抗能力、肌力、肌爆发力、柔韧性、速度、敏捷性、协调性、平衡性、技巧性和心肺耐力，更强调体能的多样性和多维性。

国际上不同的理解方式反映了体能的多重性质：一方面，体能被视为维持整体健康的一种方式，包括心肺健康、肌肉力量、柔韧性等要素。另一方面，体能也被用作竞技运动中的重要因素，特别关注某些特定体能要素，比如速度、敏捷性和协调性。

（2）我国对体能内容的理解。我国专家学者普遍将体能训练内容划分为三大类：运动素质训练、身体机能训练以及专项所需的身体形态训练，体现了我国对体能的全面理解和重视。

运动素质训练，注重培养个体的基本运动能力，包括力量、速度、耐力、柔韧性、协调性等。身体机能训练强调身体各器官系统的机能在肌肉活动中的表现，有助于提高整体身体的机能水平。专项所需的身体形态训练与个体所从事的特定体育项目或活动相关，旨在提高在特定领域的竞技能力。

这样的分类有助于个体的全面发展，既关注健康也关注竞技表现，符合我国多样化的体育和健康需求。

2.体能内容的基本构成

体能的基本内容主要是由生理能力与心理能力构成。

（1）生理能力。生理能力分为运动能力与非运动能力，其中，运动能力的构成要素主要有心肺耐力能力、力量能力、速度能力、耐力能力、柔韧能力、灵敏能力以及协调能力，非运动能力则主要指的是环境适应能力。

①运动能力。心肺耐力是健康体适能中的核心要素，涉及心血管系统和呼吸系统的机能，对人体的健康和生活质量有着极大影响。心肺耐力是指人体心血管系统和呼吸系统协同工作，为肌肉提供足够的氧气和养分，从而支持身体在运动和日常生活中持续工作的能力。心肺耐力素质的评价通常需要进行心肺功能测试，这些测试包括有氧运动能力的测定，如跑步、游泳或踏车等。通过运动负荷试验，可以观察个体在高强度运动下的心率、呼吸频率、氧气摄入量等参数，以了解他们的心肺耐力水平，从而帮助个体评估自己的心肺功能，也可以用来监测健康状况的改善或恶化。良好的心肺耐力对健康的作用不容忽视，有助于改善心血管系统的功能，减少患心脏病、高血压和卒中的风险。心肺耐力的提高还可以增加肺活量，提高呼吸效率，降低疲劳感，使个体能够更好地应对日常工作和生活中的体力活动。有研究表明，心肺耐力素质与心理健康之间存在着积极的关联，能够减轻抑郁和焦虑症状，提高情绪状态。对于体育运动员来说，心肺耐力是竞技表现的关键因素之一，在许多体育项目中，如长跑、游泳、自行车赛等，优秀的心肺耐力可以帮助运动员更好地应对比赛中的高强度运动，延长持续竞技时间，提高竞技成绩。

力量可以分为最大力量和力量耐力两个方面，分别对应了瞬间爆发力和持续性力量。[1]最大力量是指肌肉在一次最大用力的情况下所能产生

---

① 尹承昊.体能增长与健身训练 [M].济南：山东科学技术出版社，2019：16.

的力量，用于短时间内的高强度活动，如举重、投掷和爬升等。测试最大力量可以了解个体在一次瞬间用力时的肌肉力量水平，最大力量的提高可以增加肌肉的爆发力，有助于应对需要爆发力的活动和运动。力量耐力则是指肌肉在相当大的负荷下能够重复收缩的次数或能够持续的时间，在需要长时间持续用力的活动中发挥作用，如长距离跑步、游泳和举重比赛中的多次重复举重等。测试力量耐力能了解个体在持续用力情况下肌肉的表现，力量耐力的提高可以延长肌肉的持续工作时间，减轻疲劳感，有助于日常生活和体育运动中的长时间体力活动。力量能力对健康和生活质量有着积极的影响，可以提高肌肉质量，增加基础代谢率，有助于维持健康的体重。力量训练还可以在潜移默化中增强骨密度，降低骨折的风险。力量能力的提高还可以改善身体姿态和稳定性，减少受伤的可能性。在体育运动方面，力量能力对于许多竞技项目都是至关重要的，无论是田径、篮球、足球还是网球，都需要一定的力量来应对比赛中的各种挑战。优秀的力量能力可以提高运动员的竞技水平，增强他们在比赛中的表现。

速度能力涵盖了人体在快速运动、迅速反应和高速位移方面的能力，速度能力在日常生活和体育运动中都具有重要作用，既可以提高生活质量，还可以增强竞技水平。动作速度是指人体或人体某一部分在极短的时间内完成某一动作的能力，包括了快速起跑、加速、转身和冲刺等各种动作，动作速度的提高可以使个体更加灵活，更快速地应对突发情况，提高运动表现。反应速度是指人体对各种信号刺激迅速做出反应的能力，对于日常生活中的安全和体育竞技中的胜负关系都至关重要。例如，在驾驶汽车时需要迅速踩刹车来避免发生事故，而在比赛中需要迅速反应对手的动作，以制定最佳的竞技策略，训练和测试反应速度可以提高个体在应对突发情况时的反应能力。移动速度是指人体在特定方向上的位移速度，涉及跑步、游泳、骑行等各种运动，快速移动速度可以提高运动员在比赛中的竞技水平，也有助于维持健康的体重和心血管健康。在健康体适能方面，速度能力的提高可以增强心肺功能，促进脂肪燃烧，降低患心血管疾病的风险，还可以增强肌肉力量和协调性，有助于维持身体姿势稳定性。在体育竞技方面，速度能力对于众多竞技项目都是至关重要的。例如，在田径比赛中，短跑和跳远项目需要出色的动作速度和反应速度，而足球、篮球和网球等团队比赛要求运动员能够快速移动和做出迅速的决策。速度训练是提高竞技水平不可或缺的组成部分。

耐力涉及人体坚持长时间进行运动的能力，耐力素质主要包括肌肉耐力和心血管耐力，心血管耐力又可分为有氧耐力和无氧耐力。肌肉耐力也被称为力量耐力，指的是肌肉在长时间内不断重复收缩的情况下能够坚持的能力。肌肉耐力在日常生活中非常重要，它使人们能够完成长时间的体力劳动，如搬运重物、行走长途、爬山等。肌肉耐力的提高有助于减轻肌肉疲劳，增加肌肉的持久力，并提高生活质量。心血管耐力进一步分为有氧耐力和无氧耐力。有氧耐力指的是机体在氧气供应相对充足的情况下能够坚持长时间工作的能力，通常涉及长时间的持续性运动，例如慢跑、游泳、骑自行车等。有氧耐力的提高可以促进心血管健康，增加氧气输送到肌肉的能力，减轻心脏负担，降低血压异常和心脏病风险。无氧耐力则是指机体以无氧代谢为主要供能形式，在缺氧情况下坚持较长时间工作的能力，通常涉及高强度的短时间运动，如举重、短跑和爬坡。[①]无氧耐力的提高有助于增强肌肉的爆发力和快速短时爆发力，对于一些体育竞技项目和特定职业非常重要。科学的训练和测试能有效提高肌肉耐力、有氧耐力和无氧耐力，从而获得更好的耐力。耐力训练有助于提高体能水平，降低慢性疾病的发病风险，改善心血管健康，并增强生活的活力和质量。

柔韧能力反映了人体关节活动范围的大小以及与之相关软组织（如肌肉、韧带和肌腱）的伸展能力，柔韧能力对于维持身体健康和执行各种日常活动非常重要，包括弯曲、伸展、旋转等动作。柔韧性的提高有

---

① 赵琦.体能训练理论与方法 [M].南京：东南大学出版社，2017：21.

助于预防运动损伤，增加关节的灵活性，改善体姿，提高身体的协调性。一般而言，柔韧素质可以分为一般柔韧素质和专门柔韧素质两类。一般柔韧素质是指人体各个关节在不同方向上的运动能力，以及软组织的伸展能力，对于日常生活中的活动和运动至关重要。例如，能够自如地弯曲腰部、转动肩膀和扭转身体是一般柔韧素质的表现。评价一般柔韧素质通常可以采用坐位体前屈测试、肩关节活动的持棍转肩测试以及躯干旋转活动性的臂夹棍转体测试等方法。专门柔韧素质则是指与特定运动或活动相关的柔韧性，包括某些运动项目所需的特殊柔韧性，如舞蹈、体操或瑜伽，专门柔韧素质的提高有助于运动员在特定领域中表现出色。柔韧性的训练可以通过定期进行伸展和柔韧性锻炼来实现，帮助增加关节活动范围，减轻肌肉紧张度，促进血液循环和缓解肌肉疲劳。

灵敏能力反映了人体在各种突然变化的情况下，迅速、准确、协调地调整身体的空间位置和运动方向，以适应外部环境变化的能力，灵敏能力在日常生活中以及各种体育活动和竞技项目中具有潜在作用。灵敏能力的提高有助于改善身体的协调性、反应速度和运动技能，对于预防意外伤害、提高运动表现和应对紧急情况都非常重要。通常可以将灵敏素质分为一般灵敏素质和专门灵敏素质两类。一般灵敏素质是指人体对各种常见运动和日常生活情境中的突发变化做出反应的能力。例如，快速躲避突然飞来的物体，迅速调整身体姿势以避免跌倒，都是一般灵敏素质的表现。评价一般灵敏素质可以采用各种快速变化和调整方向的练习、改变方向的追逐性游戏以及模拟日常生活情境中的灵敏性练习等方法。专门灵敏素质则是指与特定运动或活动相关的灵敏性，包括对某些竞技项目或体育活动中需要的特殊灵敏性的培养。例如，篮球运动员需要快速反应并变换方向，以进攻或防守，则需要专门的篮球灵敏素质。

协调能力涉及身体各器官系统、各运动部位在运动中的协同工作，以达到有效完成动作的能力。协调性的提高对于体育运动、日常生活中的各种活动以及应对复杂情况都具有关键意义。感知协调能力涉及感官对外部环境的感知和对输入信息的处理，例如，在运动中，身体需要感知地面的情况、空气的温度、运动器械的位置等因素，以便作出适当的反应。运动协调能力是指身体各部位在协同工作中的协调程度，例如，在进行精细动作时，需要手眼协调，以确保准确地完成任务。在体育运动中，协调能力也包括各种复杂动作的执行，如滑雪、攀岩、舞蹈等。技能协调能力指的是在特定运动或活动中，身体各部位的运动需要按照特定的技巧和模式来协调。例如，乒乓球运动员需要协调手部的移动、眼睛的注视和身体的平衡，以使球在桌面上精确地反弹。协调能力并非是一种单一的运动素质，还与锻炼者的各个方面有密切关联，包括心理品质、个性特征和技能储备等。协调性是各种能力的综合表现，要求运动者在复杂情况下迅速做出决策和动作，以完成特定的运动目标。从运动学的角度来看，协调性涉及运动程序的选择、预测、评价和调整。人脑在极短时间内对输入信息进行分析和反应，以确保身体在动作执行中保持平衡、准确和流畅。

②非运动能力。非运动能力，主要指环境适应能力，在体能的整体概念中占据重要地位，涵盖了人体对外部环境的适应和应对各种不同刺激的能力，对维持身体健康和应对特殊情况至关重要。在日常生活中，人体经常需要应对不同的环境和条件。例如，乘坐汽车、飞机或船只时，可能会面临气压变化、缺氧或晕动症等问题。另外，工作和生活环境的改变，如气候变化、气温波动、高海拔地区的居住等，也会对身体产生影响。因此，人体需要具备一定的适应能力，以应对这些环境变化。

环境适应能力包括对不同气候条件的耐受性、高海拔环境下的生存能力、对水下生活的适应等，可以在不同情境下发挥作用，从而使个体能够在各种环境下生存和工作。例如，在高海拔地区，氧气浓度较低，气压较低，可能导致缺氧反应和高原反应。然而，那些长期居住在高海拔地区的人们的身体会产生一系列适应性改变，如增加红细胞数量和提高氧气利用效率，以便在高原环境下更好地生存和工作。同样，水下生活的人需要适应水中的高压环境，以及面临的各种生活挑战，包括适应水中的重力和水的浮力，以及长时间停留在水下所需的呼吸和运动技巧。

（2）心理能力。心理能力体现为个体对身体活动的心理调适与控制能力，心理素质与身体素质之间存在着紧密的联系，反映了身体与心理之间的相互影响和制约。心理能力在体能中的重要性在于其对运动表现和竞技能力产生影响，运动比赛通常需要身体的协调和力量，运动员具备出色的心理素质更是重要前提。例如，在体育比赛中，运动员需要保持镇定，不受外部环境和观众的影响，以确保最佳表现。

二、体质

（一）体质的内涵

体质是人体的综合特征，反映了个体在遗传和后天获得基础上的形态、生理、心理和运动方面的特征。此概念涵盖了人体的多个方面，对于了解个体的整体健康和运动潜力具有重要意义。体质包括形态结构，涵盖了身高、体重、体型等方面的特征。理解和评估个体的体质对于健康管理和运动训练至关重要。通过合理的锻炼和生活方式的改善，个体可以提高自己的体质，增强身体素质和运动能力，提高生活质量，体质的综合性使其成为健康科学和体育科学中一个重要的研究对象。

（二）体质的内容及影响因素

1.体质的内容

体质的内容非常丰富，反映了人体在多个方面的发展水平和整体健康状态。以下是体质所包含的主要内容：

（1）体格特征。包括身高、体重、体型、皮肤颜色、面容等外部特征，体格特征在很大程度上受到遗传因素的影响，但也会受到后天环境和生活方式的塑造。

（2）体能水平。体质反映了个体的运动素质，包括肌肉力量、速度、柔韧性、耐力等，这些方面的表现能力对于个体的生活质量和运动能力至关重要。

（3）生理机能。心血管系统、呼吸系统、代谢功能等表现了生理机能状态，健康的生理机能利于维持身体的正常功能和适应不同环境条件。

（4）适应能力。体质还反映了个体对不同环境和生活条件的适应能力，包括了对气候变化、海拔高度、重力变化等外部环境的适应性。

（5）精神状态。体质不仅包括生理方面的特征，还包括个体的心理状态，涉及情感、认知、心理稳定性等因素，精神状态在无形中影响着个体的生活质量和心理健康。

2.体质的影响因素

影响体质的因素有很多，其中，具有决定性影响的因素有两个方面。

（1）先天遗传性。体质的形成是一个复杂的过程，受多种因素的影响。其中，先天的遗传性因素在塑造个体体质方面起着基础作用。以下是一些受先天遗传影响较大的体质因素：

①相貌与肤色。人的外貌特征，如面容、眼睛形状、皮肤颜色等，通常受到遗传因素的影响。在同一个家庭中，家庭成员之间常常会有相似的相貌特征，就是遗传因素在发挥作用。

②形态结构。体格特征如身高、体重、骨骼结构等也在很大程度上受遗传影响，如果一个人的家庭成员普遍身材矮小，那么他们的后代通常也会相对较矮。

③身体素质。个体的运动素质、肌肉力量、耐力等也受到遗传因素的支配。一些人天生拥有出色的运动能力，可归因于遗传。

④性格特征。一些性格特征，如性格倾向、情感反应等，也可能在家族中传递，涉及遗传因素和环境因素的复杂互动。

（2）后天获得性。后天的获得性因素也影响着体质的形成和发展，这些因素可以是多种多样的，包括环境、生活方式和健康习惯等。以下是一些主要的后天获得性因素：

①地区气候。人们生活的地理位置和气候条件会影响体质，在寒冷的气候中生活的人们可能会拥有更强的耐寒能力，在温暖的气候中则可能更习惯高温环境。

②社会环境。社会环境因素如教育水平、经济状况、社会支持等都会影响到个体的体质，高度发达的社会通常能够提供更好的医疗卫生条件和健康保障，有助于维持健康的体质。

③劳动条件。工作环境和职业类型也会影响体质，体力劳动者可能具有更高的肌肉力量和耐力，而办公室工作的人可能更容易面临久坐不动带来的问题。

④体育锻炼。适度的体育锻炼可以改善体质，增强心肺功能、肌肉力量和柔韧性，锻炼也有助于维持健康的体重和体脂含量。

⑤营养状况。饮食习惯可以在潜移默化中影响体质，均衡的饮食提供了所需的营养，有助于身体的正常生长和发育，同时有助于预防慢性疾病。

⑥医疗卫生及保健。良好的医疗卫生体系和保健习惯可以尽早发现和治疗健康问题，从而维持良好的体质状态。

通过以上因素，可以看出后天获得性因素在塑造体质方面的价值。虽然个体的遗传因素是一项重要基础，但后天环境和生活方式通过积极干预可以改善和优化体质。因此，维护健康的体质需要个体在日常生活中采取积极的行动，包括保持健康的生活方式、饮食习惯和锻炼习惯，以及关注和改善生活环境，从而保持体质的健康和稳定。

第三节　健康体适能、体能与体质的区别及关联

一、体质与健康体适能对比

（一）研究内容

1.体质的研究内容

体质的研究内容主要包括了身体发育水平、身体功能水平、身体素质以及运动能力水平、心理发育水平与适应能力几个方面。

（1）身体发育水平。身体发育水平的评估能充分体现体型、营养状况、体格以及身体成分等因素，不同年龄阶段和性别的人在身体发育水平上会存在差异，在评定时需要考虑这些因素。身体发育水平的评定要考虑不同年龄段人群的特点，不同年龄段的人体在生长和发育方面存在差异。如儿童、青少年和成年人的生长速度和身体构成都不同，在评估身体发育水平时，需要参照相应年龄段的生长发育标准，包括骨龄、身高、体重以及第二性征的发育状况等指标，确保评估的准确性和客观性。身体发育水平的评定也要考虑性别差异，男性和女性在身体构成和生殖系统等方面存在明显的生理差异，在评估身体发育水平时，需要考虑不同性别的特点。除了先天性遗传因素，后天或外部环境因素也会对身体发育水平产生重要影响。因此，在评估身体发育水平时需要综合考虑这些因素，以更全面地了解个体的体质状况。

（2）身体功能水平。身体功能水平评估的是机体的新陈代谢和各器官系统的功能，包括身体在代谢过程中的效率，以及各种器官和系统的协调工作能力。此方面涉及身体的能量利用和消耗，也与器官功能的正

常运行有关。通过评估身体功能水平，可以了解个体的代谢状态、器官健康状况以及潜在的生理功能问题。

（3）身体素质与运动能力水平。身体素质和运动能力水平评估涵盖了多个方面，包括速度、力量、耐力、灵敏性、协调性等。速度用于衡量一个人在短时间内完成动作的能力，力量则涉及肌肉的最大收缩力和耐力，耐力则关系到持续运动的能力。灵敏性和协调性对于各种动作和运动的控制和适应性也至关重要，走、跑、跳、投、攀越等基本活动能力则是这些身体素质和运动能力水平的具体体现，对于参与体育运动和维持健康都具有重要意义。综合评估这些因素可以帮助个人了解自己的身体素质和运动能力水平，以便进行有针对性的训练和改进，提高身体的综合素质和运动表现。

（4）心理发育水平。心理发育水平的评估涵盖了智力、情感、行为、感知觉、个性、性格和意志等，共同构成了一个人的心理特征和表现，对于一个人的生活、学习和工作都具有深远的影响。智力是一个人思维、学习和解决问题的能力，直接影响到个体的学业和职业表现；情感和情绪管理能力影响到一个人的情感健康和人际关系；行为特征包括个体的习惯、社交行为和生活方式，对于社会适应性和职业成功非常关键；感知觉是个体对外界环境的感知和处理能力，直接影响到信息获取和决策制定；个性和性格则塑造了一个人的独特行为模式和社会交往方式；意志力是一个人坚持目标、克服困难和自我控制的关键能力。

（5）适应能力。适应能力是一个人面对各种外界环境和生活压力时的应对能力，包括对不同环境和情境的适应、应对生活事件和挑战的能力，以及对健康问题和疾病的抵抗和调控能力。一个具有强大适应能力的个体能够更好地处理生活中的变化和不确定性，并适应不同的社交环境、工作压力、家庭问题等，不易受到外部因素的干扰。此外，适应能力还包括对健康问题的应对。具备良好适应能力的人更有可能采取积极的生活方式，更容易保持健康。

2.健康体适能的研究内容

健康体适能的研究内容是一个综合性、跨学科的领域，关注人体在不同年龄段和各种健康状态下的身体形态、生理机能、心理健康和运动能力等多个方面。该领域汇聚了多个学科的知识和技术，包括运动生理学、运动医学、体育康复等，以满足不同人群的需求。健康体适能研究的对象除了包括健康人群，还包括残疾人、慢性病患者等。此种广泛性确保了研究的适用性，能够为各类人群提供科学的健康评估和运动建议。健康体适能的研究内容包括多个方面，其中，最主要的五个测试项目是：①身体成分。评估身体的组织比例，如脂肪、肌肉、骨骼等，有助于了解体重管理和健康风险。②心肺机能。测定心血管系统和呼吸系统的功能，以评估氧气输送和新陈代谢。③肌肉及骨骼系统。关注肌肉质量、力量和骨密度，以评估骨骼健康和运动能力。④肌肉力量。测定不同肌肉群的力量，对于日常生活和运动表现至关重要。⑤柔韧性。评估关节的活动范围和身体的柔韧性，有助于减少运动损伤和改善姿势。健康体适能的研究能提高全民对健康的认识，个体参与健康体适能测试，能够更好地了解自己的身体状况，激发积极的运动动力。在现代社会中，工作压力和生活压力是常见问题。健康体适能研究不仅关注生理健康，还强调心理健康和适应能力。通过合理的锻炼和运动，个体可以改善应对压力的能力，减轻焦虑和抑郁等问题。

（二）测试指标分析

1.体质的测试指标

体质测试指标通常分为三个，即形态指标、机能指标、体能指标。

（1）形态指标。身高是一个重要的形态指标，通常以厘米为单位进行测量。身高反映了人体的垂直发育情况，是一个基本的生长参数。不同年龄和性别的人群在身高方面存在差异。测量身高可以了解一个人是否处于正常生长阶段，以及是否存在生长迟缓或过速的问题。身高也与体重、体质指数等其他指标相关联，有助于综合评估个体的体格状况。体重是指一个人的整体质量，通常以千克为单位测量。体重与身高相结合可以计算体质指数，这是一个常用来评估健康与肥胖关系的指标，体重的测量对于了解个体是否处于正常体重范围，是否存在超重或肥胖问题至关重要。不同年龄和性别的人在体重方面也存在差异，因此，体重指标需要与其他形态和生理指标结合使用，以获得全面评估。

（2）机能指标。机能指标主要涉及对肺活量和心血管系统的测量和评价。肺活量是指一个人在最大吸气和最大呼气之间的气体容量，通常以升为单位进行测量。肺活量是评价呼吸系统功能的一个关键指标，反映了肺部的弹性和容积。测量肺活量可以评估一个人的呼吸功能是否正常，低肺活量可能与肺部疾病、肺功能下降或其他健康问题有关。肺活量测试还可用于评估呼吸系统的适应能力和训练效果，尤其对于需要较大氧气供应的持续运动（如长跑）的人来说，肺活量至关重要。台阶测试是一种测试心血管系统的方法，通常涉及爬升一定高度的台阶并测量心率的变化。该测试可以评估一个人的心血管健康与否、心肺耐力和体能水平，观察心率的升高情况可了解一个人的心血管系统对体力活动的适应能力。心率的升高速度和恢复时间也可以提供关于心血管健康的信息，较快的心率恢复通常表示较好的心血管适应能力。台阶测试通常简单易行，适用于各个年龄段的人群，是一种常用的健康体适能评估工具。

（3）体能指标。体能指标用于测定身体的基本素质，包括力量、速度和灵敏性等。常见的测评项目有：①坐位体前屈：坐位体前屈测试通常用于评估身体的柔韧性和伸展能力，测试者坐在地上，伸直双腿，然后尽量弯腰向前伸展身体，以测量能够伸展的距离。该测试可以反映下半身的柔韧性，对于维持健康的脊椎和骨骼非常重要。②握力。握力测试是用于测量手部和前臂肌肉力量的指标，通常通过一个握力计来测定，测试者握住握力计的手柄并尽量用力挤压，测量握力的数值。握力是身体的基本力量素质之一，与日常生活中的手部工作和持物有关。③纵跳。

纵跳测试用于评估下肢的爆发力和垂直跳跃能力，测试者站在一个指定的起跳点上，然后迅速跳起并垂直上升，用手触及尽可能高的位置。该测试可以反映腿部的力量和爆发力，利于运动员和需要垂直跳跃的活动。④闭眼单脚站立。闭眼单脚站立测试通常用于评估平衡和稳定性，测试者将一只脚抬起，然后尽量保持闭眼状态下的站立平衡，该测试可以反映神经肌肉系统的协调性和身体的平衡感。⑤选择反应时。选择反应时测试用于评估神经系统的反应速度，测试者需要在规定的时间内迅速做出正确的选择反应，例如，根据指示选择特定的图案或颜色，该测试可以反映神经系统的灵敏性和对外界刺激的快速反应能力。⑥俯卧撑（男）和仰卧起坐（女）。这两个测试用于评估上半身力量和耐力，俯卧撑测试男性的上肢力量和耐力，而仰卧起坐测试女性的腹部力量和耐力。体能指标的测定有助于评估个体的基本身体素质，包括力量、速度、柔韧性、协调性和反应能力等。定期进行测试，可以使个体追踪自己的身体素质水平，制订适当的锻炼计划，提高整体健康和体适能水平。此外，此类测试项目也常用于体育训练和竞技运动中，以优化运动员的表现。

2.健康体适能测试指标

健康体适能测试指标是评估一个人身体状况以及适应身体能力的指标，具有更高的科学性、合理性和人性化。健康体适能测试项目可以全面地反映一个人的健康水平，帮助制订个性化的健康计划，提高整体生活质量。肌力测试用于评估一个人的肌肉力量，可以通过测量各种肌肉群的最大负荷来完成。肌力是日常生活中执行各种任务所必需的，包括搬运、爬楼梯、站立等。肌力测试可以使人们了解自己的肌肉状况，制订锻炼计划，改善肌肉力量，减少受伤风险。肌耐力测试评估肌肉在持续工作时的表现，通常涉及多次重复相同动作或负荷的持续举行。肌耐力在维持日常活动和长时间运动中都很重要，如跑步、骑自行车或进行体力劳动。肌耐力测试利于人们提高肌肉的耐力，减轻疲劳感，提高长时间活动的能力。心肺功能测试用于评估心脏和肺部的工作效率，可以通过测量最大摄氧量等指标来完成，心肺功能是维持身体健康和增强耐力的关键因素，心肺功能测试能了解自己的氧气摄取能力，改善心血管健康状况，增加身体的能量供应。体质百分比测试通常涉及测量身体脂肪百分比和肌肉质量百分比，有助于了解身体的组成，包括脂肪和瘦体重的比例，使人们评估体重管理的效果，制订合理的饮食和锻炼计划，以维持健康的体重和身体组成。

不同人群需要根据其特定需求和生理状况采用不同的健康体适能测试指标，从而更好地了解个体的健康状况，为他们提供有针对性的健康改善建议。健康体适能测试不仅应该关注生理方面，还应该融入心理、生理和精神等多个维度的评估，以全面认知自身机体的健康状况。[①]健康体适能的概念和研究内容应该明确，以便更好地理解和应用。在实践中，应该不断扩展测评方法和评估项目，以更全面地了解和促进个体的身体健康。综合评估的方法和指标不断丰富，将有助于提高健康体适能的理论研究水平，为个体的健康管理提供更多的科学支持。

（三）体质与健康体适能比较

体质和健康体适能是评估人体健康水平的两个关键指标，两者在某些方面相互补充，也存在一些差异。体质和健康体适能的测评旨在帮助个体了解和改善他们的健康状况，但它们的侧重点和方法有所不同。

体质测试主要关注人体的形态特征和基本生理功能，如身高、体重、肌肉力量等，旨在描述人的身体构造和一些基本特征，但没有对心理状态和功能进行明确评估。体质测试相对较为简单，适用于一般人群，特别是用于快速了解身体特征的情况。

健康体适能测试更全面，包括身体形态和生理功能的测量，以及心理状态、适应能力、心肺健康、灵活性、协调性等多个方面。此种测试更全面地评估了人体的整体健康状况，更适用于专业运动员、体育爱好

---

① 于向. 体适能对个体健康的影响 [M]. 北京：中国原子能出版社，2018：46.

者以及需要更详细了解身体功能和适应性的个体。健康体适能测试更注重与心理健康的融合评估，除了关注身体健康，还考虑到个体的心理状态、情感和适应能力。进而了解人的全面健康状况，包括身体和心理方面，从而更好地制订适当的健康改进计划。

体质和健康体适能是紧密相关的概念，均以健康为核心，相互关联，共同影响着人体的整体健康水平。这两个方面的理解和分析可以进一步拆分为体质、健康和体适能三个要素，在维护和提升健康方面有着不可或缺的作用。

体质是人体的基本物质基础，包括身体的形态结构、生理功能、心理特征、身体素质以及运动能力等方面的综合表现。体质的良好与健康有着密切关系，因为一个人的身体结构和功能状况会直接影响他们的健康状况。例如，正常的体重和肌肉质量可以降低患慢性病的风险，灵活的身体素质和协调性可以预防运动伤害。因此，体质可以被视为健康的物质基础，为健康奠定了坚实的基础。

健康是一个包括身体和心理在内的完整状态，其不仅仅是缺乏疾病，还涵盖了心理健康、适应能力、生活质量等多个方面。良好的健康意味着一个人能够在生活中拥有更高的生活质量和更多的机会去实现个人目标，健康是体质和体适能的终极目标，是个体追求的宝贵财富。

体适能是一个人在不感到疲劳的情况下，能够有效利用身体去完成各种任务和活动的能力，包括心肺健康、肌肉力量、耐力、柔韧性、协调性等方面的素质。良好的体适能可以提高身体的运动性能，增强人体的适应能力，减轻生活和工作压力，提高生活质量。体适能可以被视为体质的功能性表现，是人体实际应用能力的关键。

综合考虑以上三个要素，可以得出结论：体质和体适能共同影响健康，健康则是体质和体适能的最终目标。

二、健康体适能、体能与体质间的关联

结合对健康体适能、体能与体质间的概念分析，可以发现三者之间存在着一些关联。

（一）体能与体质

体质是人体健康和生命活动的基本体现，具有多种表现形式，如身体形态、机能和运动能力等，且与体质之间存在密切关系，但并不等同，因为体质是一个更广泛的概念，涵盖了多个方面的特征和功能。体质的好坏不可能通过一个精确的标准来衡量，尤其是只注重表面可测量的标准。体质是一个复杂的概念，受到多种因素的影响，包括遗传、生活环境、饮食习惯、锻炼水平等。用简单的尺寸和时间来评估体质的好坏是片面的，不足以全面反映个体的健康状况。

人体的生理机能在很大程度上通过体能来表现出来，体能是指身体物质做功的能力，通常可以通过速度、力量、耐力、灵敏性等身体素质和基本活动能力这些指标来进行测定。然而，要理解体质的全貌，体能只是其中一个方面。体能的测定可以反映个体的生理状况，比如一个人跑得快或慢，是以速度作为计量标准的，但速度只是体能的一个方面。体能是体质的前提和基础，它直接影响一个人的运动表现和生活质量。例如，良好的体能可以提高工作效率，增强身体的抵抗力，减轻疾病发生的风险。体质是一个更为综合和多维度的概念，包括了身体形态、身体机能、体能以及对自然环境适应能力和对疾病的抵抗能力等方面。

（二）体能、体质、健康体适能之间的层次关系

结合以上对体能、体质、健康体适能之间关系的定性分析，可将三者的层次关系进行归纳（图1-1）。

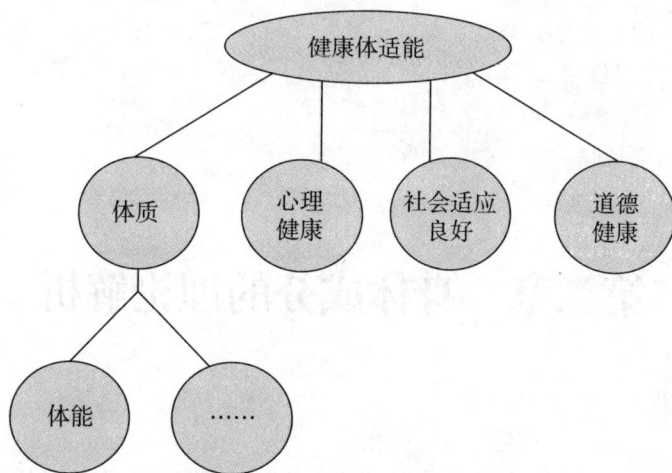

图 1-1　体能、体质、健康体适能间的层次关系

从上图可以清晰地看出，体能、体质、健康体适能这三个概念之间存在着层次递增的关系。健康体适能是最宽泛的概念，包括了体质，而体质包括了体能，逐级递增的关系有助于人们更清晰地理解这些概念之间的区别和联系。

第二章 身体成分的理论解析

人体这一有机整体的基本单位是细胞，细胞构成了不同的组织，而组织构成了各种器官，进而形成了八大系统，共同维持着人体的正常运作。保持细胞的健康，应维护体内的生存环境，包括确保体液中没有毒素，同时提供充足的营养。

第一节 身体成分的概述

身体成分的平衡是健康的基础，是反映人体内在结构比例的重要指标，直接影响着人体的营养状况、健康水平、肥胖程度以及体育锻炼效果。

一、身体成分的概念

身体成分是构成人体组织和器官各种化学成分的总和，反映了人体内在结构比例的特征，包括体脂肪、肌肉、骨骼和其他组织的构成比例。身体成分的平衡对于评估个体的体质状况、体型特征以及减肥效果具有一定作用。目前，在测量和研究身体成分时，通常采用两类模型来进行分析。

（一）两组分模型

在身体成分分析中，常用的一种模型是两组分模型，其将人体划分为两部分，即脂肪组织和去脂体重。该模型的核心思想是将人体内的成分分为脂肪和非脂肪两部分，以便更好地了解身体构成和评估健康状况。脂肪组织是人体内的脂肪质量，通常用体脂率来表示。体脂率是指身体中脂肪质量占总体重的比例，是反映个体脂肪水平和肥胖程度的重要指标。高体脂率通常与肥胖和健康问题相关联，因此对健康管理和体型控制非常重要。去脂体重，又称为瘦体重，包括全身的骨骼、肌肉、内脏器官、神经、血管等组织和结构，但不包括脂肪组织。去脂体重是一个综合的指标，反映了个体身体的结构和功能，增加去脂体重通常与身体的健康和运动能力改善相关。两组分模型的使用能准确地了解人体的身体成分构成，以及脂肪和非脂肪成分之间的比例，有助于科学家、医生和健康专业人士更好地评估个体的健康状况，制订适当的健康管理和运动计划。

（二）多组分模型

多组分模型在身体成分分析中具有不可忽视的影响力，其中，身体成分的五层次模型是一种广泛采用的方法，将已知的多种人体成分按照其组成和功能分为五个层次，深入地理解人体的构成和特征。原子层次是身体成分模型的最基本层次，涵盖了人体内各种化学元素的存在和分布。人体中包含许多元素，如氧、碳、氮、钙等，它们以原子形式存在，构成了生命的基础。分子层次上的研究关注的是不同分子的组成和分布，如脂肪分子、蛋白质分子、糖类分子等，且在细胞内发挥重要作用，影响着人体的功能和代谢。细胞层次上，细胞是生命的基本单位，身体成分模型中的这一层次关注细胞的类型和数量。不同类型的细胞在不同组织和器官中起着不同的作用，如肌肉细胞、神经细胞、脂肪细胞等。组织器官层次上的研究集中在各种组织和器官的组成和功能上，包括肌肉组织、骨骼、心脏、肺部等组织和器官，组织和器官共同协作，维持身体的正常运行。最高层次是整体层次，其考虑了不同层次的组成和相互作用对整个人体的影响，包括身体的总质量、体脂率、肌肉质量等整体性指标，有助于综合评估个体的健康状况。身体成分的五层次模型提供了深入和全面的视角，使研究者能够更好地了解人体内部的结构和功能。对不同层次的成分进行分析，可以更准确地评估健康水平、运动效果、营养状况等，为医学、健康管理和科研提供了重要的参考依据。此种多层次的分析有助于更好地理解人体的复杂性，推动了健康科学领域的发展。

身体成分分析的两种不同模型，前者简单实用，常用于一般人群的测试，而后者更适用于专业领域的研究和测试。在实际应用中，有多种方法可以用来测量身体成分，包括水下称重法、皮褶厚度测量法、围度测量法、体重指数法、电阻抗法、双能射线吸收法等。可以根据测试的目的和对象不同来选择适当的方法。

二、身体成分基本营养素的构成

身体要维持良好的机能水平与健康状态，应形成正确的饮食模式以及适量摄取营养。人体主要是由碳水化合物、脂类、蛋白质、矿物质、维生素与水六种营养素共同构成，各个组成部分之间的相对平衡，对于人体正常的生命活动以及维持健康水平具有极为重要的影响。

（一）碳水化合物

碳水化合物是人体能量摄入的重要来源，其利于维护身体健康和提供生理功能。碳水化合物是身体的主要能源供应源之一，当身体需要能量时，碳水化合物中的葡萄糖会被分解并用作燃料，主要是由于葡萄糖是一种高效的能量来源，可以快速供给肌肉、内脏器官和大脑所需的能量。多余的葡萄糖还会被储存在肝脏中，以形成肝糖原，以备不时之需。肝糖原在体内的储备可以在身体需要额外能量时快速释放葡萄糖，以满足能量需求。纤维也是碳水化合物的一种，它来自植物食物，如蔬菜和水果。尽管纤维不被人体有效吸收和消化，但它对于消化系统的正常运作和大肠蠕动非常重要。纤维通过增加食物在胃肠道中的容积，有助于预防便秘，并帮助排出废物和毒素。纤维还有助于控制血糖和血脂水平，对心血管健康非常有益。适当比例的碳水化合物摄入可以确保充足的能量供应，维护神经系统的正常功能，减缓疲劳的发生，并预防低血糖症。此外，膳食中的纤维来源，如蔬菜、水果和全谷物食物，有助于维持健康的消化系统，降低血糖和血脂水平，从而减少慢性疾病发生的风险。

（二）脂类

脂类是一类重要有机化合物，包括脂肪酸、醇和酯以及各种衍生物。脂类在人体内具有多种生理功能，并且是重要能量来源，每克脂肪可以提供9千卡的热量，使它们成为长期能量储备的主要形式。当身体需要能量时，脂肪可以被迅速分解并释放出大量热量，满足能量需求。脂类还利于运送脂溶性维生素，维生素A、D、E和K属于脂溶性维生素，需要与脂类一起摄入，才能被有效吸收和运送到身体各部位，发挥维生素的生理功能。脂类具有一定的保暖作用，脂肪组织在体内起到保温的作用，有助于维持体温。不仅如此，脂类还能够保护重要内脏器官，如心脏、肝脏和肾脏，以防止受到外部冲击和损伤。在饮食中，脂类的摄入也有利于增加饱腹感和提高食物的美味程度，可以让食物更加多样化和美味，增强口感，提高食欲。此外，脂类的存在可以减缓食物的消化过程，使人感到更长时间的饱腹，减少进食次数，有助于维持健康体重。

（三）蛋白质

蛋白质是一种复杂的有机化合物，它在人体内具有多种重要的生理功能。蛋白质是由一条或者多条多肽链组成的生物大分子，每一条多肽链中都含有二十至数百个氨基酸残基。蛋白质通常是通过多个多肽链结合在一起，形成的稳定蛋白质复合物，多肽链在折叠或螺旋的作用下形成一定的空间结构，从而发挥特定的生物功能。在饮食中，每餐应有

15%～20%的热量来自蛋白质。人体每日每千克体重对蛋白质的摄取量约为0.8克，但在某些情况下，如发育期、怀孕、哺乳、体能训练、疾病或严重烧伤，蛋白质的需求量可能会增加。然而，过量摄取蛋白质是不必要的，因为多余的蛋白质会转化为能量或储存为脂肪。蛋白质在人体内具有多种重要功能，其可以构成和修复组织，包括肌肉、骨骼、皮肤和器官，蛋白质还参与运送氧气和其他养分，例如红细胞携带氧气，血浆中的蛋白质可以运送荷尔蒙和营养物质。蛋白质还可以作为酶的组成部分，促进化学反应的发生，并且有助于血液凝固，维持正常的酸碱平衡和体液平衡。蛋白质还可以在特殊情况下作为能源，尤其是在能量不足的情况下，每克蛋白质可以提供约4千卡的热能。虽然蛋白质不是人体主要的能量来源，但在某些情况下，如长时间饥饿或极端的饮食限制下，它们可以被分解为能量供应。

（四）矿物质

矿物质是自然界中存在的化合物或天然元素，人体内含有至少31种无机物，其中24种以矿物质的形式存在。虽然人体需要的矿物质量相对较小，但它们在不同的身体代谢过程中发挥着协助性作用。与维生素不同，人体无法自行产生或合成矿物质，因此必须通过饮食或其他外部途径获得。尽管不同人的需求因年龄、性别、身体状况、环境和工作等因素而异，但一般很少出现矿物质缺乏的情况。矿物质在人体内的功能多种多样，它们是构成不同激素、酶等生物分子的元素，参与调节细胞内的化学反应。例如，锌是许多酶的组成部分，它在细胞代谢和免疫功能中发挥着重要作用。一些矿物质，如钙，构成了牙齿和骨骼的主要成分，维持骨骼的健康和强度，钙还有利于神经传导、肌肉收缩和血液凝固等生理过程的发展。矿物质另一个重要的作用是作为电解质控制和维持体液平衡，钠、钾和氯等电解质在维持细胞的电位、水平衡和神经传导方面不可忽视，确保正常的心率、肌肉功能和神经信号传递。

（五）维生素

维生素是一类有机物质，对于维持人体生命活动至关重要。维生素不能提供能量，也不能构成身体组织的一部分，同时它们在人体内的需求量非常微小，但微量的维生素对人体的生长、代谢和发育具有较大的影响。维生素主要分为水溶性和脂溶性两类，它们在体内的储存和排出方式不同。水溶性维生素包括维生素 B 群和维生素 C，不会在体内积累，多余的维生素会随尿液排出。因此，人们需要通过饮食持续地补充水溶性维生素。维生素 B 群是能量代谢中不可或缺的因素，帮助将碳水化合物、蛋白质和脂肪转化为能量。维生素 C 则具有抗氧化作用，有助于维护皮肤、血管和骨骼的健康。脂溶性维生素包括维生素 A、D、E 和 K。与水溶性维生素不同，脂溶性维生素可以在体内储存，主要储存在肝脏中，过量摄入脂溶性维生素可能导致中毒，因此需要谨慎补充。维生素在人体的代谢过程中连接和调节多种生化活动，确保身体能够正常运作。每一种生化过程都会有至少一种维生素参与，从新陈代谢到免疫功能，都需要维生素的支持。

（六）水

水是人体内最为必需的物质之一，约占据了人体组成的 70%。这一比例在不同年龄、性别和体质状况下有所不同，但水的重要性对于每个人都是一样的，水分散布在人体的各个组织和器官中。骨骼和软骨中的水约占总量的 10%，脂肪中水的含量在 20% 到 35% 之间，而肌肉中的水分则高达肌肉总量的 70% 左右，血液中的血浆主要由水组成，占血浆总质量的绝大部分。人体需要不断地摄取水分来满足生理需求，水的摄入途径包括饮用液体、食物中的水分以及代谢过程中产生的水分。一般来说，每天应该摄入约 1500 毫升的水，但如果进行体育运动或者气温较高，水分的需求量会更大。水分通过尿液、汗液、呼出气体和粪便排出体外，以维持体内的水分平衡。

水的功能多样，其中包括：①运送养料和废物。水可以运输细胞需要的养分和氧气，并将代谢产物和废物从细胞中排出，有助于维持细胞的正常功能。②协助循环系统和排泄系统工作。水是血液的主要成分之一，确保了血液的流动，协助心脏将血液泵送到全身各个器官和组织，水也有助于肾脏和排泄系统的正常运作，帮助排出废物和多余物质。③调节体温。水对于调节体温至关重要。通过出汗和蒸发，水可以帮助身体在高温下散热，以保持体温的稳定。④协助消化和吸收。水是消化过程中的必需物质，有助于消化酶的活性发挥和食物的分解，促进养分的吸收，确保身体能够充分利用食物中的营养物质。⑤组织的软垫。水在许多身体组织中发挥了缓冲和保护的作用，如关节和脑脊液等。

四、影响身体成分的主要因素

（一）饮食

饮食提供了生命所需的能量，形成了机体生理功能所必需的酶、激素、神经递质等关键物质。在现代社会，随着社会的进步和经济的发展，人们普遍缺乏的不是营养，而是饮食的平衡。因此，人们有必要吸取西方国家在膳食结构和疾病模式方面的教训，倡导并坚持合理的膳食结构，以平衡能量的摄取，从而减少相关慢性疾病的发生。人体需要摄取足够的能量来维持基本生活活动和运动，但过多的热量摄入会导致肥胖和代谢问题。因此，应根据个体的需求，确保能量摄取处于合理范围内。不同种类的食物提供了各种各样的营养物质，包括维生素、矿物质、蛋白质、碳水化合物和脂肪，摄取各种不同的食物，可以确保人体得到全面的营养。高盐、高糖和高饱和脂肪饮食与高血压、糖尿病和心血管疾病等慢性疾病有关。因此，应该限制这些物质的摄入，选择健康的替代品。足够的水分摄取能维持身体的水平衡、消化、新陈代谢和体温调节，每天饮用足够的水有助于保持身体的正常功能。适量的饮食是维持健康体重和身体成分平衡的关键所在，过量的食物摄入会导致超重和肥胖，不足的食物摄入可能会影响营养摄取。

（二）运动

体育锻炼是平衡身体能量的最佳途径之一，人们在运动过程中能够消耗多余的卡路里，防止能量过剩导致肥胖。运动还有助于提高新陈代谢率，使身体更有效地燃烧脂肪，从而维持健康的体脂水平。除了帮助人们控制体重，运动还能改善心血管健康。有氧运动，如游泳、慢跑和骑自行车，可以增强心脏和肺部功能，降低患心脏病和高血压的风险，并且控制血糖，预防糖尿病。重力运动，如举重和跳跃，可以促进骨密度的增加，降低骨折风险，特别是对于年长者来说更为重要。运动能提高肌肉力量，从而改善身体成分，减少脂肪的堆积，增加肌肉的比例，甚至改善身体的外观和功能。[①]运动还对心理健康产生了积极影响，有助于释放压力，缓解焦虑和抑郁，提高自尊心和自信心，促进社会适应。在选择运动项目时，应根据个人兴趣和特点来制订计划。集体活动和团队运动可以增强社交联系，激发锻炼的热情，使锻炼成为生活的一部分。无论年龄如何，锻炼都应该适度，并考虑到个人的身体状况和健康目标。

（三）行为习惯

不良的行为习惯可能导致体重增加、肥胖以及其他健康问题，可见，人们的生活方式和行为决定了身体成分。情绪不佳时，过度进食是一种不良的行为习惯，可能导致暴饮暴食。此种情况下，人们往往会选择高热量、高脂肪、高糖的食物，从而增加了体脂肪的积累。情绪不佳时，应该寻找其他方式来应对情绪，而不是通过进食来逃避问题。过度依赖现代化设备，缺乏运动也是不良行为习惯之一。现代化设备，如电视、电脑和智能手机，使人们长时间坐在室内，缺乏体育锻炼。长时间的静坐不仅增加了体重，还可能导致其他健康问题，如心血管疾病和糖尿病。

---

① 谌晓安. 湖南省成年人身体成分研究 [M]. 武汉：武汉大学出版社，2014：36.

应该鼓励采取积极的生活方式，包括定期运动，以维持身体成分的平衡。看电视时吃零食也是一个常见的不良行为。电视观看时间过长，容易导致不适当的食物摄入。零食通常富含盐分、脂肪和糖分，容易增加体重和导致肥胖。改变这种不良行为习惯可以通过选择健康的零食替代高热量的食物或者限制电视观看时间来实现。因此，要维持健康的身体成分，需要培养良好的行为习惯，包括管理情绪，减少不健康的进食习惯，积极参与体育锻炼，限制电视观看时间等，改变不良的行为习惯，进而有效实现身体成分的平衡，提高健康水平，降低慢性疾病发生的风险。

第二节　身体成分的获得及管理

现代健康管理的概念已经演化到全面和综合的身体成分管理阶段，不再仅仅关注体重，而是强调身体内各个组成成分之间的平衡和协调。身体成分失衡可能导致过度肥胖或过度消瘦，都会对健康造成负面影响。

一、获得身体成分的原则

（一）饮食平衡

饮食平衡是实现身体成分管理的首要原则之一。随着社会的不断进步和经济的飞速发展，人们对健康的需求逐渐从简单的能量摄入转向更加全面的营养平衡。在实现身体成分管理时，合理搭配各种食物种类，确保摄入各种必要的营养物质。平衡能量的摄取，是保持身体健康的基础。避免偏食和挑食，确保各种食物种类都包含在日常饮食中，有助于防止营养失衡，维持身体成分的健康和平衡，从而更好地实现身体成分的管理，促进整体健康和福祉。

（二）动静平衡

现代生活的特点是人们的身体活动水平逐渐减少，与过去相比，如今大多数工作和生活领域都依赖自动化机械和技术的发展，导致人体活动水平急剧下降。为了对抗现代生活方式带来的不利影响，人们需要刻意安排运动时间，以弥补日常生活中缺乏足够的身体活动。运动能有效维持健康和防止肥胖，但需要注意的是，过量的运动可能导致运动损伤。因此，保持动静平衡非常重要。动静平衡意味着要在日常生活中找到适量的运动，以确保身体的正常功能和代谢，同时避免过度运动带来的负面影响。适量的运动有助于提高心肺功能，增强肌肉力量，促进新陈代谢，改善体重管理和精神状态。

（三）睡眠平衡

现代社会的生产和生活方式发生了显著改变，导致人们的夜生活丰富，作息时间也发生了变化。睡眠平衡是指确保获得足够但不过量的睡眠时间，可在一定程度上维持身体的正常功能和健康。如果睡眠时间过长，可能会导致身体机能下降，出现昏昏欲睡、精神呆滞等症状。相反，如果睡眠时间太短，会导致精神疲劳，抵抗力下降，易患疾病。研究表明，每天保持 7 到 8 小时的充足睡眠，有助于维持最佳的身体成分和健康状况。充足的睡眠可以促进身体的修复和恢复，有利于新陈代谢的平衡，有助于保持健康的体重和身体组成。此外，充足的睡眠还可以改善心情和精神状态，提高免疫力，有助于抵抗各种健康问题。因此，为了管理身体成分并保持整体健康，人们需要关注睡眠平衡，确保获得足够的高质量睡眠，实现延年益寿和提高生活质量。

（四）心理平衡

研究表明，大多数疾病与心理压抑感之间存在密切关联，高度紧张、嫉妒、怒气等不良情绪可能导致各种健康问题，如高血压、心脏病等。因此，人们应维持心理平衡，放松心情，保持冷静，避免过分苛刻地要求自己，与他人建立积极的关系，感恩知足，及时疏导情绪，减轻心理压力，降低患病风险。心理平衡有助于提高生活质量，增强免疫系统的功能，降低患病风险，并促进身体各个组成部分的协调和谐。因此，要认识到心理健康与身体健康之间的密切关系，采取积极的措施来维护心理平衡，有效促进整体健康。

二、身体成分的获得方式

（一）体型与运动

体型分为外胚型、中胚型和内胚型，常见的是某两种体型的结合。外胚型的人通常身材高而瘦，他们的脂肪和肌肉相对较少。外胚型可能受基因影响，但也可能是由于生活方式中缺乏足够的运动而导致的。中胚型的人通常肌肉发达，脂肪较少，具备运动员的身材。中胚型体型通常与积极的生活方式和高强度的体育活动有关，他们通过锻炼来维持身体的健康和体型。内胚型的人则倾向于肥胖，个子矮小，容易积累脂肪。此种体型可能与基因、不良饮食习惯以及缺乏适度运动有关。

无论个体拥有何种体型，都应该关注自身的脂肪含量，因为脂肪含量与健康密切相关。男性的健康脂肪含量通常在 8% 到 18% 之间，而女性的健康脂肪含量在 15% 到 25% 之间，脂肪含量过低或过高都可能对健康产生危害。尽管体型在一定程度上受遗传因素影响，但肌肉和脂肪的比例可以通过正确的运动和健康的饮食来调整。因此，人们可以通过在这两个方面的努力来改善体型，以实现理想状态。每个人都应根据自己的体型选择适当的运动和健康的饮食习惯，以维持或增加肌肉质量和功能，保持正确的身体姿势，从而满足健康和健美的要求。

1.外胚型身形较瘦，应先强化肌肉

对于外胚型的人来说，他们通常拥有瘦长的身材，但肌肉较少，肌力和肌耐力相对较弱。外胚型的人可以通过重量训练来增加肌肉质量，

以达到更健康的状态，重量训练有助于增强肌肉的紧实度和改善肌力，可以选择进行肌力和肌耐力练习，如举重、俯卧撑等，以增加肌肉质量。外胚型的人还应该注重有氧运动，例如步行、慢跑等，以提高心肺耐力。有氧运动有助于改善整体健康和体能水平，特别是对于一些希望减少体脂并塑造身体曲线的人来说，此类运动非常有效。如果外胚型的人希望塑造更具曲线美的身体，他们可以考虑参加游泳这一项目练习。水中的强大阻力可以促使身体增加额外的脂肪层，从而改善体型。游泳是一种综合性的运动，可以锻炼全身肌肉，提高心肺耐力，并有助于减低体脂。

2.中胚型易练太壮，适合增加柔韧性练习

中胚型的人具有较为均衡的肌纤维比例，容易练出像运动员一样强壮的身材。中胚型的人可以尝试进行瑜伽等牵拉性的柔韧性运动项目，强调身体的姿势、动作、呼吸控制以及柔韧性的提高，保持肌肉的柔韧性，而不会过于强壮。中胚型的人也可以尝试进行有氧运动，如慢跑、游泳或骑自行车。有氧运动能提高心肺健康，增加耐力，并减少体脂，尤其是慢跑和游泳，可以综合锻炼全身肌肉，帮助他们保持健康的体型。

3.内胚型脂肪较多，应控制体重

内胚型的人通常有较高的脂肪含量，特别是在下腹、臀部和大腿区域，容易积累多余的脂肪，不利于整体健康。因此，他们需要在饮食和运动方面共同努力，以控制体重和减少多余的脂肪，以达到健康体适能的目标。内胚型的人应该关注饮食习惯，限制高热量和高脂肪食物的摄入，采用控制膳食，掌握正确的饮食比例，减少摄入的总热量来控制体重。内胚型的人可以选择适量的有氧运动来帮助燃烧多余的脂肪，适合他们的低冲击有氧运动有游泳、健步走和自行车骑行等，此类运动可以大量消耗热量，同时减少对关节和骨骼的压力，减少受伤的风险。内胚型的人应该避免高冲击的运动，如网球和跳绳，因为这些运动可能会增加关节的压力，提高受伤的风险。他们可以选择更适合自己身体状况的运动项目，以确保锻炼的安全性和有效性。

（二）饮食与能量

能量在转换的过程中既不增加，也不减少，总能量守恒。当消化、吸收食物之后，用于肌肉收缩时则转化成为机械能。与此同时，其中一部分化学能将会转化成为热能，用于身体保暖。对此，学会摄取足够营养的同时，减少对于热量的吸收，是有效控制合理体成分的重要方式。

1.饮食热量控制

中医强调饮食的节制和平衡，认为饮食有节有助于延长寿命和保持身体健康。《黄帝内经》提到了控制饮食并避免过度摄入的重要性。肥胖常常与食欲亢进和过度进食有关，肥胖人群的脂肪细胞能够分泌一些促进食欲的物质，加上诱人的美食，导致食欲的不断增加，形成了恶性循环，习惯性的暴饮暴食使身体容积增大，降低了饱腹感。因此，人们想实现身体成分管理，需要关注饮食习惯。合理的饮食规划包括摄取适量的热量，避免过度进食，确保饮食的多样性和均衡性。同时，减少摄入高糖、高脂肪的食物，控制碳水化合物的摄入，有助于控制热量摄入，防止肥胖的发生。

2.三餐饮食结构规划

人体的新陈代谢率在一天内有变化：上午的新陈代谢率相对较高，下午次之，晚上最低。因此，合理规划三餐饮食结构能够更好地满足身体的能量需求，有助于控制体重和维护身体健康。早晨吃一顿均衡的早餐，能够提供足够的能量，激活身体的新陈代谢，使人精力充沛，有助于全天的工作和活动。早餐应符合健康饮食原则，选择低油、低糖、低盐、高纤维的食物，如五谷杂粮、蔬果等，有助于控制热量摄入，预防肥胖。午餐应该吃得饱，提供足够的能量来支持一天的活动。合理的午餐可以包含多种食物，如蛋白质、蔬菜、水果等，以确保摄取各种营养素。午餐也应避免高糖、高脂肪的食物，以维持健康的体成分。晚餐要吃得少，由于晚上的新陈代谢率较低，因此晚餐摄入过多热量容易导致体重增加。晚餐可以选择清淡的食物，避免油腻和高热量的食物，有助于保持健康的体成分。

三、身体成分的管理

（一）饮食的管理

1.合理控制热能

为了保持身体健康，应了解如何控制热能摄入和消耗。正能量平衡指的是摄入的食物能量大于消耗的能量，会导致体重增加，即肥胖。负能量平衡则相反，摄入的食物能量小于消耗的能量，导致体重减少，即减肥。为了管理身体成分，必须将热能摄入限制在机体实际消耗的热能以下，以促使多余的热能被消耗掉，使体重逐渐恢复到正常水平。

在日常饮食中，有一些关键原则可以帮助实现合理的热能控制。要少吃或避免高热量和高胆固醇的食物，包括巧克力、糖果、甜饮料、甜点、冰激凌、黄油、动物脑、动物内脏以及鱼籽等。此类食物往往富含不健康的脂肪和糖分，容易导致热能摄入过多，从而引发肥胖问题。选择低热能的饮食，有助于限制热能摄入。一种方法是增加蔬菜和水果的摄入，它们富含纤维和维生素，但热量相对较低。选择瘦肉、鱼类、全麦食品等富含蛋白质和复杂碳水化合物的食物，也有助于提供所需的营养，同时限制热能摄入。应关注食物的分量和食用频率，控制餐食的量，避免暴饮暴食，有助于限制热能摄入。

2.平衡饮食结构

不同类型的食物提供了多种必要的营养物质。谷类食物，如大米、面包、面条等，是主要的热能来源，它们富含碳水化合物、蛋白质、膳食纤维和 B 族维生素，为身体提供了所需能量。选择全谷类食物，如全麦面包和糙米，可以提供更多的膳食纤维和营养价值。肉类包括畜肉、家禽和水产，是优质蛋白质、脂溶性维生素以及铁、锌、硒等矿物质的重要来源。不同类型的肉类含有不同量的脂肪，选择瘦肉，如鸡胸肉和鱼类，可以减少饱和脂肪的摄入，有益于心血管健康。蔬菜和水果富含水溶性维生素、矿物质、膳食纤维和其他生物活性物质，对心血管健康、免疫系统和新陈代谢都有积极作用。水溶性维生素和矿物质帮助维持体内的电解质平衡，促进新陈代谢，有助于脂肪分解和排毒。因此，蔬菜和水果是健康减肥中不可或缺的一部分。奶类食物是钙的主要来源，钙能有效维持骨骼健康。此外，奶类也提供高质量的蛋白质，是身体发育和修复所需的重要营养物质，选择低脂奶制品可以降低饱和脂肪的摄入。豆类，如黄豆、绿豆、黑豆等，含有丰富的蛋白质、钙、B族维生素、膳食纤维和植物化学元素，蕴含着植物性蛋白质，对于素食者来说尤为重要。豆类制品，如豆腐和豆浆，也具有高营养价值，可以作为蛋白质的替代来源。

（二）运动管理

1.运动对身体能量的消耗

运动消耗身体的能量是一个渐进过程，不同类型的运动项目和强度水平会导致不同的能量消耗。例如，激烈的有氧运动，如跑步、游泳和跳绳，每分钟可以消耗更多的能量；而轻度的活动，如散步或瑜伽，消耗的能量相对较少。运动不仅在活动时消耗能量，还在运动后的一段时间内提高代谢率，被称为"后燃效应"，意味着即使你完成了运动，你的身体仍然以较高的速率消耗能量，以恢复肌肉的疲劳和体温平衡。"后燃效应"持续的时间取决于运动的强度和持续时间，但通常会在运动后的6到8小时内持续。举例来说，完成一次5000米的跑步，消耗的能量约为250到400卡。然而，运动后每小时比日常休息时多消耗30到50卡的能量，意味着在运动后的几个小时内，人的身体会继续消耗额外的能量。如果每周坚持进行4到5次此类运动，一个月能消耗掉相当数量的卡路里，从而有助于减少体内脂肪储备，减轻体重。

2.适度的运动有抑制食欲的效果

长时间从事重体力或激烈运动时，会在一定程度上导致食欲增加，主要是由于身体需要能量来支持运动，尤其是在高强度训练后，人们可能会感到更饿。然而，这种情况通常在运动后的几小时内出现，而且只会出现在非常高强度的运动中，如长时间的高强度训练或极端耐力运动。相反，适度的运动通常会降低食欲，尤其是对于一般人来说，适量的运动有助于调整体内的激素水平，如胰岛素和胃肠激素，从而抑制食欲。此外，运动可以改善身体的代谢，使身体更有效地利用能量，从而减少了对食物的渴望。对于青少年而言，积极参与运动可以适当预防脂肪细胞数量的过度增加。在青春期，身体的代谢和生长发育非常活跃，如果加入适度的运动，可以控制脂肪细胞的增加，从而减少肥胖风险。对于成年人而言，运动可以导致脂肪细胞尺寸的减小。虽然脂肪细胞数量在成年后相对稳定，但运动可以通过分解脂肪细胞中的脂肪来改变其大小，进而改善身体外观，减少脂肪堆积。

3. 运动减肥

运动在减肥过程中能增加脂肪的消耗，同时减少非脂肪成分的流失，从而实现有效的体重控制和健康体型的塑造。要理解体重控制和脂肪减少不完全等同，虽然纯粹的饮食控制减重会在一定程度上减轻体重，但其中大约有 30% 是肌肉组织的流失，而只有 70% 是脂肪组织的减少，可能导致身体组成的不平衡，因为肌肉是维持代谢活跃的关键组织。因此，单纯的节食减肥并不是一个好方法。在适度运动的情况下，身体会更多地利用储备脂肪来提供活动所需的能量，而保留肌肉组织。中等强度运动通常在持续 30 到 60 分钟时，约有 50% 的能量消耗来自脂肪分解。如果运动时间延长到 60 分钟以上，脂肪能源供应占总能量消耗的 70% 到 85%。由此可见，运动有助于更有效地利用脂肪作为燃料，从而促进脂肪的减少。采用饮食控制和运动相结合的减肥方法可以实现更大幅度的脂肪减少，同时加强肌肉，主要是由于适度的运动能塑造身体的线条和轮廓，使体重减少的同时，身体看起来更加紧实。此外，肌肉的加强还能提高基础代谢率，使得身体在休息状态下也能够消耗更多的能量。

（三）习惯管理

不良的饮食和生活习惯，如暴饮暴食、食用高糖高脂食物、不定时进食等，往往导致肥胖。因此，在体重管理过程中应培养健康的习惯。吃饭时要慢慢咀嚼，以促进消化和更好地感受饱腹感。过度进食不仅会导致体重增加，还可能影响消化系统的正常功能。因此，吃得不要太饱，有助于保持适当的饮食量和消化健康。如今，科技的进步使人们的生活越来越便捷，但也导致身体活动减少。为了消耗额外的热量，人们需要刻意安排运动时间，让身体保持活跃。运动有助于减肥，并且能维持心血管健康，增强肌肉和骨骼，提高整体体适能水平。另外，不健康的情绪反应，如压力、焦虑和沮丧，可能导致情感性进食或其他不良习惯产生。通过运动来管理情绪，有助于预防不当的食欲爆发。戒除不健康的饮食习惯，如下午茶和消夜，是减肥和维护体重的基础。代之以多食蔬菜和水果，此类食物富含纤维、维生素和矿物质，较利于体重管理和整体健康。此外，要警惕对高糖、高脂食物的依赖，逐渐减少对这些不良食物的摄入。

第三节　身体成分指标在健身中的应用

一、身体组成与肥胖

身体组成指脂肪重量与净体重的比例。肥胖则是因长期热量不平衡，导致体内脂肪超过正常水平的情况。通常，男性体内脂肪超过 25%、女性体内脂肪超过 30% 被视为肥胖。

（一）肥胖的不同分类

根据发病原因的不同，可以将肥胖分为单纯性肥胖和继发性肥胖。单纯性肥胖通常是由于长期不平衡的热量摄入和消耗引起的，而继发性肥胖则可能与其他健康问题或药物治疗有关。

根据脂肪在身体不同部位的分布，肥胖可分为腹部型肥胖（也称为向心型肥胖）和臀部型肥胖（也称为外周型肥胖）。腹部型肥胖意味着脂肪主要积聚在腹部区域，而臀部型肥胖则指的是脂肪主要分布在臀部和大腿等外周部位。

肥胖也可以依据脂肪组织的解剖特点进一步分为多细胞性肥胖和大细胞性肥胖。多细胞性肥胖是指脂肪细胞数量较多，但每个脂肪细胞的体积较小；而大细胞性肥胖则是指脂肪细胞数量较少，但每个脂肪细胞的体积较大。

针对不同的分类方式，能更好地了解和管理肥胖患者，因为不同类型的肥胖可能需要不同的治疗方法和健康管理策略。

（二）肥胖对人体造成的危害

肥胖对于人体的危害，详见图 2-1。

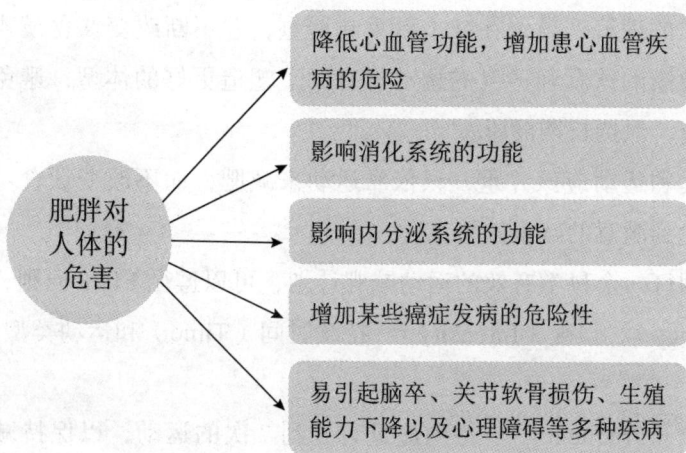

图 2-1　肥胖对人体的危害

二、应用身体成分监控减肥、健身的实际效果

许多肥胖人士都渴望找到一种神奇的饮食方法，可以在短时间内以最小的努力减去多余的脂肪。尽管运动减肥一直是经常讨论的话题，但选择适当的运动强度、时间和方式是复杂问题。在这方面，应用身体成分指标可以科学地监测体育锻炼对减肥的效果。运动减肥的主要目标是减少体内的多余脂肪，同时确保瘦体重的增加或至少不减少。在进行运动减肥时，不仅要关注减脂肪的过程，还要注意肌肉的保持和增加。科学的方法可以帮助肥胖者更好地理解他们的身体成分，以便更有效地制订适合自己的锻炼计划和饮食方案。

单独采用禁食方法确实可以减轻体重，但其效果通常不太理想。为了评估不同运动方式、强度和时间对减肥的效果，应用身体成分的变化规律是一种有效方法。然而，不同的运动方式可能适用于不同人群，不同的运动方式也可能在同一个人的不同部位产生不同的减肥效果。因此，应用身体成分测试，尤其是具有部位判定功能的测试方法，可以帮助选择适合个体的减肥运动方案。

成功减重但不能长期保持体重的主要原因是他们缺乏对健康饮食和行为习惯的理解，导致在减重后重新增重，并不断改变饮食模式以再次减重。健康的饮食和适度的运动将有助于塑造更好的体型，避免极端的反弹效应，保持长期健康。

饮食和运动应该并重，只依靠运动来减肥，而不改变饮食习惯，通常难以达到满意的减重效果。

要制订一个科学有效的运动减肥计划，可以遵循 FITT 原则，即频次（Frequency）、强度（Intensity）、持续时间（Time）和运动类型（Type）的原则。

频次（Frequency）：每周应进行 5 到 7 次的运动，以保持减肥的连续性和有效性，分散运动时间可以帮助人们更容易融入运动到日常生活。

强度（Intensity）：初学者或体重较重者可以从较低的强度开始，大约为最大心跳率的 50% 到 60%，然后逐渐增加到 60%~70%，确保运动时感觉到一定的辛苦，但不至于过于劳累。

持续时间（Time）：最少每次运动持续 30 分钟，但如您刚开始或体重较重，可以将运动分为多次，以累积达到 30 分钟。间断休息时间应尽量减少，以维持运动的连贯性。

运动类型（Type）：步行是一个很好的选择，特别适合初学者。其他适合减肥的运动包括水中运动、踏单车、楼梯机、划艇机等，因为它们能够动员大肌肉群，并且可以避免足部对地面的冲击，适合长时间的全身运动。

最好的减肥效果通常是饮食和运动相结合的结果，改善饮食习惯的同时进行减肥运动，可以减少更多的脂肪，但体重可能会略有增加，因为肌肉也在增加。从而改善相对脂肪含量的百分比，使减肥效果更为显著和高效。

要实现有效的减肥，不仅需要关注饮食和运动，还需要进行行为修正，以建立有益的生活习惯。进餐时尽量慢吃，避免过量进食，以促进消化。不要让自己吃得太饱，保持适度的饥饱感，能有效控制摄入的热量。多吃蔬菜和水果，它们富含纤维和维生素，有助于提供饱腹感，同时提供重要的营养素。避免在晚间进食，尤其是高热量、高糖分的零食，改为在晚间进行运动，或选择健康的低热量零食，如坚果或低脂酸奶。不要过分依赖电子设备，如电视、电脑和手机，而要多做一些身体活动。可以选择步行代替短途车程，避免使用电梯，多进行户外活动。认识并了解自己的情绪，当情绪不佳时，选择运动来缓解情绪，而不是通过大吃大喝来排解情感。运动能释放身体中的内源性愉悦物质，提升心情。在电视广告播放时，不要受到食品广告的诱惑，而是进行短暂的运动或体操来保持活跃。家庭中的长辈可以以身作则，与子女一起参与运动活动，建立积极的家庭运动文化，激发孩子们对运动的兴趣。父母应该避免让孩子养成吃零食的习惯，不要以零食作为奖励，培养孩子健康的饮食观念，教育他们如何选择健康的食物。

三、应用身体成分监控其他运动健身的效果

美国疾病预防和控制中心（CDC）和美国运动医学会（ACSM）的调查报告表明，久坐和身体活动不足是现代社会心脏疾病等健康问题发生的主要危险因素。因此，运动和体能锻炼对于维护健康至关重要，但并不是所有运动都能取得良好的健身效果。身体成分监控是通过测量个体的体脂含量、肌肉质量和其他生理指标来评估其身体组成的，可以通过多种方法来实现，包括皮下脂肪测量、体重和体脂秤的使用、生物电阻抗，全面了解个体的健康状况的方法，帮助制订个性化的运动和饮食计划。正常人群应该将身体成分指标维持在正常范围内，通过监控身体成分，可以及早发现和处理潜在的健康问题。身体成分监控还可以用来评估运动和健身计划的效果，通过定期测量身体成分，个体可以了解自己的健身进展情况。如果身体成分指标显示改善，那么可以确定运动计划是有效的。反之，如果身体成分没有改善或出现恶化，可能需要调整运动和饮食计划，以获得更好的结果。

第三章 健康体适能的理论基础 与其发展透视

第一节 体适能的分类及目标

一、体适能的分类

体适能，作为健康评价的综合指标，是一个综合考量众多参数的概念，涵盖了与健康、技能和代谢相关的多个方面，直接影响个体的整体生活质量。与传统的体质概念相比，体适能更加全面和具体，更能反映个体的整体健康状况。在体适能的综合参数中，与健康相关的因素包括心血管健康、肌肉适能、骨骼健康等，这些因素与慢性疾病的预防和健康维护密切相关。与技能相关的因素涵盖了力量、速度、协调性等方面，影响个体在日常生活和体育运动中的表现。与代谢相关的因素则包括新陈代谢、体脂含量等，与能量平衡和体重管理紧密相关。体适能的发展是积极参与运动锻炼的结果，规律性的运动锻炼有助于提高体适能水平，因为它可以改善心血管功能，增强肌肉力量，促进代谢健康，同时提高技能水平，已经成为被广泛接受的事实，也得到了医学界和健康专家的认可。

（一）健康体适能

健康体适能是人类在工作、学习以及日常生活中适应身体能力的核心组成部分，对身心健康具有深远影响，包括心肺耐力、肌肉力量与肌肉耐力、关节柔软度，以及适宜的身体成分等多个要素。

1.心肺血管机能与健康

心肺血管机能是指心脏、血管和呼吸系统协同工作的能力，用来供应肌肉长时间工作所需的燃料。心肺血管机能的良好表现直接影响肌肉在长时间工作中的能力，同时对于身体运动后疲劳的快速消除和机能的有效恢复至关重要。心肺血管机能的优劣反映了身体整体的氧气供应和输送系统状态，包括肺部的呼吸功能、心脏的泵血效率，以及血液循环系统的健康程度。[①] 因此，心肺血管机能被认为是健康和体能表现的关键因素之一，受到广泛的重视和研究。

（1）增强心肌。心肌是构成心脏的肌肉组织，它与骨骼肌类似，可以通过运动的刺激而变得更加强壮、有力。当一个人的心肺适能水平较高时，其心脏会逐渐适应运动的负荷，导致心肌尺寸增大和心脏收缩力量增强。从宏观角度来看，对于心脏的健康非常有益，因为它意味着心脏可以更有效地将血液泵送到身体各部位，从而提高整体的心血管效率。具体来说，心肺适能的提高可以促进每次心脏收缩时泵出的血液量增加，因此每分钟的心跳次数会相对减少，心脏工作更加有效，减轻心脏负担。

（2）有益于血管系统。血管系统的主要责任是确保从心脏泵出的血液能够顺畅地流向身体各个组织和器官，然后再汇集心脏。当一个人的心肺机能较好时，其血管系统更加健康和高效。心肺适能的提高可以促

---

① 王步标，黄超文.体适能与健康 健身活动的科学基础 [M].长沙：湖南科学技术出版社，2003：63.

进良好的血管弹性，血管弹性是血液流动的重要因素之一。随着年龄的增长，血管壁可能会逐渐变得硬化，丧失弹性，从而导致血管变窄，增加心脏负担，并限制了血液流动。通过有氧运动，特别是有氧耐力训练，可以增强血管的弹性，使血管保持通畅，减少心脏的工作量，降低高血压和其他心血管疾病发生的风险。心肺适能的提高有助于微血管的生长和分布，微血管是血液输送氧气和营养物质到组织细胞的重要通道。当人们进行有氧运动时，特别是长时间的有氧运动，会促进微血管在组织中的生长和分布，使血液供应更加充足，能减少缺血和缺氧的风险。

（3）强化呼吸系统。良好的心肺适能意味着肺部的呼吸能力更强，肺泡与微血管之间的气体交换效率更高，身体能够更有效地获取氧气，将氧气输送到组织和器官，同时更有效排出二氧化碳等废物。如此，能维持良好的呼吸功能，提供足够的氧气供应，有助于减少呼吸系统疾病发生的风险，提高体能和身体的整体健康水平。

（4）改善血液成分。在心肺适能良好的人体中，血液中的血红蛋白含量相对较多，有助于更有效地运输氧气到各个组织和器官，提供更充足的氧气。心肺适能的提高也可以提高高密度脂蛋白与低密度脂蛋白的比值，有助于降低心脏疾病的发病率。

（5）有氧代谢的供应较为充裕。在日常生活中，无论是进行轻度活动还是更长时间的体力劳动，都需要依赖有氧代谢系统来供应足够的能量，该系统的运作效率与一个人的心肺适能紧密相连。当心肺适能水平较高时，有氧代谢系统可以更有效地将氧气和营养输送到工作的肌肉组织中，从而延缓疲劳的发生。这意味着身体在长时间的活动中可以更长时间地保持高效状态，而不容易感到疲劳，对于体力劳动者、运动员以及日常生活中需要长时间活动的人来说，尤为重要。

（6）减少心血管循环系统疾病。心脏、血管和血液成分的改善，都与心肺适能的增强密切相关，利于减缓心血管循环系统的机能退化和相关疾病的威胁。心肺适能的提高可以使心脏更强壮，增加心脏的泵血效率，减轻心脏的负担，降低心血管疾病发作的风险。同时，改善血管系统的弹性和通畅性，有助于降低高血压和动脉硬化等疾病的发病风险。心肺适能的提高可以改善血液成分，如提高血液中高密度脂蛋白与低密度脂蛋白的比值，减少动脉壁上的脂质沉积，降低动脉粥样硬化的风险。最重要的是，即使某人不幸患上心血管循环系统疾病，拥有良好的心肺适能也有助于康复。心肺适能的增强可以提高心脏的恢复能力，促进康复。心肺适能好的个体在面对心血管疾病的治疗和康复时，通常具有更高的生存率和更好的生活质量。

2.肌肉骨骼系统机能

肌肉骨骼系统机能对于整体健康至关重要，肌肉力量（肌力）和肌肉耐力（肌耐力）是肌肉骨骼系统的两个重要方面。肌力是指肌肉一次性产生的最大力量，影响完成一些需要爆发力的任务，如抬重物或快速做出反应。同时，良好的肌力也有助于预防肌肉和骨骼损伤，提高身体的稳定性和平衡。肌耐力则关系到肌肉在一段时间内持续工作的能力，影响身体长时间内保持运动状态的能力，对于进行长时间的体育活动或长距离运动尤为关键。良好的肌耐力可以减轻运动时的疲劳感，延长持续时间，进一步提高运动效果。

（1）结实、有张力的肌肉。通过适当的肌力训练，肌肉能够变得坚实而富有张力，从而有效避免了肌肉的萎缩和松弛，维持身体的外观美观和姿态优雅，还在日常生活中提供了更多支持和稳定性。当肌肉处于良好状态时，可以更好地支持骨骼系统，减轻关节的负担，从而降低受伤的风险。结实的肌肉还有助于提高运动表现，使身体更具爆发力和耐力，利于各种体育和健身活动。因此，通过适当的肌力锻炼，人们可以保持坚实有力的肌肉，提高身体的功能性，并改善整体生活质量。

（2）匀称的身材。适当的肌肉锻炼能维持身体的匀称外形，使其看起来更加健美。肌肉在人体构成中起到了支持和造型作用，定期进行肌力训练，肌肉会变得更加坚实、紧致，可以改善身体的轮廓和线条。特别是对于想要雕塑身体曲线的人来说，适度的肌肉可以塑造出更加迷人的体型，增加自信心。有健美外形的身体通常更有吸引力，提高个体在社交和职业方面的自信和成功机会。因此，通过适当的肌力训练，人们可以维持匀称的身材，不仅拥有更好的外貌，还提升了自尊和社交魅力。

（3）提高动作效率。适度的肌肉力量和耐力可以使肌肉更加有效地应对各种负荷和挑战，提高身体在日常活动和运动中的表现。在相同任务或活动中，拥有良好肌力和肌耐力的人可以更加轻松地完成，不容易感到疲劳，肌肉的持久力也会增加，使人能够延长活动时间，享受更长时间的身体运动。可见，良好的肌肉机能可以提高身体的动作效率，使日常生活更加便捷和轻松，并且为参与体育锻炼提供了更多的耐力和表现优势。

（4）保护关节与肌肉。良好的肌肉机能有益于维持身体的功能和性能，并具有保护作用，特别对于运动员来说尤为重要。运动员在高强度和高频率的运动中，肌肉的适当发展可以减缓受伤的风险，提供关节和组织更好的支持和保护，所以肌肉的力量和稳定性可以减少关节和韧带的扭伤、拉伤等运动相关伤害的发生。肌肉机能的提升还能改善身体的运动技能和协调性，从而降低运动中出现的不稳定因素。对于运动员来说，这意味着他们能够在比赛中发挥出最佳状态，减少受伤的可能性，延长职业生涯。

（5）维持良好的身体姿势。肌肉提供了对身体骨骼的支撑和稳定，帮助维持正确的身体姿势，减少不正确姿势所带来的潜在压力和不适。当人们的肌肉机能良好时，肌肉群能够有效减少姿势相关的不适和疼痛，有助于预防姿势问题引起的慢性疼痛和损伤。由此可见，良好的肌肉机能是维持正确身体姿势和预防姿势相关问题的关键。

（6）减轻背部疼痛。腹部肌肉的强度和耐力利于维持骨盆的正确位置，如果腹部肌肉较弱，骨盆可能无法得到适当的支撑，导致前倾，容易使得下背部的腰椎过度前倾。此种不正常的姿势可能增加脊髓神经受压的风险，导致背部疼痛和不适。因此，通过锻炼和强化腹部肌肉，可以增强对骨盆的支持，维持脊柱的正常曲线，减少不适和疼痛的发生。

（7）提高运动能力。肌肉机能的提升对健康有益，并且能提高身体的运动能力。运动能力包括力量和耐力、协调性和敏捷度等方面。人们锻炼和增强肌肉，能够更轻松地完成各种体育运动和日常活动，提高身体的机动性和功能性。具备良好的肌肉机能可以使人更有信心参与各种运动和锻炼，享受到身体活动带来的成就感和乐趣。积极的运动体验不仅促进身体健康，有助于改善心理健康，减轻压力和焦虑，提高生活质量。

3. 柔韧性

柔韧性指的是关节可活动的范围，受肌肉长度、关节结构及其他因素的影响。良好的柔韧性意味着身体关节能够自由灵活地运动，无论是在工作、娱乐还是日常生活中，都能充分发挥其功能。尽管难以确定柔韧性的具体标准，但有一个重要的观念是，随着年龄的增长，人们的关节不应该变得越来越僵硬。柔韧性在潜移默化中影响着身体健康，能减少关节疼痛和不适，提高生活质量，增加身体活动的舒适度。柔韧性也是与健康有关的体适能要素之一，应该受到足够的重视。通过定期的柔韧性训练和伸展运动，人们可以维持或提高关节的可活动范围，减少运动和日常活动中受伤的风险。此外，良好的柔韧性还有助于改善姿势，减轻肌肉紧张和压力，促进身体的平衡和协调。

（1）避免关节僵硬与肌肉缩短。保持适当的柔韧性能使身体更加灵活，并有助于减少肌肉紧张所带来的疲劳和疼痛，避免关节僵硬和肌肉的不适感，使得日常活动更为轻松，让人拥有更加愉悦和舒适的生活体验。

（2）提升外观与体能。拥有良好柔韧性的人通常在身体动作方面表现出令人赞叹的优美和流畅，他们的动作更加协调、自然，仿佛年轻时一样活力焕发。柔韧性有利于保持身体的青春活力和外貌年轻。良好的柔韧性可以减少身体姿势的不协调，减轻肌肉紧张，让人更加自信和充满活力，不仅在外表上有所体现，还能影响到个人的精神状态，让他们更积极地迎接生活中的各种挑战和机会。因此，柔韧性能使身体更年轻，维持充满活力的状态。

（3）减少运动伤害发生的风险。拥有良好柔韧性的人在运动中通常能够避免许多运动伤害，因为他们的肌肉具备更好的延展性，允许关节拥有更广泛的运动范围，因此，在剧烈活动中不太容易受伤。良好的柔韧性可以减轻肌肉和关节承受的压力，降低拉伤、扭伤等运动伤害发生的风险。柔韧性也利于人们维持适当的身体姿势，减轻运动中的不适感。例如，在健身锻炼或进行体育比赛时，良好的柔韧性使运动员能够更流畅地完成各种动作，减少力量集中在一个部位造成损伤。

（4）提升运动水平。柔韧性能推动运动水平的提升，特别是在某些体育项目中。举例来说，游泳选手肩关节和肘关节的柔韧性是游泳运动的关键因素，因为游泳是一项全身性的运动，需要身体在水中以复杂的方式移动。游泳选手的柔韧性允许他们在水中更自如地完成各种动作，如划水、转身和蛙泳动作，从而提高游泳的效率和速度。在其他体育项目中，柔韧性同样起着重要作用。例如，足球运动员需要良好的柔韧性来进行快速的转身和变向，篮球运动员需要灵活的腰部和腿部柔韧性来跳跃和变换方向，而田径运动员也需要柔韧性来改善步伐和减轻对关节的冲击。

4.身体成分

身体成分涵盖了肌肉、脂肪、骨骼以及其他组织在机体中的相对百分比，其中，体脂在评价身体成分时起到的作用十分明显，因为理想的健康体适能需要适当的体脂百分比。身体成分包括了构成人体组织器官的全部成分，成分总量构成了体重，包括脂肪和非脂肪成分。大量流行病学研究已经表明，由于不合理的饮食结构和不足的运动，导致脂肪在体内过度积聚，即肥胖已经对人类健康构成巨大威胁。从健康角度看，肥胖意味着体重超过标准值，也体现为体脂百分比超出正常水平。因此，测量和评价身体成分一直是医生和体适能专家评估一个人健康状态的重要依据。例如，过高的体脂百分比可能导致心血管疾病、糖尿病等慢性疾病发生风险的增加。因此，了解和管理身体成分，特别是体脂百分比，可以帮助人们更好地维护健康，减少慢性疾病发生的风险，并提高生活质量。为了维护健康的身体成分，人们需要采取综合性的健康措施，包括合理的饮食、规律的运动和适量的力量训练，改善体脂百分比，增加肌肉质量，降低慢性疾病的风险，从而实现理想的健康体适能。因此，身体成分的测量和评价是健康管理的一部分，也是提高生活质量和长期健康的关键。

（二）竞技体适能

竞技体适能，也被称为运动体适能，是运动员在竞技比赛中为了达到最佳表现需要具备的体能素质。在竞技体适能中，与技能相关的参数包括灵敏度、平衡性、协调性、爆发力、反应时，以及速度，共同构成了竞技体适能的核心。灵敏度是指在空间迅速而准确地改变整个身体运动方向的能力，例如，滑雪和摔跤运动员需要在瞬间做出反应性的动作，因此，灵敏度在一定程度上影响了竞技体育中表现是否出色。平衡性是指在静态或动态环境中维持身体平衡的能力，运动员在滑冰、平衡木、高空作业等情境下需要出色的平衡能力，以确保他们在高度技巧性的动作中不失去平衡。协调性是指人体在神经系统和运动系统的协同作用下，能够准确、协调地完成运动中各种动作，例如，杂技演员、高尔夫球手和棒球运动员都需要良好的协调性，以便在比赛中表现出色。爆发力是指以最快的速度将能量转化为力量的能力，而力量爆发是进行铁饼和铅球等项目时所必需的，因为这些项目需要在瞬间发力。反应时是指接受刺激并对刺激做出反应之间的时间间隔，竞速赛车手和短跑运动员需要具备快速反应的能力，以在比赛中获得竞争优势。速度是指短时间内快速移动的能力，这在田径、橄榄球等运动项目中尤为关键，快速可以使运动员在比赛中迅速超越对手，取得胜利。技能相关的体适能素质不是每个健康的人都自然拥有的，需要经过长期的动作练习来培养和发展。具备这些素质的人，无论是在体育竞技中还是在特技表演中，通常能够轻松完成高水平的技术动作。

（三）代谢性体适能

代谢性体适能是近年来引起广泛关注的体适能参数，反映了机体生理系统的健康状况。代谢性体适能参数包括安静时心率、安静时血压、血糖水平、血脂参数、血胰岛素水平、骨密度，以及安静时的肌肉功能等，代谢性体适能的评估反映了机体的功能状态，并且与多种慢性疾病的发生和发展密切相关，同时受到运动锻炼的直接影响。代谢性体适能的评估因素之一是安静时心率，心率是心脏每分钟跳动的次数，可以反映出机体的心血管健康状况。结合有规律的运动锻炼，可以降低安静时心率，提高心血管系统的适应能力，减少心血管疾病发生的风险。代谢性体适能的评估还包括安静时血压，高血压是许多慢性疾病的危险因素之一，而适度的运动锻炼有助于控制血压，降低患高血压相关疾病的风险。血糖、血脂参数和血胰岛素水平也是代谢性体适能评估中不可忽视的部分，运动锻炼可以提高胰岛素的敏感性，降低血糖和血脂水平，从而利于控制糖尿病和血脂异常等慢性代谢性疾病。骨密度是评估骨骼健康的关键因素，适度的体育锻炼可以增加骨密度，减少骨折的风险，特别是对于老年人来说，这一点尤为重要。安静时的肌肉功能充分反映机体的健康状况，强壮的肌肉可以提高代谢率，利于维持健康的体重和体脂百分比。代谢综合征是一个由多种危险因素组成的综合征，包括糖尿病或糖代谢异常、高血压、血脂异常、肥胖等，多种危险因素在同一个人身上同时存在。代谢综合征被认为是一个重要的健康阶段，因为它是多种慢性疾病的前兆。适当进行运动锻炼，可以改善这些危险因素，减少代谢综合征的发生和发展，提高整体代谢性体适能水平。

二、体适能的目标

要实现体适能的目标，需要进行增强和维持心肺机能，合理脂肪量，适当肌肉力量、耐力和柔韧性的运动。多维度的锻炼能提高整体健康，降低慢性疾病的风险，增强机体的代谢性体适能。因此，定期参与适宜的体育活动，保持身体各项机能在合理水平，能进一步维护健康和提高生活质量。无论年龄或体质如何，每个人都可以积极参与运动，为自己的健康和幸福做出积极的贡献。

（一）降低发生严重疾病的风险

降低严重疾病发生的风险是体适能的目标，影响了全球范围内的健康和医疗卫生。对于生活在医疗卫生资源相对匮乏地区的人们来说，提高体适能可以帮助降低某些可预防疾病的发生率。定期进行锻炼能保持适度体重，增强免疫系统，从而更好地抵抗传染性疾病，如感冒和流感。健康的体适能还可以降低慢性疾病发生的风险，如心血管疾病、糖尿病和高血压，这些疾病在一些地区的发病率较高。即使在发达国家和富裕地区，体适能仍然是降低严重疾病风险的关键因素。现代生活方式往往伴随着久坐不动、高脂高糖饮食，以及大量应激因素，均可能导致心血管疾病等慢性疾病的发生。人们积极参与体育活动，可以改善心肺健康，控制体重，降低胆固醇水平，从而减少心血管疾病发生的风险。运动还可以调节激素水平，改善免疫系统功能，预防某些癌症的发生。体适能可以促进整体健康，提高生活质量。健康的体适能水平意味着更多的精力和活力、更好的心理健康、更高的生活满意度，使人们更有动力去追求积极的生活方式，减少不健康行为，例如吸烟、酗酒和不健康的饮食选择。

（二）维持身体良好状况

拥有高水平机能意味着人们在日常生活中更容易完成各种任务和活动，拥有更多的体力和耐力，可以轻松完成家务、工作任务以及娱乐活动，而无需感到疲惫。此种身体的良好状态让人们感觉更加活力四射，更有动力积极参与社交活动和体育运动。理想水平的身体脂肪含量能在一定程度上降低慢性疾病发生的风险，提升自尊心和自信心。健康的体重和体脂含量使人们更加满意自己的外貌，减少因体重问题而产生的社会和心理压力，进而利于改善人际关系，提高生活幸福感。拥有良好的肌肉耐力和柔韧性能保持腰身健康，强健的核心肌肉可以减轻腰部疼痛和不适，保持正确的姿势，减少姿势不当引发的健康问题。柔韧性则使身体更加敏捷，减少扭伤和关节问题的风险[①]。诸多因素共同维护了身体的整体健康状态，使人们能够享受到高质量的生活。

第二节　健康体适能的构成要素

一、肌肉适能

（一）肌肉适能的概念及分类

肌肉适能包括肌肉力量和肌肉耐力两个方面。肌肉力量是指个体在进行抵抗性运动或举重等活动时所能发挥的最大力量，肌肉力量不仅在运动和运动竞技中至关重要，且与日常生活息息相关，例如提起重物、保持身体的稳定性等。肌肉耐力则是指肌肉在持续运动中的表现，关系到个体能否在较长时间内保持高强度的活动。肌肉耐力的提高有助于减少肌肉疲劳，延缓乳酸的积聚，提高身体在长时间运动中的表现。研究表明，肌肉适能与健康息息相关。良好的肌肉适能可以提高身体的运动性能，且有助于维持心血管健康。强健的肌肉可以支撑和推动血液流动，降低心脏负担，减少心血管疾病发生的风险。肌肉适能还与骨骼健康和身体稳定性密切相关，能有效预防摔倒和骨折。

1.肌肉力量

肌肉适能与工作效率、生活质量、健康状况密切相关，对不同人群有不同的要求和影响。肌肉力量直接影响工作效率。在各种职业中，需

---

① 钱永东.健康体适能的科学评价与训练研究 [M].北京：地质出版社，2016：66.

要用到不同肌肉群来完成任务，如搬运重物、长时间站立或进行重体力劳动。如果肌力不足，工作效率将大大降低，人们可能会感到疲劳和不适，甚至可能导致工作质量下降。因此，具备足够的肌肉适能对于从事需要体力劳动的职业至关重要。肌肉适能对于日常生活也有着无形的影响，在现实生活中，无论是上下楼梯、搬运购物袋，还是进行家务劳动，都需要一定的肌肉力量。肌肉适能强的人能够更轻松地完成日常生活中的任务，减少体力消耗与受伤风险。肌肉适能还与保持健康的身体姿势有关，可以预防背部和关节疼痛等问题。肌肉力量对体适能有积极的影响，肌肉适能的提升能促使人们更积极地参与健身锻炼，进一步塑造身体，提高身体的整体健康水平。

2.肌肉耐力

肌肉耐力关乎肌肉在一定负荷下的持久表现，与肌肉力量有着紧密联系的肌肉耐力主要表现在，肌肉能够在较长时间内持续执行某项动作或负荷，而不至于过早疲劳。肌肉耐力和肌肉力量是相辅相成的，肌肉力量的提高有助于增加肌肉耐力。当肌肉力量足够强大时，肌肉可以更有效地应对负荷，并保持更长时间的活动。

（二）肌肉适能的作用

肌肉适能对人体的健康和整体生活质量产生着深远的影响，在多个方面都得到了明显体现。肌肉适能能促进肌肉微血管数量的增加和肌肉纤维的强化，通过适度的锻炼，肌肉组织得到更好的血液供应，进而提高氧气和营养物质的输送，促进肌肉细胞的生长和修复。肌肉适能也有助于骨骼的强化，预防骨质疏松症。锻炼可以增加骨密度，使骨骼更加坚固，降低骨折的风险，对于老年人来说尤为重要，可以延缓骨质疏松的进程。肌肉适能提高了身体的动作效率，拥有较强的肌肉力量和耐力意味着在应对一定负荷的活动时，人们能够更加轻松地完成任务，减少疲劳和不适感，延长持续活动的时间。肌肉适能有助于改善身体的外貌，肌肉力量和张力的增强使肌肉更结实，带来更匀称和健美的外貌。同时，有助于防止肌肉松弛和流失，保持身体紧实和有力。肌肉适能培养、维持良好的身体姿势，特别是背部和腹部的肌肉力量和耐力，对于防止上体前倾、驼背等问题非常重要，有助于减少腰椎劳损和脊髓神经疼痛的发生。肌肉适能对于保护肌肉和关节，减少受伤的风险具有显著效果。拥有强健的肌肉可以提供良好的支持和稳定性，降低运动或日常活动中发生损伤的概率。

要实现健康体适能的均衡发展，需要在锻炼心肺耐力的同时，重视肌肉适能的锻炼，以增强肌肉力量和提高肌肉耐力水平。长期坚持肌肉适能锻炼能在无形中提高和维持骨密度，结合负重锻炼，骨骼受到更多的刺激，从而增强骨骼的强度和密度，可以预防骨质疏松症等骨骼相关疾病，尤其对于年长者来说，有助于保持骨骼健康。肌肉适能锻炼可以改善神经对肌肉的控制能力，提高协调性和运动技能，使个体在日常活动中更加灵活自如，减少摔倒和受伤的风险。肌肉适能锻炼可以优化身体成分，增加瘦体重，减少脂肪含量。有益于保持外貌，还有助于降低患肥胖和相关代谢性疾病的风险。此外，肌肉适能锻炼能提高个体的自我意识和自信心，持之以恒的锻炼可以带来成就感，增强个体对自身能力的信心，提高生活和工作效率，促进积极的心理状态。而且，通过肌肉适能锻炼，个体可以更好地适应环境，增强适应力，利于应对生活中的各种挑战，并帮助个体集中注意力，锻炼敏锐的思维，增强意志力，提高解决问题的能力。

（三）影响肌肉力量的因素

1.肌肉体积

肌肉力量与肌肉体积之间存在着正相关关系，即肌肉体积越大，肌肉力量越强。肌肉体积通常以肌肉的横断面积来表示，横断面积越大，肌肉的整体体积也就越大，所以，肌肉中的肌纤维数量和横断面积的增加都会显著增强肌肉力量。肌肉力量与肌肉体积的关系与个体的年龄和性别无关，无论是男性还是女性，在适当的体力活动和运动锻炼中，随着肌肉体积的增加，肌肉力量也会逐渐增强。这表明，肌肉的生长和发展对于每个人都是可达成的目标，不受性别或年龄的限制。因此，要提高肌肉力量，关键是通过适当的锻炼和训练来增加肌肉体积，可以通过定期进行负重训练、力量训练和肌肉耐力训练来实现。此类锻炼不仅可以增加肌肉的体积，还可以提高肌肉的力量，从而改善身体的功能和性能。无论是为了提高运动表现，改善身体外貌，还是增强生活质量，都可以从增加肌肉体积和力量入手，享受肌肉适能带来的益处。

2. 肌纤维类型

骨骼肌的肌纤维类型对肌肉力量具有重要影响，包括红肌纤维和白肌纤维，它们在肌肉收缩时产生不同程度的力量。遗传因素在一定程度上决定了这两种肌纤维的比例，因此影响了个体的肌肉力量表现。红肌纤维主要用于长时间的、耐力型的活动，在持续收缩时产生较小的力量，但具有较好的耐力，适用于需要长时间保持肌肉活动的情况。举例来说，长跑运动员通常拥有较高比例的红肌纤维，有助于他们在长距离比赛中表现出色。相反，白肌纤维更适合产生爆发力和较大力量，但耐力较低，适用于需要迅速爆发力和高强度的活动，如举重和短跑，白肌纤维的比例较高会使肌肉力量较强。要增强肌肉力量，可以采取一些方法来影响肌纤维类型的比例，包括速度练习和力量练习。速度练习强调爆发力和迅速收缩，利于激发白肌纤维的活动。力量练习则侧重于提高最大肌肉力量，也可以促使白肌纤维的增加。结合有关练习，可以改变肌肉纤维类型的比例，有效提高整体肌肉力量水平。

3. 神经调节

肌肉力量的大小不仅与肌肉体积和肌纤维类型有关，神经系统的调节机能也在其中发挥着关键作用。尽管有些人可能并不拥有巨大的肌肉体积，但他们却能展现出令人惊讶的肌肉力量，这一现象与神经系统的直接影响密切相关。神经系统对肌肉力量的影响主要通过调节来实现，其具体表现为神经系统能够通过调整大脑的兴奋状态来影响肌肉力量。而兴奋状态通常表现为高度集中，有助于同时动员多个肌肉纤维，使其参与到肌肉的收缩过程中。肌肉纤维是构成肌肉的基本单元，当多个肌肉纤维同时参与收缩时，产生的力量自然更大。因此，通过神经系统的协调作用，人体可以调动更多肌肉纤维，从而增强肌肉力量，此种机制允许人们在需要更强力量的任务中迅速作出反应；神经系统还通过调整神经冲动的频率来影响肌肉力量的大小。肌肉力量与神经冲动的频率密切相关，随着神经冲动频率的增加，肌肉力量也随之增加。因此，神经系统可以通过增加神经冲动的频率来提高肌肉的收缩力量。这一调节机制使得神经系统能够在需要时迅速适应，以满足不同运动和任务的需求。

二、心肺适能

（一）心肺适能概述

心肺适能主要指的是心肺耐力适能，反映了人体在长时间、高强度运动中，心血管系统和呼吸系统的协同工作能力。心肺适能的良好与否直接影响着个体在运动和身体活动中的表现，也是维持整体健康的关键因素之一。从身体机能的角度来看，心肺适能与心血管系统和呼吸系统密切相关。在人体安静状态下，大多数人的心肺功能没有明显的差异，能够满足机体的基本需求。然而，当身体承受一定负荷时，不同个体之间的心肺耐力表现出显著的差异。一个良好的心血管系统包括心脏和血管。当心脏功能良好、血管通畅且富有弹性时，血液能够顺畅地流向身体各个组织，从而提高血液输送效率，意味着在运动时氧气和营养物质能够更有效地输送到工作的肌肉和组织中，提供所需能量。一个强健的心血管系统有助于提高运动能力，并降低心血管疾病发生的风险，如高血压和冠心病。呼吸系统包括肺部和呼吸肌肉，它们的正常运作确保充足的氧气进入血液，同时有效排出代谢产物，如二氧化碳。在高强度运动中，肌肉组织需要更多的氧气支持能量生产，呼吸系统的良好功能能够满足这种需求。呼吸系统的协调工作还有助于维持酸碱平衡，确保身体内环境的稳定性。

心肺适能水平的高低与身体细胞的用氧能力息息相关，如果一个人的用氧能力较差，即身体细胞对氧气的利用效率低下，尽管心肺系统能够提供足够的氧气供应，但细胞无法高效地氧化脂肪和葡萄糖来产生能量，直接影响到体能的发挥，并对心肺系统本身造成一定的负担。通过心肺耐力锻炼，个体可以提高身体细胞的用氧能力，使其更有效地利用氧气进行代谢。此过程有助于改善心肺系统的功能，从而在进行大肌肉群的长时间运动时，能够保持更长时间的运动耐力。心脏和血管系统将氧气输送到机体肌肉组织中的作用不可忽视，也是心肺适能水平的一个直接反映。个体通过持续进行心肺适能锻炼可以提高这一系统的效率，从而表现出更高的健康体适能水平。具体而言，心肺适能锻炼有几个方面的好处：①改善身体成分。心肺适能锻炼可以促使身体更多地燃烧脂肪，帮助减少体脂肪含量，同时增加肌肉质量，使身体更加结实和匀称。②提高机体细胞的用氧能力。锻炼可以增加细胞的氧气摄取和利用效率，从而提高了细胞的能量生产能力。③增加全身肌肉活动的持久性。心肺适能锻炼可以提高肌肉的耐力水平，使个体能够在长时间的体育活动中保持更持久的表现。

（二）影响心肺适能的主要因素

1.遗传因素

影响心肺适能的因素是多方面的，其中，遗传因素是主要方面。最大摄氧量（VO$_2$max）是评估心肺适能水平的关键指标之一，因而遗传因素对 VO$_2$max 的影响被广泛研究和确认。科学家们研究单卵双生和双

卵双生受试者的 VO_2max 发现，遗传对心肺适能的显著影响。单卵双生受试者之间的 VO_2max 差异相对较小，而双卵双生受试者之间的差异较大，该发现明确了遗传因素在 VO_2max 方面的决定性作用。此外，已有研究表明，影响 VO_2max 的各种因素中，遗传因素的影响程度最高，占25%50%。值得注意的是，在长期耐力训练下，个体的 VO_2max 也会产生差异，差异部分可以归因于遗传因素的不同影响。所以，即使在相同的锻炼条件下，不同个体的心肺适能水平仍会有所不同，这部分差异与其遗传背景相关。

2. 生理学因素

心肺适能的评估与人体的循环系统功能、心血管系统功能和呼吸系统功能密切相关，三者相互交织，影响着心肺适能水平。分析生理学因素的影响，人们可以更好地理解心肺适能的形成过程。

（1）心脏功能。心脏功能影响了心肺适能，心排血量的大小是评估心脏功能的一个关键指标。一般情况下，心排血量的大小直接反映了心脏的泵血效率。以健康成年男性和女性为例，他们的心排血量在安静状态下存在性别差异，通常男性每分钟心排血量约为 5 升，而女性则相对较低。然而，心排血量与一个人的运动能力密切相关。那些长期参与有氧运动和耐力训练的人，在剧烈运动时，其心排血量峰值可以达到每分钟 20 至 35 升，表现出卓越的心脏适应能力。相比之下，长期不积极运动的个体在运动时的心排血量峰值通常只能达到每分钟 15 至 20 升，显示出明显的差距。由此可见，心脏功能的改善可以通过增加心排血量解决，有助于提高心肺适能水平。因此，有氧运动和心血管健康密切相关，可以有效改善心脏的泵血能力及心排血量。结合有规律的锻炼，人们可以增强心脏的适应性，提高心脏功能，从而为更好的心肺适能打下坚实基础。

（2）血管功能。人体内分布着复杂的血管网络，在运动时起着重要作用，对心肺适能具有深远影响。运动时，外周血管的阻力明显降低，使得心室在射血时所需的后负荷减小，从而使心排血量更为顺畅。外周血管扩张有助于增加心脏的泵血效率，使每次心跳都能更有效地将氧气和养分输送到全身各个组织，从而增加心肺适能水平。运动时，骨骼肌小动脉和皮肤小动脉会发生反射性的扩张和收缩。①血管的反应性调整可以改变血液的分布模式，确保血液在运动时更加顺畅地供应到活动组织，以满足机体在运动中对氧气和养分的需要，有效的血流调整有助于提高运动表现和减少运动中的不适感。长期的有氧运动训练有助于增加骨骼肌组织中毛细血管密度，对于改善肌肉组织的微循环状态至关重要，进而促进肌肉耐力和心肺耐力的提高。通过增加毛细血管的分布密度，血液可以更好地灌注到肌肉纤维中，为肌肉提供充足的氧气和养分，有助于减轻乳酸堆积，延缓疲劳，提高运动的持久性。

（3）呼吸与血液。呼吸与血液运输是维持人体生命活动所不可或缺的过程，在身体内部协同工作，实现氧气和营养物质的输送，以及代谢废物的排除，从而提高心肺适能并维持生命。呼吸系统的正常功能确保了氧气的供应和二氧化碳的排出，通过深呼吸和高效的气体交换，呼吸系统能够将新鲜的氧气输送到肺部，然后通过血液将其运送到身体的各个组织和器官，从而影响心肺适能。运动时，身体需要更多的氧气来满足增加的代谢需求。如果呼吸系统不健康或效率低下，将会限制氧气的供应，从而影响运动表现和心肺适能水平。血液运输是将氧气、养分和其他生化物质从一个身体部位输送到另一个部位的关键过程，血液中的红细胞负责携带氧气，而血浆则运输营养物质和激素。正常的血液循环确保这些物质能够有效到达工作肌肉和组织，以供能量和营养所需。血液也有助于排出体内产生的代谢废物，如二氧化碳和乳酸，从而减轻疲劳和提高心肺适能。

---

① 王建设. 健康体适能理论与应用 [M]. 北京：人民体育出版社，2010：82.

3.体脂因素

VO_2max，也就是最大摄氧量，通常以千克体重为单位计算。因此，体重的增加会导致相对心肺适能下降。随着年龄的增长，特别是在 30 岁以后，心肺适能往往会逐渐减少，其中，约有一半的原因可以归结为体脂的增加。多余的体脂不仅会增加体重，甚至可能对心肺适能产生负面影响，增加心脏负担，需要更多的氧气和营养来维持额外的组织工作，可能导致心脏更加劳累，心肺系统的效率下降，并且多余的脂肪也可能导致慢性炎症和代谢问题，进一步影响心肺适能。因此，减少多余的脂肪是维持或改善心肺适能水平的一种简单方法。健康的饮食和适度的体育锻炼可以控制体重并减少体脂肪，进而提高心肺适能，对整体健康有益。心肺适能的改善和体脂肪的减少通常相互关联，帮助人们更好地应对日常生活和运动挑战。

三、柔韧适能

（一）柔韧适能的概念及分类

1.柔韧适能的基本概念

柔韧适能涉及人体肌肉骨骼系统的特征，尤其是关节的活动范围。柔韧适能强调在不伤害身体的前提下，个体能够达到关节最大活动范围的能力。该概念强调身体的柔韧性和可伸展性，其与身体的健康和功能密切相关。拥有良好的柔韧适能可以提高关节的灵活性，降低运动和日常活动中的受伤风险。不仅如此，柔韧适能还有助于改善身体姿势，减轻肌肉紧张，减少肌肉疼痛。

2.柔韧适能的基本分类

柔韧适能的分类方式多种多样，且划分的依据各不相同，类型也有所不同，常见的分类如表 3-1 所示。

表 3-1　常见的柔韧适能分类

划分标准	分类
从其与专项的关系划分	一般柔韧性
	专项柔韧性
从动静表现划分	动力柔韧性
	静力柔韧性
从用力主体划分	主动柔韧性
	被动柔韧性
从身体部位划分	上肢柔韧性
	下肢柔韧性
	腰部柔韧性

　　这里主要基于静力柔韧性与动力柔韧性展开分析，静态与动态柔韧性是两种不同的表达形式。

　　（1）静态柔韧性。静态柔韧性是评估人体关节活动范围的一种方式，主要关注单个关节或一组关节的实际运动界限。静态柔韧性测试通常涉及测试者和受试者一起确定关节活动的极限，受试者的伸展耐受能力在很大程度上决定了他们在测试中的动作范围。然而，静态柔韧性测试存在一些问题，主要是主观性较强，缺乏客观性。静态柔韧性测试的主观性使其结果容易受到测试者和受试者主观因素的影响，可能会导致不一致的测量结果。不同的测试者或受试者可能会产生不同的评估结果，这在科学研究和临床评估中是不可取的。关节柔韧性受到周围肌肉和肌腱的限制，以及关节相关状态的影响，意味着即使一个人的肌肉柔韧性良好，但由于其他因素的制约，他们的关节仍然可能受到限制。人体在日常生活和运动中更多需要的是动态柔韧性，即在运动和活动中的关节活动范围。动态柔韧性与肌肉的协调性和关节的稳定性密切相关，而静态测试无法提供这些信息（图 3-1）。

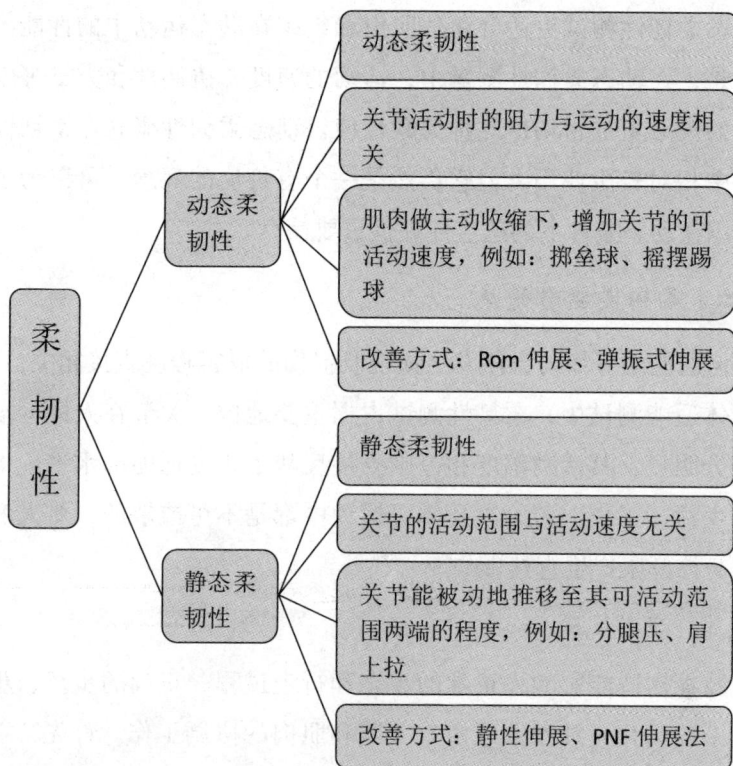

图 3-1 静态柔韧性与动态柔韧性

（2）动态柔韧性。动态柔韧性是关于人体柔韧性的一个重要方面，与静态柔韧性不同，其更侧重于在关节活动中放松肌肉被动伸展时的阻抗变化。此种柔韧性测量方法更加客观，与受试者的主观感觉没有直接关系，因此提供了更准确的信息。动态柔韧性测量通常依赖于材料力学中的硬度，硬度反映了材料在受力时的抵抗程度，对于肌肉和组织来说，它可以用来表示在关节活动范围内肌肉被动张力的增加速率。通过测量负荷与形变之间的关系，可以得出组织的硬度，从而消除受试者的主观感觉，使动态柔韧性测量更加客观和可靠。与静态柔韧性不同，动态柔韧性更多地涉及肌肉的黏弹性特征，而不仅仅是关节的活动范围。在关节活动的限度内，肌肉被动张力的增加主要通过动态柔韧性来反映。因此，动态柔韧性测试更适合评估肌肉和组织在动态运动中的性能。需要指出的是，在动态柔韧性测量中，运动的速度、协调性和力量等因素与柔韧性的关系更加密切。此种关联性使得动态柔韧性概念在柔韧性评估和训练中相对较少使用，但它仍然是一个有价值的概念，可以为了解肌肉和组织在动态条件下的适应性提供重要信息。

（二）柔韧适能与健康

柔韧适能的好坏与身体发生损伤及损伤的危害程度直接相关，因此，在健康体适能测试中，柔韧性测试占据重要地位。关节在人体运动中的作用十分明显，其活动幅度和范围直接反映了柔韧适能的水平。柔韧性在日常生活、工作、劳动以及体育运动中都是不可或缺的，对人的生活质量和身体健康产生直接影响。

1.维持步态正常

下肢柔韧适能影响人正常的步态和行走过程，正确的步行、步态是一个复杂的动作，涉及下肢多个关节和肌肉的协调工作。首先，下肢柔韧性不足可能导致步幅受限。在正常的步行中，髋关节、膝关节和踝关节都需要发挥正常的运动能力，如果其柔韧性受限，例如无法伸直膝关节或屈曲髋关节，就会限制步幅的大小，可能导致步伐不均匀，步行看起来笨拙，甚至可能增加摔倒的风险。其次，下肢柔韧性对步态的流畅性和力量感产生影响。良好的下肢柔韧性有助于确保关节能够在步行中自然地移动，使步行过程更加顺畅，进而赋予步行者一种力量感，步行看起来更加自信和优雅。相反，柔韧性不足的下肢可能导致关节僵硬，步行过程出现不协调的动作，缺乏力量感。

2.提升生活质量

关节活动范围的限制在很大程度上直接影响了日常生活和工作效率，正常的关节运动范围对于执行日常任务、工作职责和参与体育活动都至关重要。在日常生活中，人们需要进行各种各样的动作，如弯腰、抬手、扭腰、蹲下等，此类动作都需要关节正常运动。例如，若腰椎关节缺乏柔韧性，弯腰或扭腰时可能受限，导致不便和不适。正常的关节柔韧性确保人们能够自如地进行这些日常动作，提高生活的便利性和舒适性。对于职业和工作效率而言，关节柔韧性的重要性不言而喻。在某些职业中，需要频繁进行特定动作或姿势，如医疗护理、建筑工作、教育等。如果相关关节的柔韧性受限，工作效率可能会降低，甚至可能导致职业性损伤，维持良好的关节柔韧性能有效提高工作效率，减少工作风险。在运动中，不同运动需要不同关节的活动范围。例如，在篮球或网球中，良好的肩关节柔韧性对于投球和挥拍动作至关重要。如果肩关节柔韧性不足，可能会限制运动员的表现，并增加受伤的风险。因此，运动员通常会进行柔韧性训练来提高关节的灵活性。

3.提升其他身体素质

拥有良好的柔韧适能能够推动身体其他素质的提高，并提高平衡、速度、灵敏性等身体素质。良好的柔韧性可以帮助维持身体的平衡，减少摔倒和受伤的风险。例如，在瑜伽和普拉提等锻炼中，柔韧性练习通常与平衡动作相结合，有助于提高核心的稳定性和平衡控制力，这对于日常生活中平衡和协调的维持十分关键，特别是在走路、爬楼梯和站立等活动中。柔韧性也可以提高速度和爆发力，一些运动，如田径、篮球和足球，需要迅速展开身体并做出快速的动作，如加速奔跑、跳跃和转向。良好的柔韧性可以确保肌肉和关节在快速动作中能够自由移动，从而提高速度和爆发力。运动员通常在训练中需要进行柔韧性练习，以提高其在比赛中的表现。灵敏性是柔韧适能的一个重要方面，良好的柔韧性可以提高身体的灵活性，增强肌肉的可伸展性，使身体更容易适应各种动作和环境。

4.防止发生损伤

在一定负荷条件下，如果关节的活动幅度和范围超过其限度，则容易发生损伤，如关节韧带扭伤和肌肉拉伤。柔韧适能水平高的人，只要在运动中采取适当的方法很少会发生损伤，或者即使发生损伤也不会很严重。肌肉劳损和肌肉拉伤是常见的运动损伤，通常与个体的柔韧性水平有关，加强关节的柔韧性锻炼可有效预防运动损伤。一般来说，当人们进行运动时，尤其是在执行大幅度动作时，肌肉可能会因各种原因而过度伸展。然而，如果静态柔韧性水平过高，则有可能增加发生损伤的风险，目前还没有足够的研究来证明动态柔韧性与损伤发生率及损伤危险程度之间的关系，但一些国外研究已经初步表明，拥有良好的肌肉动态柔韧性可以降低运动损伤的可能性。具体来说，肌肉组织的动态柔韧性好，意味着它们在运动过程中更具弹性，能够更好地应对外部冲击和拉伸，从而降低受伤的风险。相反，肌肉组织过于僵硬，容易在运动中受到异常的压力和伸展，增加损伤的危险性。因此，定期进行柔韧性训练，可以提高肌肉和关节的柔韧性，从而预防运动损伤的发生。对于运动员和一般人来说，可以帮助他们更安全地享受各种体育活动和运动，减少不必要的伤害和疼痛。

（三）柔韧适能与运动能力

柔韧适能与运动能力密切相关。柔韧性的提高意味着更广泛的关节活动范围，这对于执行一些需要大幅度关节运动或旋转的体育运动项目非常重要。例如，体操、舞蹈、武术等需要柔韧性的运动，柔韧适能的提高可以帮助运动员完成各种复杂的动作，从而提高表现水平。一个人如果能够自如地弯曲、伸展和转动关节，就能更轻松地适应各种体育运动，提高生活质量。

运动前的伸展练习可以提高运动能力，减少运动损伤，通过动态伸展练习，可以在运动前逐渐引导肌肉和关节进入活动状态，减少因运动开始时肌肉和关节的僵硬性而导致的不适和受伤风险。此类型的伸展练习可以提高肌肉的弹性，增加关节的运动范围，改善运动效果和舒适性。动态伸展练习还可以增加血液流量，提供更多的氧气和养分，避免过度伸展可能导致肌肉和关节的拉伤或扭伤。因此，在进行动态伸展练习时，要确保选择适合自己体能水平和运动需求的练习，并避免过度用力。伸展练习应作为整个准备活动的一部分，而不是替代品，最好与热身运动相结合，以达到最佳效果。

动态柔韧性的概念强调肌肉在运动中的伸展和阻抗增加，与运动能力的提高有着直接关联。与静态柔韧性相比，动态柔韧性更能反映肌肉在实际运动中的应用情况。因此，在准备活动中，特别是在进行需要力量和爆发力的运动项目时，动态伸展练习具有更大意义。动态伸展练习过程中，肌肉可以逐渐适应运动的范围和速度要求，从而提高运动效果，增加肌肉弹性，改善关节的灵活性，使运动员能够更有效地完成各种复杂的动作，进一步有效提高运动能力和竞技表现。需要强调的是，动态伸展练习应根据所从事的具体运动项目特点来选择和进行。不同运动项目可能对某些肌肉群和关节的柔韧性要求不同，因此，伸展练习应该有针对性地进行，应该在适当的时间和方式下进行，以确保最大限度地提高运动能力，同时减少受伤风险。

现代运动训练中，柔韧性训练被广泛重视，并被纳入正式训练计划中，成为运动员训练的重要组成部分，柔韧性训练对专业运动员的运动成绩有着较大的帮助。柔韧性训练可以促进关节运动幅度和范围的增加，使运动员能够更加灵活自如地完成各种大幅度动作，这对于需要高度敏捷性和灵活性的运动项目，如体操、花样滑冰和跳高等，尤其重要。增加关节的柔韧性可以使运动员更容易完成技术动作，从而提高他们的表现水平。柔韧性训练有助于提高柔韧适能，使运动员在完成技术动作时能够更加放松，姿态更为自然，促使运动员在比赛中展现出更高水平的技术和表现。一个放松的身体和姿态可以帮助运动员更好地应对压力，保持专注，并在关键时刻做出正确的动作。柔韧性训练能推动肌肉—肌腱单位的弹性得到显著提高，在完成技术动作时，运动员可以更好地利用肌肉的弹性势能改善动作的效率，这对于需要爆发力和速度的运动项目，如短跑和跳远，非常重要。更高的弹性意味着更大的爆发力，从而可以在竞技场上取得更好的成绩。科学的柔韧性训练还可以在运动训练和比赛中预防损伤的发生，柔韧的肌肉和关节可以减少运动中的不适感和疼痛，降低受伤的风险。适当进行伸展和柔韧性练习，可以提高身体的耐受性，从而有效减少肌肉拉伤和韧带损伤的发生率。

（四）影响柔韧适能的主要因素

1.年龄与性别

柔韧适能是一个复杂的生理特征，受到多种因素的影响，其中，年龄和性别是两个重要因素。在儿童和青少年时期，身体通常具有较好的柔韧性，这可以归因于学龄前儿童身体的快速生长和关节的发育，以及体内钙含量的影响。在12岁之前，儿童和青少年的柔韧性水平通常没有明显变化，可能与他们的身体活动水平有关。然而，一旦进入青春期，随着年龄的增长，柔韧性开始逐渐提高，通常在15岁到18岁之间达到顶峰。随着成年期的到来，年龄对柔韧性的影响逐渐显现。成年后，人体的肌肉变得更加硬化，导致静态柔韧性下降。此现象产生的原因在于生活方式的改变，许多成年人开始减少运动和伸展的频率。尽管如此，这并非意味着柔韧性随着年龄的增长就会不断下降，因为个体差异在柔韧性方面非常显著。经常进行柔韧性训练和伸展练习的人通常能够保持较好的柔韧性水平，甚至改善。一般来说，女性在柔韧性方面表现出一定的优势，她们通常比男性具有更好的柔韧性。性别差异可以追溯到日常活动和生活方式的不同，女性在日常生活中更倾向于进行伸展和柔韧性活动，有助于维持较好的柔韧性水平。男、女在人体测量学上也存在差异，包括骨骼结构和肌肉比例，从而会在一定程度上影响柔韧性的表现。

2.解剖学因素

人体各个关节的活动范围和界限主要由关节的解剖结构所决定，关节的结构对于柔韧性发展和表现产生的影响不容小觑，由于这些因素在一定程度上是遗传决定的，因此通常难以改变。然而，通过适当的训练，人们仍然可以在一定程度上改善柔韧性。一个关节的活动范围和界限主要由其关节面的结构所决定，关节面的结构包括关节软骨和韧带等组织，结构的特点和限制是柔韧性的基础。例如，某些关节面可能相对平坦，限制了关节的活动范围，而其他关节面可能具有更大的关节腔和更多的关节软骨，使其具有更大的活动范围。解剖学因素在很大程度上是遗传的，因此通常较难改变。然而，通过适当的柔韧性训练，人们可以实现一定程度上的柔韧性改善。例如，定期进行伸展和柔韧性练习，可以维持关节软骨的健康并增加其厚度。练习活动可以提供更多的润滑和营养物质，有助于改善关节的柔韧性，并减少关节的僵硬感。尽管解剖学因素在柔韧适能中起着关键作用，但并非决定性的。其他因素，如年龄、性别、生活方式和运动习惯，也会在一定程度上影响柔韧性水平。因此，综合考虑这些因素，人们可以采取一系列措施来改善自己的柔韧性。

3. 活动因素

柔韧性与个体的活动量密切相关，通常来说，更多的身体活动可以带来更好的柔韧性，经常参与身体活动和运动的人通常会具备较好的柔韧性。长期久坐或者长时间维持相同姿势而不经常活动的人，他们的关节活动范围可能会受到限制，导致柔韧性较差，此种情况通常会发生在那些需要长时间坐在办公桌前或者进行单一动作的人身上，缺乏多样性的身体活动和伸展练习会导致关节僵硬和柔韧性下降。不良的姿势也可能对柔韧性产生负面影响，坐姿不正确或者长时间保持某种不健康的姿势，可能导致肌肉和关节紧张，从而影响柔韧性。

要提高柔韧性，拉伸练习是一种有效方法，可以通过延长肌腱和韧带来增加肌肉的伸展性，从而改善柔韧性。然而，此种练习需要有规律性，才能取得更好的效果。在日常活动中，增加柔韧性的关键是进行定期的拉伸活动。拉伸练习应该在准备活动和整理活动阶段进行，在准备活动时，拉伸练习可以更充分地预热肌肉，增加其伸展性，通常建议进行约 10 分钟的拉伸，在整理活动的时候，拉伸练习的时间可以稍短，大约 5 分钟，有助于恢复肌肉的松弛状态。在进行拉伸练习时，需要注意方法的科学性，拉伸应适度，不应用过大的力量强行拉伸，否则可能会损伤关节，导致关节活动范围减小。每个人的柔韧性水平不同，所以在拉伸时要根据个体条件来进行。逐渐增加拉伸的幅度和强度，以适应身体的变化，防止受伤。

负重训练是一种能够显著影响柔韧适能的方法，但其效果取决于训练的科学性和方法。正确的负重训练可以增加肌肉的力量和伸展性，从而提高柔韧性，但错误的负重训练可能会对关节的活动范围产生不利影响。在进行负重训练时，关键在于保持科学性。大量进行抗阻训练可能导致肌肉紧张，从而限制关节的活动范围，反而影响柔韧性。如果一个肌群经常性地过度训练，而其他肌群得不到足够的锻炼，可能导致肌群发展不平衡，进一步降低柔韧性水平。要通过负重训练来改善柔韧性，关键是在整个关节活动范围内进行练习，包括训练主动肌和拮抗肌，以保持各肌群发展的平衡性。定期进行全身的负重练习，有助于增强肌肉的伸展性，同时提高关节的活动范围，从而改善柔韧适能。

第三节　健康体适能的发展现状及趋势

一、国外健康体适能的发展现状

20 世纪 90 年代，美国面临着青少年体质健康问题日益严重的挑战，对青少年自身的健康产生了负面影响，并且在无形中导致国民医疗保健费用大幅增加。为了应对这一问题，AAHPERD 于 1987 年提出了一项重要的教育计划，即体适能健康教育计划。该计划的目标是建立一个能够协助体育教师帮助青少年理解终身体育活动的价值和意义，以及养成健康行为习惯的教育体系。该计划的提出反映了对青少年健康的日益关注，并强调体适能对于个体健康的重要性。在美国，体适能研究有着悠久的历史和完善的学科发展，使得美国在体适能研究领域拥有较高的科研水平和丰富的研究成果。在体适能概念的形成和理解方面，美国的研究机构和学者体现的价值不容忽视，美国体适能研究中心的指标体系在这一领域的形成和确立起到了关键作用，决定了对体适能的定义和理解。

早在 1945 年，著名的生理学家库尔·顿提出了体适能的三个要素，包括体格、机能和运动能力。AAHPERD 解释体适能是表现一个人能够有效活动程度的状态。起初，体适能的指标体系主要涉及运动能力，该体系的内容和形式都与提高运动成绩密切相关，主要用于测量个体在"跑、跳、投"运动技能方面的熟练程度。目前，美国广泛采用的健康体适能测试方法之一是 FITNESSGRAM，它是由有氧运动研究所于 1987 年建立的计算机程序。FITNESSGRAM 的测试指标涵盖了多个方面，包括体脂含量、身体质量指数、坐位体前屈、仰卧起坐、引体向上和屈臂悬垂等。测试指标与运动能力及个体的整体健康状况密切相关，因此有助于综合评估个体的体适能水平。

日本政府长期以来一直非常关注国民体质问题，为提高国民的整体体质和健康水平，采取了一系列积极的措施。1961 年，日本政府制定了《振兴体育法》，该法案要求各地政府部门积极创造条件，促进体育活动的开展，以增强人们的体质，标志着日本政府开始采取有针对性的措施来改善国民的体育状况。日本对行动体力和防御体力测试指标的选择及研究一直与国民体育观念的转变相联系。自从日本开始实施体力测定以来，每年的五、六月份，全国范围内进行统一的体力测定。该项测定由文部省（现在的文部科学省）负责，旨在评估国民的整体体力水平。随后，文部省会提出当年的《体力、运动能力报告书》，公布全国体力测定的概况和结果。同时，测试结果、测试指标以及登记表格将被下发到中小学生手中，以便他们了解自己的体力测定结果，评估自己的体力状况，并根据结果选择适宜的"运动处方"，进行有针对性的身体锻炼。此举措使国民更了解自身的体能情况，激发他们改善体质的积极性，有助于提高整体国民体力水平。日本的体力测试制度和管理体制较为完善，已经存在多年，取得了显著的成果。该系统的成功在很大程度上促进了国民体力的增长，并对全国范围内的体育发展产生了积极影响。1999 年，对这一体力测试制度进行了修改，增加了一些大众运动内容，进一步丰富了测试项目，使其更加符合现代社会的体育需求。

二、国内健康体适能的发展现状

我国体适能，也被称为体质，一直以来都受到广泛的重视和研究。自改革开放以来，我国在体质研究领域取得了显著进展，除了在理论研究方面有所突破，还在实践中开展了大量工作，以促进国民的体育健康和提高整体体质水平。1981 年 11 月，我国成立了"中国体育科学学会体质研究委员会"，此举措标志着我国体质研究学科的正式确立。自此以后，我国开始了一系列体质研究工作，旨在深入了解国民的体适能水平，并为改善国民的健康状况提供科学依据。1984 年，我国开始定期开展大规模的学生体质健康调研工作，这标志着我国建立了一套完整的学生体质健康调研制度，为了解我国学生的体适能水平、发展趋势以及可能存在的问题提供了重要依据。1995 年，我国发布了《全民健身计划纲要》，此计划强调国民参加体育锻炼、增强体质和增进健康的重要性，为全民提供了参与体育活动的机会，并鼓励人们积极投身于体育锻炼，从而提高整体体质水平。2000 年，我国首次开展了全国性的体质监测工作，该监测项目包括身体形态、生理机能、体能素质和健康状况四个方面的 22 项指标，该监测工作为我国的体质研究提供了大量的宝贵数据。2003 年，我国正式颁布并实施了《国民体质测定标准》，这是由国家体育总局等 10 个部门共同会签的重要文件，该标准为国民体质监测提供了具体的指导原则，使体质监测工作更加科学和规范。2004年5月，中国国民体质数据库正式建立，数据库中收录了多年来全国性的体质调研和监测数据信息及相关文献，包括我国3岁至69岁公民的体质调研和监测信息，为体质研究提供了重要的数据支持。2005年，我国进行了第二次国民体质监测工作，监测对象为3周岁至69周岁的中国公民，监测指标包括身体形态、身体机能和身体素质等方面，此项监测工作有助于了解国民体质的发展趋势和整体水平。2010年，我国启动了第三次国民体质监测工作，监测对象仍为3周岁至69周岁的中国公民，监测指标与前两次相似，旨在深入了解体质情况的变化。2014年，我国进行了第四次国民体质监测工作，覆盖了全国31个省（区、市），继续完善体质监测体系，为提高国民体质提供了有力的数据支持。2020年，根据《全民健身计划（2016—2020年）》和《"健康中国2030"规划纲要》的相关规定，我国开展了第五次国民体质监测，此次监测工作结合了新时代的形势发展变化和群众健身需求，全面了解和掌握了我国国民体质的现状和变化规律，旨在推动健康中国的建设进程，为提高国民的健康水平和体质水平提供有力支持。

三、健康体适能发展趋势分析

目前，国内、外的体质研究主要关注体格发育水平、生理机能水平、身体素质和运动能力水平等多个方面。相比之下，国外在体适能方面的研究较早，积累了许多先进经验，所以可向国外借鉴和学习。在理论指导方面，国外体适能研究注重理论研究与仪器使用、社会科研的紧密结合，综合性的研究方法有助于更深入地理解体适能的本质，为科学研究提供坚实的理论基础。在实践中，国外对体适能的检测与评估更具全面性。他们注重科学规范的管理，采用多种先进的检测工具和方法，以全面了解个体的体适能状况。全面性的评估能更精确地测定体适能水平，并且为个体提供更具针对性的健康建议和干预措施。在国内，可以借鉴国外的研究方法和经验，加强对体适能的研究与应用。加强理论研究，深化对体适能的本质理解，为体质研究提供更丰富的理论支持。并且引进和采用先进的体适能检测工具和方法，以提高测定的准确性和全面性。同时需要注重科学规范的管理，确保体适能研究的科学性和可信度。

随着科技的迅猛发展，健康体适能的研究正朝着多指标、综合性的方向迈进，进而深入理解人体健康和适应能力。在此发展过程中，研究者不仅持续深入探讨身体形态、身体机能和身体素质等传统指标，还开始涉足人类精神、社会行为、个体性格等更为复杂的领域。传统的体适能研究主要关注体格、生理机能和运动能力等方面，但现代研究已经开始考虑更多因素，如心理健康、社会互动和生活质量等，多维度评估有助于更全面地了解个体的整体健康状况。现代健康体适能研究越来越多地借鉴生命科学的成果，包括分子生物学、遗传学和神经科学等，结合分子水平的研究，人们可以更深入地理解体适能的基因基础，以及与健康相关的分子机制。包括核磁共振成像（MRI）在内的高级成像技术被广泛应用于体适能研究中，此类技术可以提供详细的身体结构和器官功能信息，有助于科学家们更全面地评估个体的健康状况。现代研究越来越依赖于大规模数据的采集和分析，通过对大数据的挖掘，研究者可以发现潜在的体适能模式和相关性，这些模式可以有效实现健康评估和干预。 健康体适能研究也越来越注重个体差异，每个人都有独特的生活方式、遗传背景和健康需求，因此，研究趋向于制订个体化的健康计划和干预措施，以满足不同人群的需求。

第四章　体适能与多维健康发展的
科学保障

健康体适能对各个年龄段的人群都具有积极的正向影响，对个人维持积极参与体力活动有所帮助，同时通过体力活动的参与来改善和提高个体的健康体适能水平。人们在参与体力活动时需要掌握适当的锻炼方法，并学习和掌握健康体适能的保健理论与知识，以确保体力活动的科学性和有效性，避免运动损伤。

第一节　科学膳食与运动营养补充

一、体力活动与科学膳食

（一）保持膳食平衡

1.保持膳食平衡的原则

参与各种体力活动的个体，不论年龄，都应当特别注意合理的营养补充，以维持膳食的平衡和满足机体运转的需要。为了确保体力活动的顺利进行，个体应当充分了解膳食平衡的概念。膳食平衡涉及多种营养物质的摄取，包括碳水化合物、蛋白质、脂肪、维生素和矿物质等，营养物质在合适的比例下有助于提供身体所需的能量和营养，维持健康的生理功能。体力活动需要大量能量支持，合理的碳水化合物摄入可以为肌肉提供能量，保持体力。蛋白质是肌肉生长和修复的关键，适量的蛋白质摄入有助于保持肌肉健康。维生素和矿物质是身体正常功能所必需的，尤其在运动中，某些维生素和矿物质的需求可能增加。合理膳食可以帮助个体更快地从体力活动中恢复，减轻肌肉酸痛和疲劳。膳食平衡有助于预防营养不良，确保身体得到足够的营养。因此，各个年龄段的个体都应当注重膳食平衡。合理的膳食规划包括多样化的食物选择，确保摄入足够的蛋白质、蔬菜、水果和全谷物。此外，适量的液体摄入也非常重要，以保持身体水分平衡。

为了保持膳食平衡，应遵循几个基本原则。

（1）全面性。对于各年龄段的个体，无论是在学校、工作场所，还是日常生活中，膳食的全面性是维护健康体适能的关键。在日常饮食中，应选择各种类别的食物，包括水果、蔬菜、全谷物、蛋白质食品（如肉类、鱼类、豆类和坚果），以及乳制品或替代品，多样化的食物选择有助于摄取不同种类的营养素。确保每日饮食中包括适量的水、糖、脂肪、蛋白质、维生素和矿物质，食物的比例应根据个体的能量需求和生活方式进行调整。主食应以全谷物为主，如燕麦、全麦面包、糙米等。全谷物富含膳食纤维和维生素，对维持能量水平和消化健康有益。选择健康的脂肪来源，如橄榄油、坚果、鱼类。同时，减少饱和脂肪和反式脂肪的摄入，这些脂肪可能增加心血管疾病发生的风险。摄取足够的蛋白质有利于肌肉生长、修复和免疫系统正常功能的发挥，选择多种蛋白质来源，以确保蛋白质的全面性。水果和蔬菜富含维生素、矿物质和抗氧化剂，有助于维护健康，建议每日摄取五种不同颜色的水果和蔬菜。根据个体的需求，可能需要额外的维生素和矿物质补充剂，可以通过医生的建议来确定。适量控制食物摄入，避免过度进食，维持健康的体重和体脂。养成健康的饮食习惯，如规律进餐、少食多餐、细嚼慢咽，以提高食物的消化和吸收。

（2）平衡性。膳食平衡原则对于每个人的健康都具有普适性。无论年龄或生活阶段如何，都应充分考虑有关要点，以维持良好的健康和体适能。确保每日摄入的总能量与身体的能量需求相匹配，以维持适当的体重和活动水平。每天摄入足够的蛋白质，以支持身体的修复和维护。减少高盐、高糖食物的摄入，以降低慢性疾病发生的风险。维持良好的水分平衡，特别是在体力活动期间。制订规律的膳食计划，确保均衡摄入各类营养素。了解自己的身体需求和个体差异，根据需要进行适当的膳食调整。膳食平衡原则适用于所有人，利于维护身体的健康和良好的体适能水平。关注饮食的多样性和均衡性，每个人都可以更好地保持自己的身体，促进整体健康和福祉。

（3）适当性。适当性原则强调摄入不同营养物质之间的平衡和适度，以满足不同年龄和群体的身体需求，从而维持健康状态。膳食应包括多种食物，确保不同营养素的平衡摄入，促进身体各项功能的正常运作。在膳食中，应该合理搭配不同来源的蛋白质，例如红肉和白肉，以确保蛋白质摄入的多样性，同时避免摄入不均。避免食用高糖、高盐和高饱和脂肪的食物，也要避免对某些维生素和矿物质的过度摄入。

2.膳食平衡的要求

（1）平衡各种营养素与热量的摄入。各种营养素和热量摄入的平衡是保持健康的基本原则，适用于各个年龄段和群体。要实现这一平衡，个体需根据自身情况和活动水平进行适度调整，以确保膳食满足身体需求。针对不同年龄和活动水平的人群，膳食摄入应保持平衡。我国的每日营养摄入标准是一个重要参考，考虑了国民的饮食习惯和特点。然而，对于那些经常从事体力活动的人来说，需要更加注重膳食平衡。在此情况下，要确保膳食提供足够的热量以支持高强度的运动，并注重其他营养素的摄入。对于处于青春期的大学生来说，他们通常拥有高活力和强大的运动量，因此，需要更多的热量来满足身体需求，包括糖、蛋白质和脂肪，这些被称为"热量营养素"，而营养素的摄入比例大约为6.5:1:0.7，以保持能量平衡。经常从事体力活动的人也需要关注维生素和矿物质的摄入，因为微量营养素对于身体健康和运动状态的维持同样至关重要。维生素和矿物质在身体各种代谢和能量产生过程有着无可替代的作用，因此，缺乏这些营养素会影响体力活动的顺利进行，甚至可能导致健康问题。

（2）酸碱平衡。每个人的身体素质和生理系统都是独一无二的，因此，他们的酸碱度也可能存在差异。然而，膳食搭配不当可能会破坏这些相对稳定的酸碱度，导致酸碱失衡，从而对整个机体都可能产生负面影响。对于经常参加体力活动的人来说，他们在运动过程中会产生大量酸性代谢物质，进而能提高身体的酸度水平，导致疲劳感和运动后的不适。为了保持酸碱平衡，他们需要增加碱性食物的摄入，以中和多余的酸性物质，从而改善身体的酸碱状态，促进健康发展。碱性食物通常包括水果、蔬菜和坚果，它们富含碱性成分，有助于中和体内的酸性代谢产物。饮水也是维持酸碱平衡的关键因素，因为水是稀释酸性物质的有效方式。因此，饮食要确保足够的水分摄入，利于稳定身体的酸碱度。

（二）合理的膳食营养

1.膳食的合理结构

中国营养学会结合我国国民的饮食习惯，提出了一个较为合理的膳食结构，对于我们国家大多数人群而言都十分有帮助。

（1）秉承膳食多样化原则。在日常膳食摄入中，无论是大学生还是其他人群，都应坚持膳食多样化的原则，以谷类为主。不同类型的食物含有各种不同营养成分，有些相同，有些不同。因此，为了实现全面的营养补充，日常膳食摄入应合理、多样化。谷类食物，如大米、面粉、面条、杂粮等，是主要的能量来源，提供身体所需的碳水化合物。蔬菜和水果富含维生素、矿物质和纤维，利于维持健康的身体机能。肉类和豆类提供高质量的蛋白质，对肌肉生长和修复至关重要，各种类型的食物还提供了脂肪、维生素、矿物质等其他重要营养素。膳食多样化能使人们获取各种必需的营养物质，避免单一食物引起的营养不均衡。不同食物之间的多样性确保全面的营养供应，有助于提高身体的免疫力，促进生长和发育，增强体力活动表现，以及预防慢性疾病的发生。

（2）保持食量与运动量平衡。通常情况下，个体的食物摄入应根据其运动强度和能量需求来调整，以确保体内能量的平衡。无论是在日常生活中还是在参加体力活动时，食物是提供身体所需能量的源泉。对于那些参加体力活动的人来说，运动会消耗额外的能量，因此，他们需要更多热量来满足身体需求。一般而言，食物摄入量应与运动量呈正比关系，所以运动强度越高，摄入的食物量也应相应增加。然而，要注意不要过度或不足进食，以避免出现能量不平衡的情况。如果食物摄入不足，可能会导致身体疲劳、肌肉无力和运动表现下降。相反，如果摄入过多的能量而没有相应的运动，则可能会导致体重增加以及健康问题出现。

（3）膳食多样化与蔬果薯类的重要性。保持全面膳食平衡，强调多食蔬菜、水果和薯类，直接影响人类健康。该建议适用于各年龄段的人群，膳食的多样性是确保人体获得各种必要营养素的关键。蔬菜和水果富含维生素、矿物质和纤维，均为身体正常运转所必需的。同时，它们通常含有大量水分，有助于保持身体水分平衡。多食蔬菜、水果和薯类还有助于维持酸碱平衡，在日常膳食中，过多的肉类和高脂肪食物可能导致酸性代谢物的积累，增加身体酸度，引发疲劳感。蔬菜和水果富含碱性成分，有助于平衡身体的酸碱度，提升整体健康。

（4）做好肉类搭配。为了保持膳食的多样性和均衡，人们应特别关注膳食中的"白肉"和"红肉"搭配。该原则适用于各年龄段，以确保人体获得全面的营养。"白肉"包括鱼、鸡、鸭等禽类和一些海鲜，它们富含高质量的蛋白质、脂溶性维生素（如维生素 A、D 和 E）、维生素 B 族以及多种矿物质。这些食物对于维持肌肉、骨骼和皮肤的健康至关重要。鱼类还提供了丰富的 Omega-3 脂肪酸，有益于心脏健康。与之相对，"红肉"，如猪肉、牛肉和羊肉，富含蛋白质和能量，可为人体提供必要的能量来源，并含有铁、锌和维生素 B_{12} 等营养素，对于造血、免疫系统和神经系统正常功能的发挥非常重要。因此，人们可以通过合理搭配"白肉"和"红肉"获得不同营养素，有助于维持全面健康和体能。

（5）乳制品、豆制品摄取。乳制品和豆制品富含蛋白质、维生素和钙等营养素，体力活动的参与者需及时补充此类食物。乳制品如牛奶、酸奶和奶酪等提供高质量的蛋白质，有助于肌肉修复和生长。它们也是维生素 D 和钙的出色来源，维生素 D 能推动钙的吸收，同时，钙利于骨骼健康。豆制品包括豆腐、豆浆、黄豆和其他豆类制品，富含蛋白质、维生素、矿物质和纤维。豆类是膳食中的极佳蛋白质来源之一，对于素食者或不吃肉类的人群尤为重要。豆制品中的食物纤维有助于胃肠健康，维生素 B 族有助于能量代谢。

（6）多食清淡少盐的食物。饮食中的盐分摄入应尽量保持在适度水平，尽管食物中的盐能增添美味，但过量盐的摄入可能对健康产生负面影响。建议食用清淡、低盐的食物，因为高盐摄入与高血压和心血管疾病的风险增加有关。通常来说，每人每日的盐摄入量不应超过 6 克，但对于一些特殊情况，如高血压患者，应更加严格地限制盐的摄入量。为了减少盐的摄入，可以采用以下方法：购买低钠或无盐食品，如低盐酱油、无盐坚果等；自己做饭时可以更好地控制盐的用量，使用草本香料和香草来增添风味；避免多食咸味零食，如薯片、腌制坚果等；新鲜水果、蔬菜和未加工食品的含盐量通常较低。

2. "4+1 营养金字塔"

"4+1 营养金字塔"是一项关于膳食平衡的理念，将不同食物分层次，根据人体需求提供了合理的膳食建议，有助于维持身体的健康状态。

（1）粮、豆类食物。这是金字塔的基础，也是每日膳食中最重要的一部分。粮、豆类食物是人们的主要能量来源，应占据膳食中的大部分。青少年每日应摄入 400～500 克的粮、豆类食物，其中，粮食与豆类的比例应为 10:1。这一层提供了高达 65% 的碳水化合物，是维持日常能量需求的基础。

（2）蔬菜类和水果类。蔬菜类和水果类食物富含维生素、矿物质和纤维，对于身体的健康产生了不可忽视的影响。它们在金字塔中位于第二层，每日摄入为 300～400 克，其中，蔬菜与水果的比例应为 8：1。这些食物有助于提供维生素和矿物质，维护免疫系统和促进消化。

（3）奶和乳制品。奶和乳制品是钙的主要来源，同时含有高质量蛋白质。青少年每日应摄入 200～300 克的奶和乳制品，以满足骨骼生长所需的钙，该层食物有助于维护骨骼健康和强壮。

（4）肉类食物。肉类食物提供了丰富的蛋白质、脂肪、维生素 B 族和多种矿物质，直接影响生长发育期的青少年，每日摄入 100～200 克的肉类，有助于满足身体对蛋白质和其他营养素的需求。

（5）盐。金字塔的最顶层是盐，提醒人们要适度摄入。在现代社会，人们容易摄入过多的钠，这可能导致健康问题出现。因此，应当谨慎用盐，将其限制在每日摄入量标准以下。

（三）日常生活中的膳食建议

1.养成科学的饮食习惯

（1）合理安排一日三餐。①确保饮食时间合理。一日三餐的安排要求每天都有相对固定的饮食时段，从而维持正常的消化系统机能。在我国，大多数人通常安排早、中、晚三餐，每餐间隔约为 5 小时，这种时间安排有助于身体有效消化吸收食物中的营养物质。进餐时的速度也很重要，避免太快或太慢的进餐时间。吃得太快可能导致摄入过多的食物，容易引起过度饱腹感，而吃得太慢则可能使食物冷却，影响口感。因此，应该在合理时间内享用食物，咀嚼充分，以帮助消化。还应注意避免过晚进食，因为夜间消化系统的运作相对较慢，可能会导致不适感和影响睡眠质量。保持每日三餐的规律性，确保在适当的时间进食，有助于维持身体的能量平衡和代谢正常。合理安排饮食时间，可以改善消化系统的效率，减少不适感，提高整体的健康水平。

②确保热量摄入合理。通常情况下，青少年的早餐热量应占每天总热量的 30% 左右，早餐是一天中最重要 餐，为身体提供了所需的能量和营养，有助于启动新的一天，提高警觉性和注意力。因此，早晨应确保摄入足够的热量。午餐的热量摄入比例通常为每天总热量的 40% ～ 45%，午餐提供一顿营养丰富的餐点，有助于维持体力和精神上的活力。青少年在午餐时应摄入足够的蛋白质、碳水化合物和脂肪，以满足中午后继续学习和活动的需要。晚餐的热量摄入比例通常为每天总热量的 25% ～ 30%，晚餐应该是一顿轻食，以避免夜间过度进食而影响睡眠。夜间消化系统的运作相对较慢，因此，晚餐应尽量轻盐、低脂肪，有助于更好地休息和消化。那些经常参加体力活动的青少年可能需要在每日饮食热量安排上适当高于标准，体力活动需要额外的能量支持，以维持肌肉和体能的正常运作。因此，他们可以在正餐和零食中增加一些热量摄入，但仍然需要确保食物的均衡和营养。

（2）培养良好的个人饮食习惯。

①适量增加能量摄入。长期参加体力活动的人，包括青少年，每天的能量摄入需要适当增加。其中，糖的摄入应占每日总摄入能量的 60% ～ 70%。糖是体力活动的主要能源，它能够迅速提供能量，支持肌肉运动。然而，这并不意味着可以大量摄入加工糖，而应该选择天然的糖源，如水果和全谷物。除了糖外，蛋白质和脂肪也是重要营养素。蛋白质应占每日总摄入能量的 10% ～ 15%，而脂肪应占 20%~25%。蛋白质是肌肉修复和生长所必需的，而脂肪在能量储备和维持身体功能方面发挥重要作用。因此，应确保均衡摄入这些营养素，避免过量或不足。

②确保饮食安全卫生。无论在何处进餐，都应确保卫生环境，包括洗净双手，使用洁净的餐具，以及保持用餐区域的清洁，减少细菌和食物污染的风险，从而降低食源性疾病发生的概率。食用过期或变质的食物可能会引发食物中毒和其他健康问题，因此，人们在进餐时应仔细检查食品的保质期和新鲜度，避免食用不合格的食品。垃圾食品通常富含高糖、高脂肪和高盐成分，但却缺乏重要的营养素。所以应尽量避免或减少垃圾食品的摄入，因为它们可能导致肥胖、糖尿病和其他健康问题。

③秉承清淡的基本原则。过多的糖分摄入可能导致肥胖、糖尿病和心血管疾病，因此，应避免食用过多的糖果、糖饮料和加工食品，尽量选择天然的甜味食物，如水果。高盐饮食可能导致高血压疾病的发生，增加心血管疾病发生的风险。在烹饪和进食时，应适度减少盐的使用，也可尝试使用香草、香料和酸味来增加食物的味道。过多的油脂摄入可能导致肥胖和胆固醇升高，应选择健康的脂肪来源，如橄榄油、坚果和鱼类，而不要过多食用油炸和高脂肪食物。

④增强营养保健知识学习。人们应加强营养保健知识的学习，了解如何实现膳食平衡，以及何时、如何使用营养补充品，从而更好地管理自己的健康。学习如何合理搭配食物以确保膳食平衡是关键，了解不同食物组的重要性，如蔬菜、水果、蛋白质来源和谷物，有助于确保获得全面的营养。学习如何满足个人特殊需要，如婴儿、儿童、老年人和运动员的不同营养需求，每个年龄段和生活阶段都可能需要不同的饮食策略。通过保健知识的学习，了解如何避免不良饮食习惯，如暴饮暴食、过度摄入糖和盐等，了解这些不良习惯的风险，有助于采取预防措施。当需要使用营养补充品时，务必听从专业人士的建议。医生、营养师或其他健康专家可以帮助确定何时以及如何使用这些产品，以满足特定的营养需求。营养领域的知识不断更新，因此，人们需要进行持续学习。参加健康和营养课程，阅读最新的研究和指南，有助于保持对营养保健的最新认识。

2.适当的素食餐饮

通常来说，素食食品的热量比较低，能够有效预防各种社会文明病，但是在体力活动较多的情况下，大量补充素食难以满足机体所需，尤其是纯素食容易带来诸多不良影响。

（1）易导致身体出现营养不良。肉类食物富含蛋白质和脂肪，这两种营养素在维持人体健康中不容忽视。蛋白质是人体细胞的重要组成部分，对于生长、修复组织以及维持免疫系统功能至关重要。脂肪则提供了身体所需的能量，并且有助于吸收脂溶性维生素。对于不吃肉或者摄入不足肉类的人群，可能面临蛋白质和脂肪不足的风险。蛋白质不足可能导致肌肉质量减少，免疫系统功能下降且伤口愈合缓慢。缺乏足够的脂肪可能影响能量供应和脂溶性维生素的吸收，进而影响身体的正常功能。因此，对于那些不吃或少吃肉类的人，要特别注意确保摄入足够的蛋白质和脂肪。

（2）易导致身体缺少微量元素和维生素。人体所需的微量元素包括钙、铁、锌等，而维生素如维生素 D、维生素 B_{12} 等也在肉类食物中丰富。对于不常吃肉或完全素食的人，存在微量元素和维生素不足的风险。例如，铁是血红蛋白的重要组成部分，缺乏铁可能导致贫血。钙是骨骼健康所必需的微量元素，钙不足可能导致骨折和骨密度下降。而维生素 B_{12} 影响了神经系统的正常功能，B_{12} 缺乏可能导致贫血和神经问题。因此，为确保摄入足够的微量元素和维生素，不吃或少吃肉类的人可以通过其他食物来补充这些营养素，也可以考虑维生素和微量元素的补充剂，并在使用之前咨询医生或营养师，以确保合适的剂量和方式。

（四）体力活动前、后饮食的注意事项

人们在参加体育活动前、后的饮食应多加注意，不能粗心大意。

1.避免空腹时参与大量运动

当人体在空腹状态下进行高强度运动时，可能会引发一系列不良反应，包括头昏眼花、四肢乏力、心慌心悸、手脚冰凉等症状，主要是由于血糖水平下降导致的，出现严重的低血糖甚至可能昏厥，给身体带来极大风险。因此，为了确保体力活动的安全和有效进行，人们在参加体力活动前应注意几点。确保在运动前有充足的能量补充，在运动前至少应摄入一些轻食或能量食物，以提高血糖水平，为运动提供所需燃料。理想情况下，可以在运动前 1 ～ 2 小时摄入含有碳水化合物和蛋白质的小吃，如麦片、酸奶、水果或坚果。避免过于剧烈的运动，特别是在空腹状态下。如果计划进行长时间或高强度的运动，更应该确保在运动前有足够的能量储备。注意饮食的时间和组成，定时进食，保持规律的饮食习惯，维持血糖稳定。合理的饮食组成包括碳水化合物、蛋白质和脂肪的均衡摄入，有助于提供全面的营养和持久的能量。

2.避免饭后参与大量运动

饭后大量运动可能对身体健康造成不利影响，因为在进食后，血液会大量流向消化器官，以促进食物的消化和吸收，此时如果进行大量运动，会导致血液从消化系统转移到运动的肌肉和组织，从而降低消化功能，增加消化不良、胃痉挛、呕吐等消化系统问题。因此，在饭后不要立即进行大量运动，需要合理规划进食和运动时间。通常建议在进食后等待 30 分钟到 2 小时，具体取决于进食的数量和种类，再进行中等强度的运动，这段时间可以让身体更好地完成消化过程。如果必须在饭后进行运动，选择轻度的活动，如散步或伸展运动，此类活动可以促进消化，而不会给胃部造成负担。另外，要根据个人的体验和反应来调整进食和运动时间。每个人的身体反应不同，有些人可能需要更长的休息时间，而有些人可以更快进行运动。

3.运动中不宜大量饮水

体力活动会导致身体能量的消耗和大量汗液的流失，因此，应及时、适当补充水分。虽然在运动中出汗较多，但过多一次性摄入水可能会导致胃部不适，甚至引发恶心和呕吐等问题。因此，应该采用少量多次的方式来补充水分，每隔15～20分钟饮用一小口水，以保持身体水分平衡。在剧烈运动或长时间运动后，除了普通水之外，可以选择饮用运动型饮料。运动型饮料通常含有电解质，如钠和钾，可以有效补充运动中流失的矿物质，并提供额外的能量。应注意不要过量摄入运动型饮料，因为其也可能含有糖和卡路里。

4.运动前不宜吃油腻或过咸的食物

在进行体力活动前，人们应该避免食用过于油腻或过咸的食物。这些食物在胃肠道中需要更多的血液供应来协助消化，同时需要肝脏分泌更多的胆汁来帮助消化，这会增加消化的难度和复杂性，延长消化时间。增加了长时间停留在胃肠中的食物对身体的负担，还降低了身体的运动系统机能，影响体力活动的进行。食用过多盐分也会导致口渴感，如果在运动中大量补充水分，会给肾脏造成一定的负担，不利于运动锻炼的顺利进行，甚至可能对身体健康造成危害。因此，建议在体力活动前选择清淡、易于消化的食物，如鸡肉、鱼类和豆类，为身体提供足够的能量，同时不会给胃肠道和消化系统带来过大负担。避免过多脂肪和盐分的摄入，有助于确保身体在运动前保持轻盈和敏捷。

二、体力活动与营养补充

（一）营养与营养素

1.营养

营养是身体正常生活和发展所必需的，合理的营养摄入对每个人都至关重要，不仅局限于某一特定群体。营养的摄取源于各种食物，食物经过消化、吸收、代谢，提供身体所需的各种必要物质，以维持生命活动的正常进行。为了达到这一目标，人们需要遵循一些基本原则。摄取和补充营养必须坚持科学性原则，人们需要了解不同营养素的作用和来源，根据自身的需求合理选择食物，以满足身体的营养需求。摄取过多或过少都会对身体机能产生不利影响，因此适度是关键。不同类型的运动需要不同的营养支持，例如，长时间的有氧运动可能需要更多的碳水化合物作为能源，重力训练可能需要更多的蛋白质来修复和建造肌肉。因此，根据活动的性质和强度，人们应适度调整膳食。

2.营养素

营养素是人体正常生活活动所不可或缺的元素，在维持健康和参与各种体力活动方面，合理补充营养素至关重要。蛋白质是身体构建和修复组织的基本组成部分，特别是对于肌肉的生长和修复至关重要。蛋白质还参与许多生化过程，如酶的合成和免疫系统的维护。脂肪提供身体所需的能量，并有助于维护正常体温和细胞膜健康。一些脂肪酸是必需的，意味着它们必须通过饮食获得，因为人体无法自行合成，必需脂肪酸在很大程度上影响了大脑功能和细胞通信。碳水化合物提供了快速的能量，对于高强度的体力活动尤其重要。碳水化合物还有助于维持血糖水平的稳定，确保大脑和肌肉获得足够的能量。除了这三个主要营养素，维生素和无机盐也对身体健康发展至关重要。维生素参与了许多代谢反应，帮助身体吸收和利用其他营养素，无机盐，如钙、铁、锌等，是维持骨骼健康和各种生理功能所必需的。在摄取这些营养素时，人们需要关注均衡饮食的原则，确保获得足够、多样化的食物来源。

以上六大类营养素均在人们日常的膳食中得以提供，但并不是任何一种食物都能涵盖所有营养素。因此，多样化的膳食能使人们更全面地满足身体需求，确保摄入各种重要营养素。不同营养素之间存在着紧密的联系和相互作用，例如，维生素 C 可以增强铁的吸收，而维生素 D 有助于钙的吸收，此种相互作用强调均衡饮食的重要性，因为只有在各种营养素都得到适当摄取的情况下，相互作用才能正常发挥其影响。

（二）人体所需的营养素

人体的新陈代谢始于食物的摄入，然后通过消化、吸收和代谢将其中的营养物质转化为身体所需的能量和物质。充足的营养摄入有助于支持日常活动和正常生长发育，而不足的摄入则可能导致健康问题，尤其对于那些参加体力活动的人来说，这一点更加重要。因此，了解并合理摄取各类营养素关乎每个人的健康。

1. 水

水是维持人体生命活动不可或缺的营养素，人体内的水占据了绝大部分，体重的 2/3 是都是水构成的。水参与了人体的代谢过程。水是许多生化反应的媒介，包括消化食物、运输营养物质和废物排除等。没有足够的水，生化过程将受到干扰，可能导致身体不适和健康问题。水有助于调节体温，人体运动时会产生热量，汗水的排泄有利于散发这些热量，维持体温在正常范围内。在高温下，水的重要性更加凸显，因为它有助于防止中暑等危险情况发生。水还促进了腺体的正常分泌，包括唾液、胃酸、胰液等，有助于消化和吸收食物中的营养物质。对于参加体力活动的人来说，他们的身体更需要水，以应对更高的代谢需求。在运动期间，身体会通过排汗来散热，这会导致水分损失。因此，他们需要额外的水来补充失去的液体，以防止脱水和维持体能。

2. 糖类

糖类，也被称为"碳水化合物"，分为单糖、双糖和多糖三种类型。单糖主要包括葡萄糖和半乳糖，双糖包括乳糖、蔗糖和麦芽糖，多糖则包括淀粉、糖原和果胶。不同类型的糖类在食物中都有不同的存在形式，为人体提供重要的能量来源。葡萄糖是最简单的单糖，是人体最主要的能量来源之一。了解不同类型的糖类及它们在食物中的含量有助于合理安排饮食，满足身体的能量需求（图 4-1）。

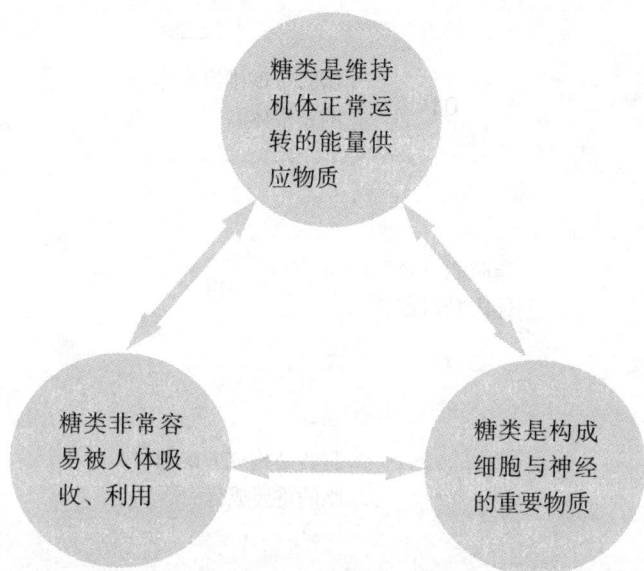

图 4-1 糖类的主要功能

日常膳食中常见的食物通常富含糖类，包括米、面、水果和牛奶等，这些食物提供了丰富的碳水化合物，为人体提供所需的能量。合理摄取这些食物可以满足身体的能量需求，维持正常的人体活动。因此，在平时的饮食中，确保摄入这些常见食物是保持健康和活力的重要一步。

3.脂肪

脂肪主要由碳、氢、氧等元素共同构成，脂肪的功能主要体现在几个方面（图 4-2）。

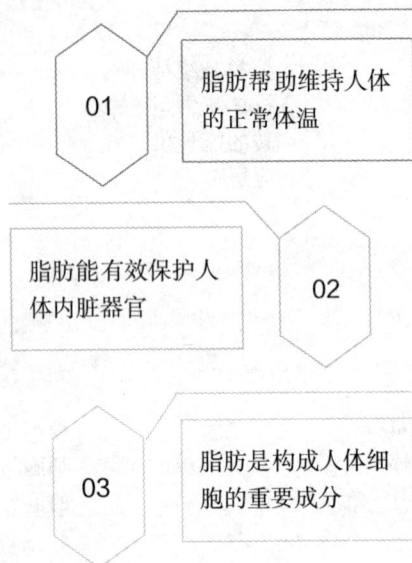

图 4-2　脂肪的功能

通常而言，脂肪普遍存在于肉类油脂、蛋黄、花生以及芝麻等食物之中，在人们日常的膳食中，一般能够满足机体所需。

4.蛋白质

蛋白质，作为一种重要的营养素，由氧、碳、氢和氮等元素构成。它有三种主要类型：完全蛋白质、不完全蛋白质和半完全蛋白质。蛋白质能维持人体生命活动，构成了人体的细胞，是身体各部分的基本构建块，促进细胞的修复和再生，保持身体器官的正常功能。蛋白质也能为人体提供能量，虽然碳水化合物和脂肪是主要的能量来源，但蛋白质在特定情况下，如长时间剧烈运动或饥饿状态下，也可以用作能量。蛋白质有助于产生抗体，提高免疫系统的抵抗力，帮助人体对抗疾病。富含蛋白质的食物包括蛋类、豆类、肉类、坚果等，对于经常参加体力活动的人群，适量摄取蛋白质尤为重要，因为其能维持身体所需，确保体力活动的顺利进行。

5. 矿物质

矿物质是人体所需的另一个重要营养素，可以分为两类：常量元素和微量元素。常量元素包括钙、钠、磷、镁、氯和钾等，微量元素则包括铁、锌、碘、铜、硒等。尽管矿物质在人体中的含量相对较低，但它们对于人体维持正常生理功能至关重要。例如，钙是骨骼和牙齿的主要组成部分，对于维持骨骼的健康非常重要。钾和钠则是维持体内电解质平衡和神经肌肉功能的矿物质，微量元素，如铁、锌等，在代谢和免疫系统中发挥着一定作用。矿物质的不足会引起各种健康问题，如骨折风险增加，神经系统紊乱，免疫系统功能下降等。因此，合理的饮食应包括矿物质的充分摄取，以确保人体能够获得足够的矿物质元素，维持生理功能的正常运作。

矿物质的营养功能涵盖了多个方面。矿物质是构成人体组织的重要成分，例如，钙是骨骼和牙齿的主要组成部分，确保骨骼的坚固和稳定，铁是血红蛋白的重要组成部分，负责运输氧气到全身各个组织和细胞，锌则参与了许多酶反应，维持身体正常的生长和发育。矿物质有助于维持人体内的酸碱平衡，酸碱平衡是体液和细胞环境的稳定性，可以有效维持正常的生理功能，而矿物质，如钠、钾和氯，在维持此平衡方面发挥了关键作用。矿物质还是机体对其他一些营养物质利用的辅助物质，例如，维生素 D 需要钙的支持来促进钙的吸收和利用。因此，在日常膳食中，摄入富含矿物质的食物是非常重要的。乳制品中含有丰富的钙，动物内脏则富含铁和锌等。通过合理的膳食搭配，能够满足机体对矿物质的需求，从而维持身体的正常功能。

6. 维生素

维生素是人体正常运转所不可或缺的营养素，根据其溶解性，可分为水溶性维生素和脂溶性维生素两大类。水溶性维生素包括维生素 C 和维生素 B 族等，维生素 C 是一种抗氧化剂，有助于维护皮肤、软组织和骨骼的健康，同时也促进铁的吸收，维生素 B 族包括多种不同维生素，如 B_1（硫胺素）、B_2（核黄素）、B_3（烟酸）、B_5（泛酸）、B_6（吡哆醇）等，它们在能量代谢、神经系统功能发挥和红血细胞生成等方面发挥着关键作用。脂溶性维生素包括维生素 A、维生素 D、维生素 E 和维生素 K 等，维生素 A 有利于视觉、免疫系统和皮肤健康；维生素 D 有助于钙和磷的吸收，维护骨骼健康；维生素 E 是一种抗氧化剂，有利于细胞膜的稳定，维生素 K 的作用则在血液凝固过程中不可小觑。从整体角度上来看，维生素的营养功能主要体现在几个方面（图 4-3）。

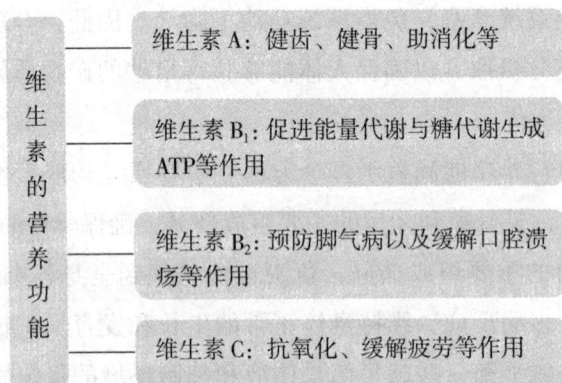

维生素的营养功能

维生素 A：健齿、健骨、助消化等

维生素 B_1：促进能量代谢与糖代谢生成 ATP 等作用

维生素 B_2：预防脚气病以及缓解口腔溃疡等作用

维生素 C：抗氧化、缓解疲劳等作用

图 4-3　维生素的营养功能

人们在日常的膳食中，应多摄入一些富含维生素的食物，比如蔬菜、水果等，从而有效满足机体所需的维生素。

（三）营养补充的重要意义

合理的营养补充对于人们参与体力活动具有十分关键的作用，在参与体力活动的过程中，人们需要充分认识到营养补充的作用，并且及时进行营养补充。

1.强化运动能力

（1）补充能量物质。长期参加体力活动的人群，通常都会面临疲劳和能量耗竭的风险，主要是由于身体在运动中流失了水分、无机盐以及其他重要营养素，导致身体机能下降。因此，在参与锻炼或者体力活动的过程中，应及时进行营养补充，缓解疲劳，促进身体恢复。能量物质的补充是至关重要的，运动过程中，人体会大量消耗能量，包括糖类、脂肪和蛋白质等。糖类是主要的能量来源，所以补充足够的碳水化合物非常重要。蛋白质也是不可或缺的，有助于修复受损的肌肉组织，维持身体的正常结构和功能。脂肪虽然在运动中消耗相对较少，但也是提供能量的重要来源之一。为了满足能量物质的需求，人们可以选择各种食物和饮料。碳水化合物可以通过食用米、面、面包、水果等食物来补充，蛋白质则可以通过摄入肉类、鱼类、蛋类、豆类等食物来满足。另外，不可忽视脂肪的摄入，适量的坚果、橄榄油等食物都能提供必要的脂肪。

（2）储备后续能量。在参加体力活动时，不仅需要满足当前能量需求，还需要考虑后续能量的储备。储备后续能量的主要方式是通过合理的膳食摄入，包括活动前和活动期间摄入足够的碳水化合物，以便在需要时将其转化为能量。同时，需要确保摄入足够的液体，以维持水分平衡，避免脱水对后续活动的不利影响。补充适量的蛋白质，也有助于储备后续能量，蛋白质在运动后可以帮助修复受损的肌肉组织，维持身体结构的完整性，从而为后续的体力活动提供更好的条件。

（3）提升身体免疫能力。在进行体力活动过程中会消耗大量营养物质，在此种情况下，身体的免疫能力容易受到影响。免疫系统是人体的自然防御机制，它可以抵御疾病和感染。营养物质能维持良好的免疫功能，特别是维生素（如维生素 C、维生素 D、维生素 E 等）和矿物质（如锌和硒），对于免疫系统的正常运转至关重要。这些营养素可以帮助身体产生抗体，增强免疫细胞的功能，从而提高抵抗疾病的能力。

（4）加速体能恢复。长时间的体力活动后需要及时恢复体能，此过程需要合理的营养补充，以促进身体快速修复和恢复。身体在进行体力活动时会消耗大量能量，肌肉也会受到一定的损伤。为了迅速修复受损的组织和肌肉，身体需要足够的蛋白质、碳水化合物和其他营养素的支持。蛋白质有助于修复和建设肌肉，碳水化合物则提供能量，帮助肌肉和身体恢复正常功能。体力活动会导致体内水分和电解质丢失，因此，需要适度增加水分和矿物质的摄入。水分可以帮助维持身体的水电平衡，而电解质（如钠、钾和氯）利于神经和肌肉功能恢复。维持适当的能量和营养素摄取，可以加速体能的恢复，减少疲劳感，提高训练或活动的效率。

2. 营养损失补充

人们长期参与体力活动，特别是在大负荷的运动条件下，身体的新陈代谢速度增快，这时则会消耗大量的营养物质，所以十分有必要进行营养物质的补充。根据活动类型和强度，能量需求会有所不同。长期进行高强度的运动，如长跑、游泳或举重，会消耗大量能量。因此，确保摄入足够的能量可以维持体力和支持身体的代谢过程。蛋白质是肌肉修复和生长的基础，运动会导致微小肌肉受损，适量摄入蛋白质，可以修复和建造肌肉组织。合理的蛋白质摄入可以加速康复和增强肌肉质量，并且，对于长期参与体力活动的人来说是十分关键的。除此之外，运动会导致某些维生素和矿物质的流失，因此，要通过多样化的膳食获得必要的营养素，或者在医生或营养师的建议下考虑补充。

第二节　体适能中的运动伤病预防及处理

一、预防运动伤病

（一）预防运动损伤

1.预防运动损伤的意义

无论是职业运动员、健身爱好者还是偶尔进行体育锻炼的人，都可能面临运动损伤的风险。受伤后需要时间康复，这可能会限制人们的日常活动。预防运动损伤可以确保人身体保持在最佳状态，使人能够全情投入生活和工作中。运动损伤还可能影响人的体育表现，采取预防措施可以有效减少运动中的不适，提高运动技能，取得更好的成绩。运动是保持身体和心理健康的重要方式，人们通过预防运动损伤可以持续享受运动带来的快乐，保持积极的生活态度。长期忽视或不治疗运动损伤可能导致慢性疾病，如慢性疼痛或关节问题，而及时预防和治疗，可以减少潜在的慢性损伤发生的风险。

在校园活动、业余体育、职业运动中，受伤都可能导致疼痛、康复时间延长和生活品质下降。预防运动损伤可使人们更好地保持健康、保持活跃，并在各个阶段享受生活。教育者主要向学生传授正确的体育和运动知识，教导他们正确的运动技巧和姿势，提高学生的运动水平，并且有效降低运动损伤的发生率，从而提高体育教学质量。一个健康的国家需要有更多的人积极参与体育活动，有助于降低慢性疾病发生的风险，减轻医疗负担，提高生活质量。

2.预防运动损伤的基本原则

（1）提升指导者意识。预防运动损伤的原则是确保在体育和运动活动中尽量减少伤害的风险，以便所有参与者能够享受活动并保持健康。无论是教师、教练，还是其他指导者，他们都需要充分认识到预防运动损伤的重要性，并定期接受相关培训，了解最新的运动损伤预防知识和技巧。只有这样，他们才能为参与者提供正确的指导，帮助他们避免受伤。教育者和指导者应积极宣传运动损伤预防知识，让每位参与者都明白有关知识，组织举办讲座、分发宣传材料等相关活动，可以提高大家的预防意识。预防运动损伤是每个人的责任。指导者需要学习如何正确使用护具和设备，以及如何进行急救，能够在紧急的情况下提供有效的帮助，减轻伤者的痛苦，并保证他们的安全。

（2）合理负荷。合理负荷的核心思想是确保个体在参与体育和运动活动时承受适度的负荷，以最大程度地减少潜在的伤害风险，保障身体和心理健康，各年龄段的人都应该明白运动负荷与运动损伤之间的关系。运动负荷是指个体在参与运动时承受的生理和心理压力，包括运动的强度、频率、持续时间以及运动类型。合理的运动负荷是根据个体的体能和健康状况来确定的，应该能够满足锻炼的目标，但又不会对身体造成过度的压力。在参加体育和运动活动之前，人们应该接受全面的健康评估，以确定适合自身的运动负荷水平，可通过医生的建议和专业体能测试来实现。在参与高强度的体育活动或提高运动技能水平时，适度增加运动负荷是必要的。然而，这必须在专业指导下进行，以确保安全性和有效性。合理的运动负荷调整可以帮助大学生逐渐适应更高的运动强度，减少运动损伤的发生风险。

（3）全面加强。全面加强身体素质原则适用于各个年龄段的人群，是预防运动损伤的有效策略，该原则的核心思想是通过综合性的健康管理和体育锻炼来提高身体素质，以增强抵抗运动损伤的能力。有氧耐力训练可以提高心肺功能，增加身体对长时间运动的适应性。例如，快步走、跑步、游泳等有氧活动都有助于提高耐力。肌肉力量训练能提高身体的稳定性和抗压能力，举重、俯卧撑、哑铃训练等都是有效的肌肉力量训练方式。灵活性和协调性训练可以改善关节活动范围和身体的协调性，减少因不灵活或不协调而引发的运动损伤，瑜伽、普拉提等可以提高身体的柔韧性和协调性。除此之外，还要注重心理素质、情绪控制、应对竞技压力、压力管理等技能的培养。定期进行体检，了解身体状况，及早发现潜在的健康问题，采取预防措施，降低运动损伤发生的风险。

（4）严格医务监督原则。严格医务监督原则着重于通过医务监督和体检来确保参与体力活动的个体在身体健康方面没有明显问题，以及在发生不适或意外情况时能够及时获得医疗支持。无论是运动员还是普通大众，定期的体检都是预防运动损伤的关键。体检可以帮助识别潜在的健康问题，包括心血管疾病、骨骼问题、关节问题等，定期体检可以及早发现问题并采取相应的措施。个体在进行体力活动时应密切关注身体的不适症状，如胸闷、呼吸困难、头晕等，此种症状可能是潜在健康问题的信号，应该及时报告医务人员。针对高风险或高强度运动的个体，可以建立医疗支持团队，包括医生、护士和急救人员，他们应该随时准备处理突发的健康问题。运动场地和设施的安全性也需要受到严格监督，定期检查和维护，确保场地和设施的安全性，从而降低事故发生的可能性。在体育活动中，应建立紧急应对计划，以应对运动损伤或其他健康紧急情况，包括急救培训、心肺复苏（CPR）培训和紧急救援设备的准备。严格医务监督原则强调健康与安全的重要性，特别是在体育活动中，定期的体检、医疗支持团队的存在、场地设施的安全性和紧急应对计划，可以显著减少运动损伤和突发健康问题的风险，从而提高参与体力活动个体的安全性和健康水平。严格医务监督原则不仅适用于竞技体育，也适用于各种体育和锻炼方式。

（5）自我保护原则。自我保护原则强调个体在参与体力活动时应采取措施，以降低运动损伤和健康风险。在进行体育活动之前，无论是激烈的比赛还是简单的锻炼，都需要进行适当的热身运动和肌肉拉伸，从而提高关节和肌肉的灵活性，减少拉伤和扭伤的风险。根据体育活动的性质，应佩戴适当的保护装备，头盔、护具、护腕等，可以有效减少头部和关节受伤的风险。遵守体育运动的规则和指导是保护自己和他人的关键，不合理的行为可能导致意外伤害，因此，应始终遵循比赛或锻炼的规则。在运动过程中密切关注身体信号，如疼痛、不适或疲劳。如果出现异常，应及时停止活动，并在有需要的情况下咨询医生。过度训练是导致运动损伤的常见原因之一，要确保给身体足够的休息时间，不要过度参与高强度的体育活动。学习和掌握正确的体育姿势和技巧可以有效减少受伤的风险，如果是初学者，应该寻求专业教练的指导。良好的健康习惯，如均衡的饮食、充足的睡眠和定期锻炼，有利于提高身体的整体抵抗力，减少患病和受伤的风险。

3. 预防运动损伤的措施

人们在参与体力活动的过程中往往存在着一定的风险性，所以应采用必要的预防措施，降低运动损伤发生的概率。

（1）强化力量素质的训练。加强力量素质的锻炼是一项重要预防运动损伤措施，强健的肌肉可以保持身体的稳定性和支撑性。定期进行重量训练和体能锻炼，可以增加肌肉的质量和力量，从而减少受伤的可能性。强壮的肌肉能提供更好的关节支持，保证关节的稳定性，特别是在需要进行频繁移动和转弯的运动中，更有利于保护关节。良好的肌肉支持可以减轻关节负担，降低损伤风险。强化核心肌群和身体其他部位的肌肉能提高平衡和协调性，防止跌倒和扭伤等意外事件发生，强大的核心肌群有利于维持身体的平衡，减少不稳定性。不平衡的肌肉发展可能导致姿势不正确，增加运动损伤的风险。全身性的力量训练，可确保各个肌肉群均匀发展，减少不平衡。骨骼健康也与力量锻炼相关，适量的重量训练能增加骨密度，降低骨折的风险。

（2）实施必要的体格检查。每个人的身体状况都不同，体格检查可以帮助确定个性化的锻炼计划，例如，如果一个人有特定的关节问题或肌肉不平衡，通过体格检查可以识别并为其制定适当的锻炼方案，以降低损伤。体格检查有利于早期发现潜在的身体问题，如肌肉紧张、柔韧性不足、关节不稳定等。及早发现问题可以采取措施来改善这些问题，以减少在体力活动中受伤的风险。体格检查可以帮助识别运动中的劳损迹象，例如，经常参加高强度运动的人可以通过检查肌肉疲劳、拉伤、肌肉酸痛等情况来了解是否需要适当的休息和康复训练。体格检查能帮助人们确定运动的适宜强度和频率，确保锻炼在适当的水平上进行，不会对身体造成过大压力。体格检查还可以为个体提供关于运动和锻炼的建议，包括如何正确进行热身和冷却，如何维护健康的姿势等，使人们更加安全地参与体力活动。

（3）增强自我保护。在各类体力活动中，参与者应该加强自我保护，以降低运动损伤的风险。在参与任何运动之前，熟悉该运动的规则和安全指南非常重要，知道如何正确地进行活动以及何时应该停止是避免受伤的关键。根据运动的性质选择适当的装备和护具，正确的装备可以提供额外的保护。遵循教练或指导员的建议和指导，特别是在高风险体育项目中，他们可以提供关于如何正确进行活动的宝贵建议。不要贸然提高运动强度或频率，逐渐增加锻炼的难度和时长，给身体足够的时间来适应新的挑战。如果在运动过程中感到疼痛或不适，不可忽视，应适当停下来休息，等待疼痛缓解，不要强迫自己继续。保持身体健康和良好的体能状况，包括定期体检和健康饮食，强健的身体更能应对运动带来的挑战。在户外运动时要注意天气和地形，以避免不必要的危险，在潜在的危险环境中采取额外的预防措施。学习一些基本的急救技能，以便在发生意外伤害时提供紧急救援。了解自己的身体极限，不要过度挑战自己。

（4）强化运动者、医生、组织者之间的联系。加强运动者、医生和体育活动组织者之间的联系和合作，是预防运动损伤的关键一环。定期举行研讨会和培训课程，邀请专业医生和运动专家与运动者和体育活动组织者交流经验和知识，提高人们对运动损伤预防和处理的认识，确保所有人都了解最新的健康和安全准则。建立一个紧密的医疗网络，确保发生运动损伤时能够及时获得医疗援助，包括在运动场馆附近设立急救站点，并培训工作人员提供紧急医疗救助，医生和护理人员也应参与体育活动，以便在需要时提供专业医疗援助。打造一个信息共享平台，使医生、运动者和体育活动组织者能够及时传递关于运动损伤的信息和经验，进一步制定更好的预防和治疗方案，及时了解某一运动项目的潜在风险因素。通过举办运动损伤防护和急救技能比赛等活动，鼓励人们学习并掌握运动损伤的基本知识和紧急处理技巧，提高人们的自我保护能力，还能够促进更广泛的运动安全文化的开展。

（5）维持良好的运动环境。为预防运动损伤，应从多角度出发，以确保提供一个安全、卫生和适合体育活动的环境。定期进行清扫和消毒，确保场地没有垃圾、杂物和细菌，以减少细菌感染和跌倒的风险，并确保更衣室、洗手间和淋浴设施的卫生状况良好，以提供一个舒适的环境。损坏或磨损的设备易导致事故和运动损伤的发生，定期检查并修复或更换破损的器材，以确保它们在使用过程中是安全的，包括检查体育场地的表面，确保没有突出的物体或不平坦区域。每个体育场馆都应该配备急救箱和紧急医疗设备，以便在发生运动损伤时能够及时提供医疗援助，工作人员应接受急救培训，以确保他们知道如何在紧急情况下采取适当的措施。在体育场馆和运动场地周围设置明显的安全警示标志，提醒人们注意潜在的危险，还要提供专业的教练和指导，确保参与体育活动的人了解正确的运动技巧和安全规范。维护良好的运动环境，能最大程度地减少运动损伤发生的风险，为所有参与体育活动的人提供一个安全和健康的运动场所。

（二）预防运动疾病

1. 制订科学的锻炼方案与计划

不同个体的性别、年龄和身体功能水平各不相同，因此，需要根据每个人的特订制定适合他们的锻炼计划，可以通过定期进行体格检查和评估来实现，以了解个体的身体状况和需求。计划应该是科学的，主要是基于运动科学的原理和最新的健康研究制订。科学的计划可以帮助确保锻炼是有效的，不会对身体造成过度负荷，且可以减少运动中出现损伤的风险。不同的体育活动需要不同的锻炼计划，例如，有氧运动和重力训练需要不同的方法和技巧。因此，计划应该根据具体活动类型进行调整，以确保参与者获得最大益处。同时，要不断监测和调整计划，人的身体状况和需求会随时间而变化，因此，计划需要定期进行评估和调整，可根据定期的体格检查以及与专业教练的交流来实现。

2. 遵守运动训练的基本原则

参与体育活动的人应该始终遵守体育训练的基本原则，以确保他们的锻炼是安全和有效的。以下是一些关键原则：①全面发展原则。锻炼计划应该涵盖各种不同类型的活动，以全面提高身体素质，包括有氧运动、力量训练、柔韧性训练等。全面发展可以帮助预防运动损伤，同时提高整体健康水平。②区别对待原则。不同人具有不同的体能和健康状况，因此，锻炼计划应该根据个体需求进行制订，可以通过体格检查和评估来确定，以确保锻炼是适合每个人的。③安全锻炼原则。参与体育活动的人应该始终优先考虑安全，使用适当的装备和技术，避免不必要的风险发生。此外，要学会听取身体信号，如果感到不适或疼痛，应立即停止锻炼并寻求医疗建议。④循序渐进原则。逐渐增加运动量和强度而避免运动损伤，不应该急于求成，而应该逐步增加锻炼的难度，以允许身体适应新的负荷。

3. 避免疲劳积累

为了预防运动损伤，应避免疲劳积累，运动后的疲劳可以导致身体逐渐失去对外部刺激的适应能力，从而增加运动损伤发生的风险。睡眠是身体恢复和修复的关键，人们在运动后需要足够的休息来恢复疲劳的肌肉和神经系统，建立规律的作息时间表，避免在晚上进行过多的娱乐活动，从而提高睡眠质量。运动后，身体需要大量营养来修复组织和补充能量，确保摄入足够的蛋白质、碳水化合物和维生素，以促进身体代谢和恢复。针灸、按摩和理疗等方法可以帮助缓解肌肉疲劳和紧张，促进血液循环，加速废物的排出，有助于身体恢复，水疗也可以通过水的浸泡和按摩来减轻身体的疲劳感。瑜伽、冥想和深度呼吸练习等放松活动可以帮助降低身体的紧张度，减轻压力，利于身心的平衡和恢复。

4.强化训练的医务监督工作

一方面，定期进行身体检查和评估。无论是专业运动员还是普通人，都需要定期进行身体检查，以了解身体健康状况，包括血压、心率、肌肉力量和灵活性等方面的评估，定期进行检查可以及早发现身体的潜在问题，及时采取预防措施。另一方面，加强体力活动的医务监督。在体育活动中，运动者的身体状态和心理状态都可能受到影响。为了确保运动者的健康和安全，需要定期监测他们的身体反应和心理状态，可以通过心率监测、体温测量，以及与运动者的交流来实现，将监测结果及时反馈给体育教师和教练，进而调整训练计划，确保运动者在适当的状态下进行训练。

二、常见运动损伤的处理

（一）擦伤

可以说，擦伤是一种较为常见的表皮损伤，擦伤后，大多可表现为皮肤表皮剥脱，可伴渗液、出血。

对于较轻的擦伤，首先应用生理盐水冲洗伤口，以清洁伤口并减少感染的风险。接着，可以涂抹一些红药水、紫药水或0.1%新洁尔溶液，此类药物具有消炎、抗菌的作用，有助于伤口康复。如果擦伤较为严重，伤口较大，要用生理盐水刷洗伤口，以确保伤口内没有异物，再仔细清理创面，清除异物，确保伤口尽量干净。接下来，可以使用碘酒或酒精来消毒伤口，以预防感染。涂抹药物，并用纱布包扎伤口，以促进伤口愈合。对于关节擦伤，同样需要清洗和消毒伤口。之后，可以涂抹一些医用止血止痛药，如青霉素软膏，从而减轻疼痛和肿胀，并促进伤口愈合。需要注意的是，对于严重的擦伤或伤口感染的情况，建议立即就医，寻求专业的医疗帮助，并保持伤口的清洁与干燥。无论哪种情况，对擦伤的及时处理可以降低感染和并发症发生的风险，有助于伤口尽快康复。

（二）挫伤

挫伤是一种受钝性外力作用而产生的伤口闭合性损伤，与擦伤相比，挫伤的损伤程度更深，且伤后可伴有肿胀、疼痛、出血等多种现象。当人们参加体力活动过程中发生挫伤时，应及时采取适当的措施，具体如图 4-4 所示。

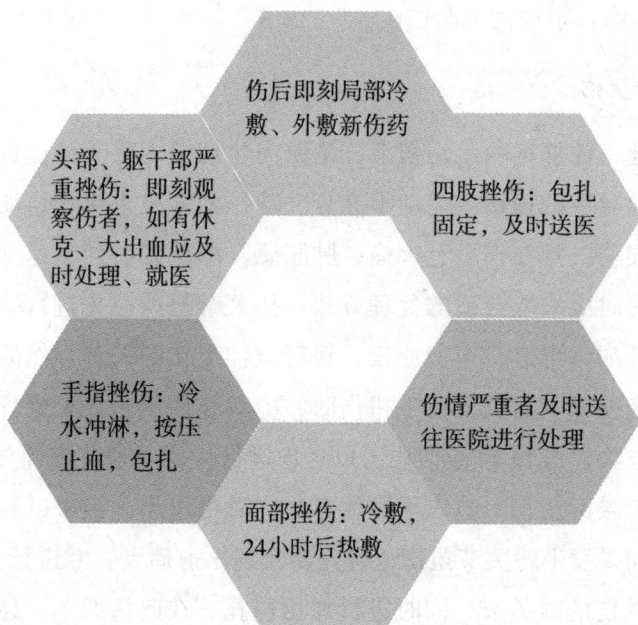

伤后即刻局部冷敷、外敷新伤药

头部、躯干部严重挫伤：即刻观察伤者，如有休克、大出血应及时处理、就医

四肢挫伤：包扎固定，及时送医

手指挫伤：冷水冲淋，按压止血，包扎

伤情严重者及时送往医院进行处理

面部挫伤：冷敷，24小时后热敷

图 4-4　发生挫伤时应采取的措施

（三）拉伤

拉伤是一种常见的运动伤害，一般情况下是人体肌肉的过度收缩或者拉长而导致的。对于轻度的拉伤，先采取冷敷的方法，可以使用冰袋或冷湿毛巾，轻轻敷在受伤的部位，每次约 15～20 分钟，多次进行，从而减轻疼痛和肿胀。同时，可以进行局部加压包扎，用绷带轻轻包扎受伤区域，但不要过紧。建议将受伤的肢体抬高，以减少血液淤积。对于严重的拉伤，应该首先进行简单的急救，包括停止运动，保持伤肢静止，不要尝试继续活动，再采用 R.I.C.E. 方法，即休息（Rest）、冷敷（Ice）、加压（Compression）和抬高（Elevation）。在进行简单急救后应尽快就医，特别是如果疼痛严重或出现明显的肿胀、淤血或不能正常使用受伤部位时，更应该及时就医。

（四）扭伤

扭伤是一种常见的运动伤害，是肌肉、韧带、关节超过自身活动范围的扭动而导致的损伤。活动不充分、动作幅度过大或者运动方向不当均可导致损伤，且在伤后有疼痛、肿胀感，严重者会产生运动障碍，所以，在扭伤时应采取合适的处理方式。指关节扭伤应先进行冷敷，以减轻肿胀和疼痛，再进行牵引放松，轻轻拉伸受伤的关节，然后用绷带或创可贴固定伤部。肩关节发生扭伤时，冷敷和加压包扎是处理肩关节扭伤的有效方法，伤后 24 小时内可以考虑进行按摩、理疗或针灸，以促进康复。对于腰部扭伤，建议平卧休息，同时可以用冷敷来减轻疼痛感和肿胀感。如果发生膝关节扭伤，首先要找到压迫痛点、并进行止血处理，然后抬高受伤的膝关节，同时进行加压包扎。在此情况下，建议尽早就医，以便进行专业的检查和治疗。踝关节扭伤应找到压迫痛点，进行包扎和固定。如果韧带断裂更应该进行压迫止血包扎，并立即就医，以获取必要的治疗。

（五）关节脱位

关节脱位是一种严重的运动伤害，通常需要及时处理，以减轻疼痛和恢复受伤的关节功能。如果具有一定经验并且了解如何复位受伤的关节，可以尝试在合适条件下进行复位，通常需要谨慎和精确的操作，以避免进一步损伤。大多数人缺乏复位经验，因此不建议自行尝试复位。相反，应该立即将受伤者送往医院或就医点，以便专业医务人员进行评估和处理。处理关节脱位时需要极其谨慎，因为错误的复位尝试可能导致更多的损伤或并发症。专业医生通常会使用适当的技术和工具确保关节恢复到正确位置，并为受伤者提供适当的止痛药物和康复建议。

（六）肩袖损伤

肩袖损伤主要是由肩关节超常范围急剧转动、劳损、牵拉等引起的，人们在参加体力活动时发生肩袖损伤会感觉到一定的疼痛，肩外展或者内旋会加重疼痛。在肩袖损伤发作时，应立即停止进行体力活动，以免进一步损伤。肩袖损伤通常会导致疼痛和肩部功能受限，为减轻疼痛和稳定肩关节，可以采用一些措施。将上臂外展固定在约30°的位置，以减小与肩袖损伤相关肌肉的张力，可通过适当使用绷带或支具来实现。避免进行活动，尤其是那些可能加重症状的活动，如肩外展或内旋。在急性期过后，受伤的肩部需要充分休息和康复，进行物理理疗和按摩，以减轻肩部肌肉的紧张和疼痛感，针灸在一定程度上有利于缓解疼痛并促进血液循环，加速康复。有时，肩袖损伤可能导致肌腱断裂。如果怀疑有肌腱断裂的并发症，应立即就医。专业医生可以评估伤势的严重程度，并根据需要进行手术修复。

（七）腰肌劳损

人们在运动时，腰部长期保持同一个状态，或者腰部动作过多，腰部肌肉的运动幅度过大，长时间疲劳、未能恢复的情况之下，持续进行运动则易导致腰肌劳损。腰肌劳损的一般症状是酸痛，且具有刺痛感，可采用对应方式进行处理。物理疗法包括热敷、冷敷、电刺激等，可以减轻腰部肌肉的紧张和疼痛，按摩能放松紧张的肌肉，改善血液循环，促进康复。针灸是一种传统的治疗方法，在特定穴位插入细针来缓解疼痛并恢复身体平衡。对于一些患者，针灸可能是有效的治疗选择。口服非处方药物，可以帮助减轻腰部疼痛和炎症，但应在医生的建议下使用，以避免药物滥用。腰肌劳损后，适度的运动康复可以帮助加强腰部肌肉，提高核心的稳定性，减轻疼痛并防止复发。常见的运动包括加强背部和腰部肌肉的练习，如桥式运动、仰卧起坐等。同时，佩戴腰部支撑带也可以提供额外的支持。对于腰肌劳损的顽固病例，可能需要手术治疗。手术通常用于修复或缓解严重的肌肉或韧带损伤，但应在其他治疗方法无效时才考虑。

（八）髌骨劳损

髌骨劳损是一种髌部慢性损伤，通常伴随着膝软和膝痛的症状。当出现髌骨劳损的症状时，首要处理方法是适当地减少或暂停相关运动活动，不要过度使用受影响的部位，以允许伤势愈合，在康复期间，根据个体情况逐渐适应运动，以避免再次受伤。允许受伤部位具有足够的时间愈合和恢复是必要的，避免过于频繁或剧烈运动，尤其是在症状尚未完全缓解之前更应该注意这一点。物理疗法包括按摩、理疗、热敷和冷敷等，可以帮助缓解疼痛，减轻肌肉紧张，促进康复。理疗师可以制订个性化的康复计划，以加强受伤部位的肌肉力量，并提高关节稳定性。在日常生活中，要特别注意正确的体位和姿势，避免长时间保持不自然的姿势，以减少髌骨劳损的风险。

（九）韧带损伤

韧带损伤是在进行体力活动时，如果操作不当，可能导致机体在做大幅度动作时拉伤韧带，韧带损伤的情况在身体对抗较剧烈运动中较为常见。对于轻度韧带拉伤，可以使用弹力绷带进行 8 字形压迫包扎，有助于减轻肿胀和稳定受伤区域，冷敷可以减轻疼痛和炎症。对于中度韧带损伤，可以考虑使用夹板或固定装置来限制受伤部位活动，减少进一步损伤，并促进愈合。在急救过程中，要注意减少出血，通常可以通过加压包扎来实现。止痛药物也可以在医生的建议下使用，以减轻疼痛症状。在伤后 24 小时左右可以考虑中药外敷或内服，从而促进康复，理疗可以帮助恢复受损组织的功能。对于韧带完全断裂的情况，应立即就医，可能需要手术缝合或其他专业治疗，只有医生能够准确评估损伤的严重程度，并制定适当的治疗方案。

（十）出血

1.止血

（1）指压止血。指压止血是一种常见的急救方法，可用于不同部位的出血。

①掌指出血。如果出血位于手部，可以用另一只手的手指按压桡动脉和尺动脉来减缓出血。

②下肢出血。如果出血发生在下肢，可以将两只拇指重叠，将压力集中在位于腹股沟稍下方的股动脉上，以阻止出血。

③足部出血。对于足部出血，可以用手指压迫足背、内踝后方的胫动脉和胫后动脉，以减少或停止出血。

（2）止血带止血。当出血较为严重时，可以使用止血带来控制出血。止血带通常用气袋、皮管或皮带制成，绑在出血部位的近端。然而，需要注意以下事项：对于上肢，每半小时放松一次止血带；对于下肢，每 1 小时放松一次，以避免肢体麻痹或坏死。

2.包扎

在面对出血时，适当的包扎是一项重要的急救技能，可以使用绷带、三角巾或布条来包扎出血部位或伤肢。不同伤部可能需要不同的包扎方法，包括环形包扎和扇形包扎等。包扎的基本步骤：要确保双手洁净，以避免引入感染；将绷带、三角巾或布条准备好，长度和宽度应根据伤口的大小和位置而定；轻柔地清洁和消毒伤口，以减少感染的风险；如果有骨折或明显的骨折症状，请先稳定骨折部位，然后再进行包扎；使用合适的包扎方法，如环形包扎或扇形包扎，来覆盖伤口或支撑伤肢；包扎时要注意不要过紧，以免影响血液循环；确保包扎牢固，但不会导致进一步不适。包扎可以帮助控制出血，保护伤口免受进一步伤害，并为伤者提供舒适和稳定的环境。然而，包扎只是一种急救措施，需要在伤者获得初步处理后及时就医，以获取专业治疗。

3. 大出血

当面临严重的大出血情况时，无论年龄或群体，关键是迅速采取行动。如果出血无法停止或导致休克，务必立即采取以下步骤：尽可能保持冷静；在等待急救人员到来的同时，监测伤者的意识和呼吸；如果伤者进一步恶化，可能需要输血或手术治疗。确保医疗人员尽快接触伤者，以提供专业的救治。及早采取有关步骤，可以最大程度地减少出血风险，但仍然需要迅速寻求医疗帮助，以获得适当的治疗。

（十一）骨折

骨的完整性遭到破坏时的损伤被称为骨折，在运动健身时，机体遭受到被动冲撞、挤压等，较容易发生骨折。骨折之后有着强烈的疼痛感，伤部骨骼扭曲，具有开放性伤口，严重者可见骨骼。面对骨折，应进行正确的急救和处理。不可尝试移动受伤的肢体，用适当的物品（如板、绷带、衣物等）轻轻固定伤肢，以减少进一步的损伤和疼痛。如果伤者出现休克症状，如苍白、出汗、恶心或呕吐，要确保他们保持平卧位，抬高腿部，保持温暖，并进行人工呼吸，以确保充足的氧供应。如果骨折伴随着出血，要采取措施控制出血。使用清洁的纱布或绷带轻轻包扎伤口，避免过度压迫。如果伤口严重出血，应及时送医治疗。正确的急救和及时的医疗干预对于骨折的康复至关重要，有关原则适用于任何年龄和体质的人群。

当发生骨折时，必须采取正确的包扎和固定方法，以确保伤者的安全和康复。当出现锁骨骨折时，可以采用横8字形绷带法，将绷带围绕肩部和腋下进行包扎，以保持锁骨固定。另一种方法是使用双圈固定法，将绷带环绕在胸部和肩部，固定锁骨，还可以选择使用胶布条进行固定。处理尺桡骨干骨折时，应先进行复位（将骨头放回正确的位置），使用夹板或石膏来固定以保持骨头在正确的位置，利于骨头愈合并减少移动。对于肋骨骨折，可以使用胶布固定法，将胶布条水平地包扎在受伤的肋骨周围，以提供额外支持。如果患者对胶带过敏，也可以选择使用宽绷带进行固定。处理小腿骨折时，固定方法取决于骨折的位置。根据具体情况，可以采用不同的包扎和固定方法，以确保骨折部位受到适当的支持和稳定。

三、常见运动疾病处理

（一）过度紧张

过度紧张可能由长时间不参加体力活动或急剧增加运动负荷引起，也可能与对运动技巧不熟悉或心理因素有关。当出现过度紧张的症状时，需要采取适当的处理方法来缓解症状，保护患者的身体健康。如果出现过度紧张的迹象，首要措施是立即停止当前的体力活动，让患者休息，从而降低紧张感，并避免进一步的身体不适。急救时，让患者平卧，确保他们保持温暖。同时，松解患者的衣物，确保通风和舒适。可以轻轻点按患者的内关穴和足三里穴，这些穴位能在一定程度上缓解身体的不适感，加速恢复。如果患者出现昏迷的症状，应采取适当的措施来唤醒他们。点按人中穴是一种有效的方法，可以帮助患者苏醒。假如患者出现休克的迹象，首先要进行相应处理，包括保持呼吸道通畅，保持体温，抬高患者的脚部等。然后应及时将患者送往医院，接受进一步的救治和评估。需要明确的是，预防过度紧张是最好的方法。在参加体力活动之前，患者应逐渐增加运动负荷，熟悉运动技巧，同时保持良好的心理状态。如果出现过度紧张的情况，及时采取适当的急救措施，可以减轻症状并保护患者的健康。严重情况下，立即寻求医疗帮助，以获得专业治疗。

（二）肌肉痉挛

肌肉痉挛，也被称为抽筋，是一种常见的运动疾病，可以影响任何年龄段的人群。通常，肌肉痉挛的主要原因之一是准备活动不足，例如，在运动前没有充分热身或拉伸肌肉。当发生肌肉痉挛时，人们可能会感到肌肉突然不受控制地强直、收缩，伴随着剧烈的疼痛和活动受限。如果肌肉痉挛较轻，可以尝试轻轻牵引受影响的肌肉，使其放松，从而减轻痉挛和疼痛。如果痉挛发生在腿部，可以尽力将受影响的腿直膝（伸直膝盖）和伸踝，这两个动作有助于拉长痉挛的肌肉，减轻痉挛和肌肉疼痛。

（三）肌肉延迟酸痛

肌肉延迟酸痛是在体育运动或健身活动后的常见现象，通常发生在运动量突然增加或运动强度较大的情况下，是机体肌肉对新运动负荷适应的一种生理反应。人们可能会感到特定肌肉区域出现酸痛、涨、麻感，这种感觉通常在运动后的 24 至 48 小时内出现。对于感到酸痛的肌肉区域，可以进行局部热敷或者轻柔按摩，促进血液循环，缓解疼痛感，以热水浴、热敷贴或温暖的淋浴来实现。维生素 C 有助于减轻肌肉延迟酸痛的症状，摄取足够的维生素 C，可以加速肌肉组织的修复和康复，减少酸痛感。专业的按摩师或理疗师可以提供利于缓解肌肉延迟酸痛的按摩和理疗服务，针灸或电疗也可以作为一种选择，以加速康复。

（四）运动性低血糖

运动性低血糖通常在运动后或饥饿状态下出现，血糖浓度降至较低水平，可能导致一系列不适症状，可以采用有关措施处理。当感到低血糖症状发生时，应立即停止运动，找一个安全的地方平卧休息。同时保暖，因为低血糖可能导致体温下降。如果出现低血糖症状，可以迅速摄取含糖量较高的饮料，如果汁或含糖饮料，或者吃一些容易消化的碳水化合物食物，如糖果或饼干，有助于提高血糖水平。在低血糖症状严重的情况下，如昏迷，可以针刺人中穴（位于上唇和鼻子之间的凹陷处），以刺激神经系统。同时，应立即将患者送往医院，进行进一步的诊治和治疗。预防运动性低血糖的关键是在运动前确保充足的能量供应，包括摄取足够的碳水化合物，并在运动中适当加强补给。此外，定期监测血糖水平，特别是在运动前和运动后，有助于及早发现并预防低血糖的发生。

（五）运动性高血压

运动性高血压是一种可能由不适当的运动引起的血压升高的情况，通常发生在运动负荷过大或不适当的情况下，常伴有头痛和头晕等症状。感到运动期间血压升高，应立即停止运动，并逐渐降低运动强度。合理的运动负荷对于预防高血压的发生非常重要。此外，定期监测血压，特别是在进行高强度运动之前和之后，有助于及早发现并控制高血压。对于一些严重的运动性高血压病例，可能需要药物治疗来控制血压。然而，药物治疗应在医生的建议下进行，不应自行使用。预防运动性高血压的关键是在进行体育活动前进行适当的身体检查，确保身体适应运动负荷。

（六）运动性贫血

运动性贫血是一种可能由于运动引起的贫血情况，贫血是指血液中红细胞或血红蛋白含量过低，导致血液无法有效运输氧气到身体各部位，从而引发一系列不适症状，如头晕、恶心和呕吐等。在运动中出现贫血症状，应立即停止运动，让身体休息。必要时，可以逐渐减少运动强度和持续时间，以减轻贫血的症状。饮食对于预防和缓解贫血非常重要，食用富含蛋白质、铁质和维生素的食物，如红肉、禽肉、鱼类、豆类、绿叶蔬菜和水果，可以帮助提高血液中的血红蛋白含量。在某些情况下，医生可能会建议服用抗贫血药物来帮助提高血液中的血红蛋白水平，药物治疗应在医生的指导下进行，不应自行使用。预防运动性贫血的关键是维持均衡的饮食和适量的水分摄入，以确保身体在运动时有足够的氧气供应，逐渐适应运动负荷和充分休息，也是防止运动性贫血的有效方法。

（七）运动性血尿

人们在参与体力活动时，如果运动的强度比较大，很容易超出身体承受，从而导致运动血尿现象出现。轻者可以在显微镜的观察下发现血尿，严重者有着较为直观的血尿现象，并且伴有腹痛、头晕等症状。在发生运动性血尿时，可进行全面的身体检查，应该排除病理性血尿的可能性，以确保血尿确实是由运动引起的，可以通过进行身体检查和医学评估来实现，以排除潜在尿路问题或其他健康问题。如果出现明显肉眼可见的血尿，应立即停止进行任何形式的体育活动，防止尿道或泌尿系统受损。假如血尿症状较轻，可以适度减少运动强度和时间，以减轻尿路的机械性压力和可能损伤。此外，保持足够的水分摄入有助于稀释尿液，减少尿道刺激。

（八）运动性腹痛

运动性腹痛是在运动或体育活动中出现的腹部不适，通常是由于运动不当引起的，运动性腹痛通常是生理性的，是由运动本身所导致的，应掌握处理运动性腹痛的方法。仔细了解腹痛的性质、部位和强度，以排除其他潜在的病理因素。如果疼痛伴随其他症状，或者感觉异常严重，则需要更加重视，并可能需要咨询医生以排除其他问题。在腹痛是由运动引起的情况下，可以尝试减小运动强度或立即停止运动。休息一段时间，观察症状是否有所缓解。在腹痛减轻后，可以逐渐恢复运动，但要确保逐渐适应运动负荷。如果腹痛伴随其他症状，如持续恶化、发热、呕吐、腹泻或血便等，或者如果你怀疑有其他潜在的病理因素，那么应该及时就医，有助于确保及时治疗任何潜在的健康问题。

（九）中暑

运动性中暑是一种在高温环境下进行体力活动时常见的现象，中暑是由于体温过高，超出生理范围所产生的症状。在进行户外体力活动时，尤其是在夏季高温天气，应提前采取防范措施，包括穿着轻便、透气的服装，佩戴遮阳帽，涂抹防晒霜，避免在中午时分进行高强度运动。在高温下，身体容易失水，因此应确保充分的水分摄入，饮用清水、电解质饮料或含盐食物，有助于补充失去的盐分和水分。出现中暑的早期症状，如头晕、恶心、虚弱等，应立即停止运动，找到阴凉的地方休息。用湿毛巾擦拭身体，适量饮水，松开紧身衣物，以帮助降低体温。中暑症状较严重，如高热、痉挛、虚脱或昏迷，应立即采取紧急处理措施，包括降温、平卧休息，注意牵引痉挛肌肉，饮用含盐的凉饮料或解暑药，同时按摩穴位，如人中穴、涌泉穴等，以促进血液循环。如果症状不断持续或加重，应立即送往医院寻求进一步治疗。

（十）溺水

在运动健身项目中，游泳是比较常见的一项运动，深受广大群众的欢迎与喜爱。在进行游泳健身时，其特殊的运动环境能够为健身者带来不一样的运动体验与益处。游泳健身也时常发生溺水现象，应采取科学的施救方式。

1. 及时靠近溺水者

在面对溺水者时，及时采取行动是救援的关键。溺水者仍然有意识并在水中挣扎，尽量潜入溺水者身前，然后双手抓住他们的髋部，使溺水者背对着你。用手托住他们的腋下，确保他们脸部露出水面。在必要的情况下，也可以迅速抓住溺水者的手腕，然后外拉，使他们背对着你，确保脸部露出水面。如果溺水者已经沉到水底，可以下潜到溺水者身旁，用一只手抓住他们的上半身或拽住他们的衣物，并用力将他们拖离水底，以帮助他们浮出水面。

2. 拖带

拖带是一种有效的救援方法，适用于不同情况下的溺水者。

（1）蛙泳拖带。这种方法适用于施救者和溺水者都能够自由移动的情况，施救者可以让溺水者双手扶住自己的肩膀或腰背部，然后一起蛙泳前进。

（2）托腋拖带。当溺水者无法自己游泳或需要额外支持时，托腋拖带方法较为有用。施救者仰卧在水中，然后抓住溺水者的双腋，同时进行反蛙泳，用腿蹬水，将溺水者拖向安全地点。

（3）夹胸拖带。夹胸拖带是一种适用于特殊情况的拖带技巧，施救者侧卧在水中，一只手从溺水者的肩部绕过胸前，抓住另一侧腋下，同时用另一只手在水下划水，同时用腿进行剪水动作，以将溺水者拖离危险区域。

3. 岸上急救

（1）确保气道通畅。首先确保溺水者的气道通畅，如果溺水者有自主呼吸，应确保其头部处于适当位置，以保持气道畅通，如果溺水者无自主呼吸，应立即清除口腔内的异物，以便进行人工呼吸。

（2）排水。将溺水者的腹部搁在屈膝的腿上，使其身体倾斜，口朝下。然后用手掌轻压溺水者的背部，以帮助排出水和异物，此姿势有助于减轻肺部的水分和压力。

（3）心脏复苏。如果溺水者无呼吸且心跳已经停止，应立即进行心肺复苏（CPR），包括人工呼吸和胸外心脏按压。施救者需要俯卧在地，将双手掌相叠，然后按压溺水者的胸骨下端，使其下陷 3 到 4 厘米。每分钟进行 60 到 80 次的按压，直到恢复心跳或急救人员到达为止。对于儿童和婴幼儿，按压速度和深度可能有所不同。

以上是基本岸上急救步骤，但需注意，岸上急救的实施可能会因情况而异。在任何情况下都应确保施救者的安全，并尽快呼叫专业的急救人员前来提供进一步的医疗救助。及时的急救培训和知识可以帮助人们在紧急情况下更好地应对溺水事故，救助生命。

第三节　体适能中的运动疲劳与恢复

一、运动疲劳的基本概念

运动疲劳是一个广泛适用于各个群体生理现象的概念，贯穿于每个人的日常生活。运动疲劳，是指在运动过程中人体的生理机能在一段时间内出现下降，或者无法维持既定的运动强度。运动疲劳与我们的身体状况和运动能力息息相关，它是一个多因素、多指标的复杂过程。无论是跑步、骑自行车、做瑜伽，还是进行日常家务，都会引起一定程度的运动疲劳，主要是由于人的身体在运动中需要消耗能量，而这个过程会导致身体的生理机能出现临时性的下降。不过，运动疲劳通常是可逆的，只要给予足够的时间来休息和调整，个人身体就可以迅速恢复到正常水平，不会对健康造成损害。运动性疲劳的机制非常复杂，它不仅仅涉及肌肉的疲劳，还包括心血管系统、呼吸系统和中枢神经系统等多个方面的变化。当人们进行高强度运动时，心率会上升，血乳酸水平会升高，最大吸氧量会下降，这些指标都反映了人们身体的疲劳程度。然而，要全面评估运动疲劳，不能只依赖于单一指标，需要综合考虑多个因素。运动疲劳实际上是一种保护性机制，提示人们的身体需要休息和恢复。然而，如果经常处于疲劳状态，没有足够的时间来恢复，疲劳就会积累，最终可能导致过度疲劳，从而影响身体健康和运动能力。因此，及时采取一些措施来减轻疲劳非常重要，包括适当的休息、合理的营养补充、充足的睡眠和适度的身体恢复训练。

二、运动疲劳的基本分类

在参与体力活动过程中，无论个体的年龄或群体背景如何，均可能经历不同类型的运动疲劳现象，这是一种十分常见的生理现象。通常情况下，基于疲劳的表现形式可以将运动疲劳分为两大主要类别，即局部疲劳和全身疲劳。根据疲劳发生的具体部位和性质，还可以进一步将疲劳细分为多种类型。

（一）肌肉疲劳

在运动过程中，为了支持身体的运动，肌肉会不断地收缩和松弛。肌肉疲劳不仅表现为肌肉感到疲惫，还可能伴随其他更严重的症状，如肿胀和疼痛，通常是由过度疲劳引起的，当人们的肌肉在过度压力下工作时，可能会受到微小损伤，导致肌肉组织的炎症反应。此种情况需要适当的休息和恢复时间，以允许肌肉修复和恢复正常。为了减轻肌肉疲劳，应合理控制运动的强度和时间，适当的热身和冷却，以及充足的水分和营养供给，是非常有必要的。适当的休息和睡眠也能有效预防肌肉疲劳并促进恢复，对于不同群体的中个体来说，了解肌肉疲劳的发生机制和管理方法，有助于他们更好地享受体育活动，同时保护自己的身体免受潜在的伤害。因此，肌肉疲劳是一个需要被认真对待的普遍问题。

（二）内脏疲劳

无论身处何种年龄和群体中，内脏疲劳都是在参与体力活动时可能出现的一种重要生理现象，内脏疲劳主要分为心脏疲劳和呼吸系统疲劳两个方面。心脏疲劳是在运动过程中常见的疲劳类型之一，无论是进行激烈的有氧运动还是持续时间较长的耐力训练，都可能导致心脏承受额外的负担。这时，心脏可能出现异常心率、脉压减少，以及心电图改变等症状，心脏疲劳通常是由运动量过大或者身体状况不佳的情况下参与体力活动引起的。另一方面，呼吸系统疲劳也是内脏疲劳的一部分，其主要表现为呼吸急促、胸闷和气短等症状，这些症状可能在高强度运动、高原活动或者气温极端的环境下出现，这时身体需要更多氧气来满足肌肉的需求，导致呼吸系统的负担加大。为了减轻内脏疲劳，个体需要谨慎选择运动强度和时间，并根据自身体质和健康状况制订适当的锻炼计划。

（三）神经疲劳

神经疲劳产生的主要原因之一是大脑皮层的功能下降，以及兴奋抑制过程的平衡失调。神经疲劳通常表现为思维反应速度明显减缓、记忆力衰退，以及情绪容易波动等症状，影响个体在体育活动中的表现，并对整体健康发展带来了不利影响。为了减轻神经疲劳，个体需要在运动前进行适当的思维和情绪调整，以确保大脑皮层充分准备好应对运动挑战。合理的休息和睡眠也在无形中推动了神经系统的恢复，能提高思维和情绪的稳定性，从而更好地应对各种体力活动。

（四）心理疲劳

心理疲劳与神经疲劳在某种程度上相似，但又有不同之处。通常，将心理疲劳用于解释各种日常心理行为，而这一现象在体力活动中也可能发生。心理疲劳可能导致感觉、知觉、记忆和思维等方面的变化，给人整体上带来不适感，可能表现为对任务的兴趣降低、注意力不集中、情绪波动较大等现象。对于所有群体，包括大学生在内，均具有常见的心理疲劳症状。为了减轻心理疲劳，个体可以采取一系列积极的心理健康措施，包括合理的时间管理、充足的休息、放松技巧的应用，以及积极的情感调节。通过这些方法，可以帮助促进心理水平的恢复和提升，从而更好地应对体力活动和日常生活的挑战。

三、产生运动疲劳的机制

参与体力活动的个体常常会面临运动疲劳这一普遍的生理现象。运动疲劳的出现受主观和客观因素的综合影响，这一现象在生活中极为常见，其主要表现为几种不同类型（表4-1）。

表4-1 疲劳的基本分类

分类标准	疲劳的类型
产生疲劳的方式	快速疲劳、耐力疲劳
产生疲劳的部位	中枢疲劳、内脏疲劳、外周疲劳、肌肉疲劳
消除疲劳的快慢	急性疲劳、慢性疲劳
疲劳的性质	生理性疲劳、心理性疲劳、疾病性疲劳
疲劳的范围	全身性疲劳、区域性疲劳、局部性疲劳
疲劳的器官	骨骼肌疲劳、心血管疲劳、呼吸系统疲劳
疲劳的心理学及心理学机制	脑力性疲劳、体力性疲劳、情绪性疲劳、感觉性疲劳

人们在参与体力活动的时候会产生一定的疲劳现象，产生此现象具有一定的心理与生理机制，主要表现在下面几点。

（一）能源的消耗

参与各种体力活动的个体需要消耗机体内的能源物质来维持运动和健身所需的能量，此过程是生理上的基本需求，但在某些情况下，特别是长时间持续的体力活动中，可能会导致能源耗竭，这是运动疲劳的一个主要原因。能源耗竭是指在进行体力活动时，机体依赖于存储的营养物质来提供所需的能量，但如果在运动过程中未及时摄取足够的食物，则会导致体内储备的营养物质消耗殆尽。当体内的能源物质达到一定程度的耗竭时，机体会启动自我保护机制，通过神经系统产生疲劳的感觉，这可以看作是一种运动中的"警告"。神经系统疲劳感是机体的一种生存本能，提醒人们及时补充足够的营养，来维持正常的生理功能和运动表现。如果忽视这个信号，继续运动可能会导致体内能源物质的完全耗竭，从而引发生命危险。因此，不论在何种情况下，了解能源耗竭对于体育活动的安全和有效进行的影响至关重要。个体在进行体力活动之前，应确保摄取足够的营养，同时，在运动过程中要根据需要及时补充能量，以维持体内的能源平衡，提高运动表现，同时保障机体的健康和生存。能源耗竭是机体智慧的体现，是一种有机体的"警告"，提醒人们照顾自己的身体，以避免可能的"惩罚"。

（二）内环境的失调

在参与体力活动的过程中，如果个体参与活动的时间过长，会导致机体内环境失调。内环境失调可能包括多个因素，如能源物质的快速消耗、HL 值升高、血 pH 值下降、体内无机盐和水分减少，以及维生素含量不断下降。诸多因素的累积会对机体的正常生理活动产生显著影响，可能导致运动能力下降，即运动疲劳的一种表现。内环境失调是产生运动疲劳的主要原因之一，因为其会对多个生理系统造成影响。例如，当体内的血 pH 值下降时，可能导致肌肉酸中毒，从而减弱肌肉的功能。此外，体内水分和无机盐的减少可能引发脱水和电解质紊乱，进一步削弱机体的运动性能。为了防止内环境失调导致运动疲劳，个体应该在体育活动前、后充分补充能量、水分和必要的营养素。适当的休息和恢复也能有效维持内环境平衡，减轻运动后的负担，并提高机体的适应能力。

（三）代谢物的堆积

参与体力活动的人会在运动中经历代谢物堆积这一生理过程，此现象与运动负荷的增加密切相关，众多研究已经证明了这一点。在运动过程中，机体不断分解和消耗肌糖原、ATP（三磷酸腺苷）和 CP（肌酸磷酸），同时在肌肉组织中积累了大量乳酸，乳酸的大量积聚可能会对体内正常代谢产生不利影响，导致失代偿性酸中毒，从而减少 ATP 的合成量，引发肌肉酸痛感和运动能力下降等症状，最终导致运动疲劳。代谢物堆积是产生运动疲劳的一个重要原因，因为其直接干扰了肌肉的功能和能量供应。当乳酸堆积到一定程度时，会影响酶的活性和代谢途径，从而限制 ATP 的产生，导致肌肉感到疼痛和无力。这种疲劳感可以在运动后迅速产生，同时可以持续到运动结束后一段时间。

（四）心理方面因素

人们在参与体力活动时所产生的运动疲劳机制还与心理因素有着不可忽视的关系，心理因素主要包括个体的个性特征、情绪与注意力几方面。

1.个性特征

个性特征可能影响个体在体力活动中的表现和运动疲劳的产生，每个人都有自己独特的性格特点和喜好，这对于选择适合自己的体力活动至关重要。如果个体选择参与与自己的个性特点不相符的体力活动，可能会更早、更快地引发各种类型的运动疲劳。举例来说，射击、围棋和高尔夫等需要较大耐心和内敛思考的运动项目，可能不适合性格外向、好动的个体参加。这方面的不匹配可能导致心理疲劳的产生，因为个体需要不断克服与自己性格不符的要求。由此可见，了解自己的个性特征并根据个性特点选择合适的体力活动，直接影响了运动疲劳预防，个体应该选择符合自己性格和兴趣的活动，促进体育表现的提高，并且更好地享受运动的乐趣。不仅如此，考虑个性特征也有助于减小心理疲劳产生的风险，因为个体会更容易投入他们感兴趣和适合的活动中，减少心理压力和不适感的可能性。

2. 情绪

人在情绪低落或情绪不稳定时，可能会导致体力活动中动作不连贯。这种情况的反复发生可能最终引发心理疲劳。因此，维持稳定的情绪状态对于参与体力活动至关重要，有助于提高运动表现，降低心理疲劳产生的风险。情绪管理和心理调适技巧可以帮助个体在体育活动中保持良好的情绪状态，提高自己的体育表现，同时更好地享受运动的乐趣。

3. 注意力

当注意力不集中或稳定性差时，人们容易产生运动疲劳。因此，维持良好的注意力水平对于体力活动的影响不容忽视。集中注意力可以提高运动表现，减少疲劳的发生。个体可以通过训练和练习增强自己的注意力控制能力，以更好地应对体育活动的要求，提高运动技能和效能。无论年龄或群体如何，注重注意力管理可以在体育活动中取得更好的成绩。

四、运动疲劳的具体表现

参加长时间的体力活动可能会引发运动性疲劳，这在体育界是一种普遍且正常的现象。运动疲劳通常分为轻度、中度和重度几种表现形式，因此，在处理运动疲劳时需要有针对性的方法。

（一）轻度疲劳

在进行一段时间的体力活动后，轻度疲劳感是常见的生理反应，也是运动的正常组成部分。轻度疲劳的出现通常是体力活动的证明，只有在适度疲劳下，个体的体能素质才能逐渐得到改善和发展。轻度疲劳的体验包括呼吸变浅、心跳加速等生理症状，但这些通常是短暂的，不会对个体的身体健康产生不利影响。相反，它们是体育锻炼的正常体验，表明身体正在适应和进步。轻度疲劳通常在较短时间内得以恢复，适当的休息、充足的睡眠和合理的饮食有利于个体更快地康复和恢复体力。此外，对于热衷于体育活动的人来说，轻度疲劳可能是体育锻炼的一种满足，鼓励他们坚持锻炼，并不断提高自己的身体素质。

（二）中度疲劳

长时间和中等强度的体力活动可能引发中度疲劳，这是常见的生理反应，中度疲劳的判断可以从自我感觉、精神状态和全身表现等多个方面来考量。通过自我感觉可以在一定程度上判断出疲劳的基本状况，个体可能会感到全身疲倦、渴望休息、无力等，均为中度疲劳的常见表现，此种自我感觉是机体适应体力活动的自然反应，通常不必过于担忧。在精神方面，中度疲劳可能导致精神难以集中、情绪低沉等表现。这些精神状态的变化是中度疲劳的常见症状，但个体应该学会保持冷静，采取适当的方法来缓解这些疲劳症状，以便更好地适应和应对。中度疲劳也可能表现为全身的一系列症状，如面色苍白、眩晕、肌肉抽搐、声音嘶哑、腰酸腿疼等，通常是暂时性的，不会对身体健康造成重大影响。中度疲劳的出现并不会对个体造成严重损害，因此不必过于紧张。在面对中度疲劳时，个体应该学会适时休息和康复，确保给予身体足够的时间来恢复，合理的饮食、充足的睡眠和适量的液体摄入也是缓解中度疲劳的重要方式。

（三）重度疲劳

在进行大运动量和高强度的体力活动后，可能会出现重度疲劳，这是一种较为严重的生理反应。重度疲劳的表现包括神经反应缓慢、情绪烦躁、心理抵触等现象，从而在一定程度上对个体的身体和心理产生较大的不利影响。一方面，在身体方面，重度疲劳可能导致肌肉的力量降低、收缩速度减慢、肌肉僵硬、肿胀和疼痛等症状，各种动作速度和身体协调能力也会明显降低，从而对运动能力和表现造成严重的制约。器官功能也可能退化，这进一步加剧了身体的不适感。另一方面，在心理方面，重度疲劳可能导致情绪烦躁和抵触心理等问题。心理症状可能影响个体的学习、生活和运动锻炼，甚至对身体健康造成危害。因此，当发生重度疲劳时，不论年龄或群体，都应该高度重视。及时的休息和康复是必要的，个体应该给予身体足够的时间来恢复，情绪管理和心理调适技巧也可以帮助个体应对重度疲劳的心理影响。

五、运动疲劳的恢复方式

（一）劳逸结合

运动疲劳的产生与能源耗竭的生理机制密切相关，因此，采用劳逸结合的方法可以有效消除运动疲劳，促进身体迅速恢复。睡眠是身体恢复和修复的重要方式，特别是在参加高强度体力活动后，确保每晚有足够的休息，以帮助身体从疲劳状态中恢复，维持身体的能量水平。在体育活动前，进行适度的热身活动，可以增加肌肉的灵活性和血液循环，减少受伤的风险。在活动后，进行整理活动，有助于逐渐消除疲劳，例如进行轻松的慢跑、呼吸体操等，有助于缓解肌肉疲劳。在体力活动结束后，不要立刻静止不动，而是采用积极休息的方法，从运动状态过渡到静止状态，主要包括放松走跑，进行活动部位的放松练习等，有助于减少运动后的肌肉紧张和酸痛感。

（二）合理的膳食与营养

参加体力活动都会消耗大量的能量，如果不能及时有效地补充营养，就容易导致运动疲劳。因此，合理的膳食与营养管理可以增进身体健康，改善机体内环境，增大体内能源物质的贮备，从而延缓和消除运动疲劳的发生。不同类型的体力活动需要不同的营养补给，例如，有氧运动可能需要更多碳水化合物来提供能量，而重力训练则需要更多的蛋白质来促进肌肉修复和生长。因此，个体应该根据自身的活动类型和强度合理安排饮食，确保获得足够的营养。适量的能量补充可以帮助恢复体力，减轻运动后的疲劳感。此外，维持水分平衡也是重中之重，大量的汗液流失会导致脱水，影响运动表现和身体健康。因此，在体力活动后保持足够的水分摄入十分必要，以补充流失的水分。

（三）物理康复医疗

物理康复医疗是一种有效促进人们身体恢复的方式，主要包括水疗、光疗、蜡疗、电疗等。

1. 水疗

水疗法是一种有效的康复和恢复方法，水的温度、静压、成分和浮力等特性可以提供机械刺激，有助于改善机体的生理活动，水疗法包括温水浴、淋浴、盆浴、涡流浴和桑拿浴等。温水浴通常用于缓解肌肉疲劳和放松身体，热水可以促进血液循环，减轻肌肉紧张，帮助身体快速康复。淋浴是一种简单而有效的水疗法，可以改善血液循环，提神醒脑。盆浴是一种局部水疗法，常用于治疗特定部位的疼痛或炎症，浸泡在热水中，有助于缓解肌肉和关节的不适。涡流浴则是一种水流动的疗法，可以按摩身体，促进血液流动，缓解疲劳。桑拿浴利用高温环境促进身体排汗，有助于排除废物和毒素，并放松身体和心灵。

2. 电疗法

电疗法是一种广泛应用于各个年龄群体康复和疲劳缓解的方法，它利用不同类型的电流刺激人体，以消除运动疲劳，包括直流电离子导入疗法、感应电疗法和超刺激电流疗法等。直流电离子导入疗法通过将微电流引入体内，有助于改善细胞代谢，促进组织修复和恢复，减轻炎症，有助于康复。感应电疗法基于电磁感应原理刺激神经和肌肉，有助于改善血液循环，减轻疼痛，防止肌肉萎缩，对于腰颈和关节劳损的治疗也有一定效果。超刺激电流疗法，利用高频电流，可以缓解神经疲劳，促进神经系统的恢复，对于神经疲劳引起的运动疲劳有明显疗效。

3. 吸氧

吸氧是一种有效康复方法，有助于促进人体的新陈代谢，并改善微循环。通过吸入富含氧气的空气，可以提高血液中的氧气浓度，从而加速废物排出，促进组织修复，利于迅速消除运动疲劳。吸氧是一种简单而有效的疗法，适用于各个年龄段的个体，无论是运动后的康复还是疲劳缓解，都可以得到明显的效果。

4. 空气负离子疗法

空气负离子疗法通过提供富含负离子的空气来改善肺部的换气功能，增加氧气的吸收量和二氧化碳的排出量，促进机体的氧气供应，从而加速新陈代谢和废物排出。此外，负离子刺激造血机能，提高血流速度，增加心搏输出量，扩张毛细血管，加速乳酸代谢，对于迅速消除运动疲劳具有显著效果。空气负离子疗法是一种自然且无害的治疗方式，适用于各年龄层，它有助于改善身体的生理状况，加速康复，减轻运动疲劳，使人感到焕发活力。因此，无论是在康复阶段还是为了缓解疲劳，空气负离子疗法都是一种值得尝试的方法。

（四）中医康复方式

中医的按摩、拔罐、针灸等方式也能有效消除人体运动疲劳，具体操作如下。

1.按摩

按摩是一种经济简便、随时随地可实施的方法，用以消除运动中的疲劳。按摩有多种常见方法，包括人工按摩、机械按摩、水力按摩和气压按摩等，人们可以根据自身情况选择合适的方式。人工按摩通常需要另一人的帮助，通过手法施加适当的力量和摩擦来缓解肌肉紧张和疲劳，促进血液循环，缓解肌肉酸痛。机械按摩设备则可以提供有针对性的按摩，通过振动或滚轮来放松肌肉，改善运动后的不适感。水力按摩和气压按摩是利用水流或气压来刺激肌肉，提供一种舒适的治疗方式，消除疲劳和放松身体。

2.拔罐

拔罐是一种被广泛应用的康复疗法，大量事实表明，其对消除参加体力活动后产生的运动疲劳有效。拔罐通过在特定部位制造负压效应，能够促使组织内的淤血排出，提高血液循环，加速代谢产物的排泄，从而有效缓解运动疲劳。拔罐疗法可以迅速减轻肌肉酸痛和紧张，还能够促进身体的自然康复。拔罐的实施方法多种多样，包括传统的火罐、真空拔罐、玻璃杯拔罐等，因此，个体可以根据自身需要和舒适程度来选择合适的拔罐方式。

3.针灸

针灸是一种古老而有效的康复疗法，对于缓解运动引起的肌肉疲劳具有显著效果，通过穴位针刺来刺激特定的穴位，缓解肌肉紧张，恢复肌肉的弹性和柔软度。当需要消除全身疲劳时，特别是在运动过程中消耗了大量体力之后，足三里穴是一个常用的治疗点。针刺足三里穴可以促进体内能量的流动，增强免疫系统，提高整体身体的状态。然而，需要强调的是，针灸治疗是一项专业技能，应在专业医师的指导和协助下进行。合格的针灸师会根据个体的需要和症状制定适当的治疗方案，确保疗效最大化，同时避免任何潜在的风险。

（五）心理调节方法

运动疲劳是一种普遍现象，心理调节可以有效减轻和消除运动疲劳，根据研究和实践经验，它被证明是一种有效的方法，可以帮助个体更好地应对疲劳问题。心理干预能调整大脑皮层和减轻机体疲劳感，可以通过表象和冥想训练来实现。专业人员的引导下，个体学会通过深度冥想和专注于正面的表象来平静大脑，有助于降低焦虑水平，提高专注力，减轻紧张情绪，从而促进身体的放松和康复。自我积极暗示也是一种有效的心理调节方法，通过使用积极的自我语言和自我鼓励，个体可以培养积极的心态，增强自信，减轻疲劳感。自我积极暗示强调个体的自我控制和自我调整能力，有助于改善情绪状态，提高心理韧性。

第五章　科学训练推动体适能与多维健康发展的方式

第一节　肌肉适能训练方式促进体适能与多维健康发展

一、增强肌肉适能的重量训练

（一）重量训练的基本概念及内容

重量训练是应用一定重量负荷来刺激肌肉群，以逐渐提高肌肉的力量和耐力的一种锻炼方式。选择适当的器械和负荷，可以有针对性地锻炼特定的肌肉，从而改善身体的不平衡，增强整体的肌肉均衡，在预防肌肉不平衡引起的伤害和疼痛方面十分关键。重量训练采用渐进和超负荷方式，逐步提高肌肉组织的力量和耐力。在逐渐增加负荷的过程中，肌肉不断适应，从而增强其力量和耐力，提高身体的运动性能。重量训练能在潜移默化中增强整个身体的体适能，提高肌肉的力量和耐力，增加骨密度，改善关节稳定性，提高身体的灵活性和协调性。重量训练的分类方式主要涉及两种。

第一种，重量训练是一项多样化的训练方法，根据不同训练目的和训练功效，可以将其划分为四种主要类型：①健美训练。此类型的重量训练旨在改善身体的外貌和肌肉形态，强调肌肉的定义和对称性。健美训练通常包括练习特定的肌肉群，以塑造更具吸引力的身材，适用于那些追求美感和体型的人。②改善体适能训练。旨在提高整体体适能水平，包括肌肉的力量、耐力、灵活性和协调性，适用于希望增强身体的健康和日常生活功能的人。③康复训练。用来帮助受伤或手术中恢复的人，可在一定程度上恢复受损组织的功能，减轻疼痛，增强关节的稳定性，促进康复。④运动项目的辅助训练。运动员通常使用重量训练来提高其在特定运动项目中的表现，此种类型的训练侧重于特定的肌肉群，以增加力量、速度、爆发力和耐力，从而提高运动员在比赛中的竞技水平。四种类型的重量训练各具特色，适用于不同的人群和训练需求。选择适合自己的训练类型可以更好地实现个人目标，无论是追求健美，改善体适能，康复，还是提高竞技水平，重量训练都可以成为有效的工具。

第二种，重量训练根据阻力来源和阻力类型的不同，可以分为无器材训练和有器材训练两大类。无器材训练是一种利用自身体重来提供阻力的训练方式，通常来说，不需要额外的器械或设备，只需要运动者的身体和一些简单的辅助工具，如悬挂带、瑜伽垫等。无器材训练的优点在于不受地点和场地的限制，可以随时随地进行。常见的无器材训练包括俯卧撑、仰卧起坐、深蹲、伏地挺身等，这种训练利于增强核心稳定性、肌肉的力量和耐力。有器材训练依赖外部器械或设备提供额外的阻力，包括使用哑铃、杠铃、健身器材等。有器材训练的优点在于可以更精确地控制阻力大小，还可以根据个人的需求和目标进行调整。有器材训练通常包括复杂的动作，需要一定的技巧和指导，一旦掌握，可以实现更高水平的肌肉发展和体适能水平。在健身房里，训练器材丰富，可以有针对性地锻炼不同的肌群，可有更多的锻炼选择。

采用哑铃或者杠铃的重量训练方式与采用综合性器械的重量训练方

式各有利弊（表5-1）。

表5-1　哑铃或杠铃与综合性器械重量训练的对比

	哑铃或杠铃	综合性器械
优点	能够结合实际情况灵活调整负荷重量	操作较为快捷
	训练方式多种多样	整体的安全性较高
	训练过程中的针对性更强	可以针对身体各肌群进行训练活动
	对训练者的平衡能力具有一定的要求	多名练习者可以同时使用
	价格相对较低	练习者通常能独立完成练习，无需辅助
不足	在进行一些负荷较大的训练时，需要通过辅助者的帮助完成	器械的大小并非适合所有练习者
	具有较大的危险性	练习者在完成转动动作时受到限制
	调整负荷大小通常需要花费一定的时间	当动作快离心工作时，有"零重量"的负荷
	掌握并使技巧熟练通常需要一定时间	器械的价格相对较高

（二）重量训练的基本原则

1.适应性

适应性原则是指在重量训练中，肌肉会对所受到的刺激作出适应性的反应。这意味着训练者需要不断提供新的、积极的刺激，以激发肌肉的生长和发展。如果训练一成不变，肌肉将适应这种刺激并停止进一步的发展。因此，适应性原则的关键在于不断改变训练计划，包括增加重量，改变重复次数和组数，改变训练动作等。适应性原则的重要性在于确保训练者能够持续获得肌肉的力量和耐力的增长，如果训练一直保持不变，肌肉将达到平稳状态，进展将停滞不前。训练者定期改变训练计划，可以不断挑战肌肉，促进其发展，从而实现更好的训练效果。适应性原则还强调刺激的积极性，积极的刺激将促使肌肉适应并发展，而负面的刺激可能导致肌肉退化。因此，训练者需要谨慎制订训练计划，确保提供的刺激是积极的，有利于肌肉的生长和力量的提高的。

2.针对性

在重量训练中，针对性原则强调根据具体训练目标和需求，有针对性地选择肌肉群和训练方法。确定训练目标非常关键，训练者需要明确自己想要强化或发展的特定肌肉部位或功能。例如，如果目标是增强胸部肌肉，那么需要有一个专门的训练计划来针对这个部位，选择适当的训练动作和器械，如蝴蝶机，以便有针对性地锻炼胸部肌肉。针对性原则体现在训练模式上是，不同的训练目标需要不同的模式。如果训练者的目标是增加肌肉力量，那么训练模式将侧重于高强度的、低重复次数的训练。如果目标是提高肌肉爆发力，那么可以采用快速爆发的动作，如跳跃式训练。而如果目标是增强肌肉耐力，那么应该进行高重复次数的、轻至中等负荷的训练。针对性原则的应用能够确保训练者有效达到其特定目标，如果训练计划不具备针对性，训练者可能会分散注意力，难以获得最佳效果。

3.可逆性

可逆性原则强调持续和规律训练的必要性，并指出要增强肌肉的力量和耐力，需要长期坚持并建立有计划、有规律的训练习惯。如果训练者中途中断训练或没有养成良好的训练习惯，肌肉可能会出现逆转的趋势。肌肉的生长和发展是一个渐进的过程，通常需要较长时间来实现。如果训练者在训练过程中半途而废，停止锻炼，肌肉可能会失去之前取得的进展。主要是因为肌肉需要不断地受到刺激和负荷，以维持其强度和体积。如果停止锻炼，肌肉会逐渐适应新的非活跃状态，肌肉纤维可能会减少，力量和耐力也会减弱。另一方面，有计划、有规律的训练可以确保肌肉得到持续的刺激和发展。通过建立健康的锻炼习惯，训练者可以保持肌肉的适度发展，并且不断提高力量和耐力。由此可见，锻炼应该成为生活的一部分，而不仅仅是临时措施。

4.超负荷

超负荷原则强调在训练中必须施加比训练者平时所习惯的负荷更大的力量，而且这个负荷应该逐渐增加，以有效促进肌肉力量的增长和肌肉耐力的提高。增加训练负荷的方式可以包括增加所训练部位承受的重量，增加重复次数等，进而积极地刺激肌肉。在超负荷原则的指导下，训练者需要在每次训练中逐渐增加负荷，以挑战肌肉，促使其适应性反应。当肌肉暴露于更大的负荷下时，会经历微小的损伤和应激，激发生长和适应，使肌肉更强壮、耐力更高。超负荷原则可通过不同的方式实现，例如增加重量，增加重复次数，增加训练强度或改变练习模式，确保肌肉在每个训练周期中都受到新的刺激，不会不适应并停止增长。

5.合理安排锻炼次序

合理安排锻炼次序原则强调在训练中应该优先考虑大肌肉群的锻炼，然后再进行小肌肉群的训练，主要是因为，相对于小肌肉群，大肌肉群更具力量，因此，如果首先训练小肌肉，那么在锻炼大肌肉时可能会因为小肌肉的疲劳而无法达到有效的超负荷。合理的锻炼次序可以确保在锻炼的初期，训练者拥有最大的力量和能量，从而能够更有效地锻炼大肌肉群，进而实现更高的锻炼强度和更好的训练效果。一般建议的次序是先进行复合动作，例如深蹲和卧推，可以涉及多个大肌肉群，然后再进行单关节动作，例如臂曲和腿屈伸。合理的锻炼次序还可以减少潜在的伤害风险，因为在训练大肌肉后，小肌肉群仍然相对新鲜，更容易控制动作并减少姿势的偏差，降低受伤的可能。

6. 渐进性

渐进性原则强调在锻炼过程中逐渐增加负荷或阻力的重要性，从而使肌肉得到不断地刺激和适应，以实现更好的训练效果。渐进性原则可以分为长期渐进性与短期渐进性。在长期的训练计划中，训练者应该定期增加重量、阻力或训练强度，可以通过增加器械的重量，增加训练的次数或增加每组重复的次数来实现。长期渐进性的目标是持续增强肌肉的力量和耐力，确保在训练过程中不会出现停滞期。在每次锻炼中，渐进性也很关键。训练者应该逐渐增加重量或阻力，确保每次训练都有一定的挑战性，可以通过逐渐增加每组的重量或逐渐增加每组的重复次数来实现。短期渐进性有助于每次训练都能为肌肉提供新的刺激，从而促进增长和适应。

7. 灵活性

灵活性原则指的是在训练中能够根据不同训练方式和动作调整持续时间，以满足特定的训练需求，优化训练效果，确保每个动作都能得到适当的刺激。不同的训练方式和动作可能需要不同的持续时间，例如，在肌肉离心收缩训练中，一个动作可能需要 24 秒，而在向心收缩训练中，持续时间可能更短，约为 12 秒。训练者应根据具体情况来确定持续时间。在进行全幅度的运动时，保持适中的速度非常重要，过快或过慢的速度都可能影响训练效果，训练者应注意控制动作的速度，确保能够正确执行每个动作。

8. 安全性

安全性原则旨在确保训练者在锻炼过程中不受伤害，并有助于最大限度地减少潜在风险。为了使肌肉得到充分的恢复和生长，必须合理安排休息时间。不同大小的肌肉需要不同的休息时间，一般来说，大肌肉需要更长的恢复时间，通常是 2 天或更长，而小肌肉可以在一两天内恢复。在制订重量训练计划时，应考虑休息时间，以确保肌肉能够在适当的时间内恢复。训练频率是指每周进行训练的次数，一般而言，每周进行三到四次训练较为常见，采用隔一天进行一次的方式也可。连续多天集中训练同一肌肉或肌肉群是不明智的，因为这会增加受伤的风险，不利于肌肉的恢复。过度训练是指训练强度和频率过高，没有足够的休息时间，导致身体无法充分恢复的情况。过度训练可能会引发肌肉疲劳、伤害或其他健康问题。因此，训练者应避免过度训练。

9.平衡性

为了实现肌肉适能的平衡发展，训练计划应包括不同肌群的训练，而不仅仅是集中在某一特定肌肉上，均衡的肌肉训练可以确保身体各个部位的肌肉都得到适当的刺激和发展。伸展肌和屈曲肌是人体肌肉的两个主要类型，它们通常是相对的。为了避免不平衡，训练者应该平衡地锻炼这两种类型的肌肉。如果某一种类型的肌肉过于发达，而另一种相对较弱，可能会导致姿势问题和肌肉不平衡问题。过度训练某一特定肌肉群也可能导致不平衡，因此，训练者应避免过于集中地训练某个特定的肌肉，而是要确保整体肌肉群的均衡发展。在追求均衡发展时，适度增加训练强度也很重要，可以通过逐渐增加重量，改变训练方式和增加训练频率来实现。

（三）重量训练的方式

可将重量训练模式总结为渐进模式，循序渐进地进行肌肉阻力训练，这样能够有效提高肌肉适能水平。

渐进模式的训练计划应包括向心活动和离心活动，向心活动是指克服阻力将物体向身体拉近的活动，而离心活动则是将物体推离身体的活动。两种活动可以有效锻炼不同类型的肌肉纤维，从而实现全面的肌肉发展。单一肌肉活动侧重于锻炼特定肌肉群，而多肌肉活动涉及多个肌肉群的协同工作，多肌肉群活动有助于提高整体的力量和功能，并增加训练的复杂性。重量训练计划应既全面又具有特色：全面指的是计划应覆盖身体的不同部位和肌肉群，确保整体肌肉平衡；特色则是指计划可以根据训练者的具体目标和需求进行制订，以满足个体差异。

要提高肌肉的力量和耐力水平，最有效的方法之一是增加训练量和训练组数，在重量训练中逐渐增加所使用的重量或阻力，同时增加每个练习的组数。通过逐渐增加负荷和训练的重复次数，肌肉逐渐适应并变得更强大，能够应对更高的负荷和更长时间的训练。渐进性的训练方法能刺激肌肉的成长和适应，从而提高肌肉的力量和耐力水平。而增加训练量和组数应该逐渐进行，以确保肌肉有足够的时间来适应新的负荷。同时，应注意合理的休息和恢复，防止过度训练，减少受伤风险。因此，在制订重量训练计划时，应谨慎考虑逐渐增加训练量的原则，以获得最佳的肌肉的力量和耐力。

在制订重量训练计划时，应遵循一些关键的有序性原则，以确保训练的有效性和安全性。应该先训练大肌肉群，然后再进行小肌肉群的训练，主要是因为大肌肉群的训练通常需要更多的能量和精力，因此在体力和精力充沛的状态下进行大肌肉群的训练可以获得更好的效果。然后，可以在小肌肉群的训练中进行更专注和精细的工作。应该先进行多关节活动，再进行单关节活动。多关节活动涉及多个关节和肌肉群的协同工作，有助于提高整体的力量和功能。而单关节活动更专注于特定肌肉的练习，可用于进一步强化和定向训练。训练强度应该由小到大逐渐提升，在训练中逐渐增加重量或阻力，以确保肌肉得到适当的挑战并逐渐适应新的负荷。渐进的训练方式可以避免过度训练和减少受伤的风险，并更好地激发肌肉的生长和发展。

在制订重量训练计划时，考虑到训练者的不同水平和目标，应遵循关于训练强度和重复次数的重要原则。训练者通常会在重量训练的初级阶段，以提高肌肉耐力为主要目标。因此，训练强度主要体现在训练的重复次数上，一般建议每组 8 ～ 12 次。这个范围适用于初学者，有助于建立基本的肌肉适能和技巧。随着训练者逐渐进阶，从初级阶段过渡到高级阶段，可以调整训练目标，更多地侧重于提高肌肉的力量方面。在此种情况下，逐渐扩大重复次数，例如从 1～12 次，为肌肉提供多样性刺激，促进肌肉力量的持续增长。在训练后期，当训练者已经取得了相当的力量和耐力水平时，可以缩小重复次数的范围，如 1～6 次，高强度的训练有助于进一步提高肌肉力量，并挑战肌肉的极限。与重复次数一样，组间间歇时间也应相应调整。在初级阶段，较短的休息时间有助于维持心率和肌肉的活跃性；而在高级阶段，可能需要更多的休息时间来恢复和准备，进行高强度的重复。

练习的速度是重量训练中应考虑的重要因素，通常情况下，中等速度的练习是一个有效选择。在每次练习中，肌肉动作的速度应该适中，不快也不慢，从而确保肌肉在每个重复中都受到充分的负荷，促进力量和耐力的提高。建议重复次数为每组 6～12 次，该范围在力量和肌肉耐力的发展中表现出色。同时，组间间歇时间应该保持在 1～2 分钟，以允许肌肉充分恢复，准备进行下一组练习。此种训练模式的选择是根据训练者的目标和水平而定的，可以根据需要进行调整，以实现最佳锻炼效果。

逐渐增加重复次数是进行重量训练时一个较有智慧的策略，当训练者适应了一定的重复次数后，逐渐增加负荷可以帮助他们继续挑战自己的肌肉，促进力量和耐力的进一步提高，逐步增加重量的方法可以在训练者达到新的高度时保持挑战性。

另一个考虑的重要因素是训练频率，在初级阶段，每周进行 2～3 次的训练是合理的，因为新手需要更多的时间来适应训练的冲击和恢复。然而，一旦训练者进入高级阶段并适应了更高的训练强度，每周进行 4～5 次的训练可以更好地促进肌肉的增长和适能水平的提高。

在肌肉适能训练中，发展爆发力同样至关重要。为了有效地提高爆发力水平，训练者可以采取渐进的方法，逐渐增加训练中使用的重量，或者采用较轻的重量，但以较快的速度进行练习。无论哪种方法，都需要一定的计划和有序的执行。当采用较快速度的训练方式时，通常需要进行更多的重复次数，以确保适当的刺激。组间间歇时间通常须长，大约 2～3 分钟，以确保肌肉得到充分恢复，提高爆发力和快速力量。

肌肉耐力训练是一种重要的训练模式，特别适用于那些需要长时间持续运动或高强度运动的运动员和健身爱好者。在肌肉耐力训练中，一个理想的模式是使用较低至中等的重量，通常在 40%～60% 的最大重复次数之间，同时进行高重复次数的训练，通常大于 15RM（重复最大次数），进而提高肌肉的耐力水平，让肌肉能够在长时间内保持活跃，延迟疲劳的发生。

（四）重量训练的观念误区

1. 停止重量训练之后会使肌肉变为脂肪

从生理学而言，关于重量训练和肌肉变成脂肪之间的关系，有一些误解。需要明确的是，肌肉和脂肪是两种不同的身体组织，它们不会互相转化。因此，说重量训练停止后肌肉会变成脂肪是不准确的。在进行重量训练时，肌肉会逐渐增长并变得更强壮，因为训练刺激了肌肉的生长。而当停止训练或减少训练强度时，肌肉可能会逐渐萎缩和变小，并不是变成脂肪，只是肌肉失去了原有的体积和强度。另一方面，如果一个人在停止训练后仍然继续摄入高热量的食物，而没有相应的能量支出，那么他可能会逐渐积累脂肪，因为多余的能量会以脂肪的形式储存起来。由此可见，肌肉和脂肪之间的关系是由饮食和活动水平共同决定的。

2. 重量训练容易影响肌肉柔韧性

重量训练与肌肉柔韧性之间的关系也有一些误解，事实上，合理的重量训练计划有助于改善肌肉的柔韧性，而不是使其失去弹性。在进行重量训练之前，应进行适当的热身活动，热身活动可以帮助提高肌肉的温度，增加血液流动，准备肌肉。在重量训练结束后，应进行适当的拉伸和冷却活动，有助于缓解肌肉紧张，并促进肌肉的柔韧性。一些重量训练动作本身也可以增强肌肉的柔韧性，尤其是一些涉及多个关节的综合性动作。例如，深蹲和卧推等练习可以提高大腿和上半身的柔韧性。因此，关键在于合理安排重量训练计划，包括热身、训练和冷却活动，并确保动作的正确性。

3. 重量训练易使行动缓慢

适当的重量训练可以提高身体的机动性和爆发力，使行动更加迅捷和灵活。在重量训练中，一些训练动作涉及爆发性的力量，例如举重动作和快速推举，相关动作有助于培养快速肌肉纤维，提高爆发力和动作的速度。重量训练还可以加强核心肌群，提高身体的稳定性和协调性，对于许多运动和日常生活中的动作都非常有益。

4. 女性参与重量训练易导致肌肉增大，使体型变粗犷

女性进行适当的重量训练，不但不会导致肌肉过度增大。还会带来一系列健康和身体效益。女性通常在生理结构上与男性有差异，她们的体内雄性激素水平较低，使得她们相对难以增大肌肉。重量训练对女性而言，更多的是增强肌肉的紧实度，改善体态，提高身体的代谢率，减少脂肪储存，增强骨密度等，塑造更加结实和健康的体型，而不是粗犷的外表。在进行重量训练时，关键在于科学合理地安排训练计划，选择适当的负荷，控制训练的重复次数和频率。女性可以根据自己的健康目标来制订训练计划，不必担心增大肌肉。

5. 杠铃、哑铃是重量训练中最好的器材

在进行重量训练时，选择合适的器材至关重要。杠铃和哑铃以及健身器械都是常见的健身工具，各自有各自的优点和缺点，适合不同锻炼目标和个体需求。杠铃和哑铃通常被认为是最经典的重量训练工具之一，可以用于进行多种基本的肌肉训练，如深蹲、卧推、硬拉等。此类器材对于提高力量和增加肌肉质量非常有效，因为它们需要更多的稳定性和平衡性，从而激活更多肌肉群。健身器械也有其独特的优势，通常更容

易掌握，对于初学者或有特殊健康状况的人来说更加安全，因为它们提供了较稳定的轨道和支撑。一些健身器械设计用于特定的锻炼动作，可以更精准地锻炼目标肌肉。选择杠铃、哑铃还是健身器械，应该根据个人的健康状况、锻炼目标和锻炼经验来决定。有时候，一个综合性的训练计划可以结合使用不同器材，以达到更全面的效果。最重要的是，在进行任何形式的重量训练之前，应该咨询专业教练或医生，以确保安全性和效果。

6.训练中未感觉到疼痛，则没有效果

在重量训练中，有一种误解是认为只有感到剧烈的疼痛才能证明训练有效。此观点是不正确的，因为疼痛通常是身体发出的一个信号，表明可能发生了受伤或过度使用身体的情况。重量训练的目标是增强肌肉，提高体适能，而不是导致受伤或疼痛。适度的肌肉疲劳是正常的，但不应该感到剧烈的疼痛。如果训练过于激烈或超负荷，导致肌肉拉伤、关节问题或其他伤害，将影响训练的连贯性和长期效果。因此，合理的训练计划应该由专业教练或医生制订，以确保负荷和强度适应个体的能力和目标。在训练过程中，应该密切关注身体的信号，如果出现异常的疼痛或不适，应该停止训练，并咨询医生或专业人士的建议。重要的是要坚持适度和安全的训练，以达到长期的肌肉健康和适能水平的提高的目的。

二、肌肉力量训练的方式

（一）肩部肌肉力量训练

1.颈前推举

颈前推举是一种有效的训练动作，能够有针对性地锻炼肩膀的前束。首先，站直身体，双脚与肩同宽，保持身体的稳定。双手握住杠铃，握法应该是手心朝前，与肩同宽或略宽，确保握紧杠铃。将杠铃放在锁骨前，即颈部上方，这将是动作的起始位置。慢慢用肩部的力量将杠铃向上推举，保持手臂伸直。在推举的过程中呼气，确保能够控制力量。一直将杠铃推举到头顶，这是动作的高点，在这一点上，肩部的前束肌肉得到最大的收缩。缓慢放下杠铃，回到起始位置。

2.颈后推举

颈后推举是另一项有助于强化肩部肌肉力量的重要训练动作，此动作主要集中在肩部后束。站直身体，双脚与肩同宽，确保站稳。将双手反手握住杠铃，手心朝上，双手的距离应与肩同宽或略宽，确保握紧杠铃。将杠铃放在颈部后方，杠铃应该在颈后肩膀的上方。缓慢用肩部力量将杠铃向上推举，手臂伸直。在推举过程中呼气，确保控制力量。将杠铃推举到头顶，使肩部的后束肌肉得到最大的收缩。缓慢放下杠铃，回到颈后的起始位置。

3.头上推举

头上推举动作能有效锻炼肩部肌肉力量，特别是肩部的前束肌肉。站直身体，双脚与肩同宽，确保站稳。两手分别握住一只哑铃，手心朝前，手臂自然下垂，双手的距离应与肩同宽或略宽。将哑铃置于肩部前部，手肘稍微向前，这是动作的起始位置。缓慢用肩部力量将哑铃向上推举，保持手臂伸直，将哑铃推举至头顶上方。缓慢放下哑铃，回到肩部前部的起始位置。

4.直臂侧平举

直臂侧平举用于锻炼肩部肌肉，尤其是侧束肌。站直身体，双脚与肩同宽，确保站稳。双手各持一只哑铃，手心朝内，手臂自然下垂，哑铃紧靠大腿。慢慢用肩部力量将哑铃向两侧举起，保持手臂伸直，将哑铃举到与肩部同高的位置。在高点位置稍作停顿，感受肌肉的紧张。缓慢放下哑铃，回到起始位置。

（二）颈部肌肉力量训练

1.背桥练习

参与者采取仰卧或俯卧姿势，根据个人喜好选择。在坚实的支撑表面上躺平，身体在完全伸展的状态下，下肢并拢。上肢可采用两种方式：一是将双手交叉放在胸前，手掌向下；二是将双手置于腹部。在仰卧姿势下，头部和颈部与支撑表面接触。在俯卧姿势下，头部和颈部离开支撑表面。接下来，通过颈部肌肉的收缩，开始抬起头部，使头、颈和上背部形成一个凹形的桥状弧线。在动作的高点，维持几秒钟的稳定状态，感受颈部肌肉张力，确保颈部与身体的中轴线对齐。

2.双人对抗练习

双人对抗练习需要两名参与者，一位是练习者，另一位是同伴。同伴站在练习者前面，准备好一个长方形的毛巾。同伴用一只手握住毛巾的一端，而另一只手则放在练习者的肩胛部。练习者的上半身需要固定在一个稳定的位置，向前低头，并使前额与毛巾接触。此时，同伴将毛巾的另一端绕到练习者的前额，并牢牢抓住毛巾两端。练习者的任务是用颈部肌肉对抗同伴后拉毛巾的力量，此对抗过程需要练习者努力保持头部在低头状态，并抵御同伴用毛巾后拉的力量。在对抗状态的高点，练习者需要保持这一姿势数秒钟，以确保颈部肌肉得到充分训练。双人对抗练习可增强颈部肌肉的力量和耐力，对于改善颈部稳定性和减少颈部不适非常有益。在进行这项练习时，确保练习者和同伴都使用适当的姿势和适度的力量，以降低潜在风险。建议初学者在专业教练的指导下进行练习，以确保安全和效果。

（三）手臂肌肉力量的训练

1.坐姿弯举

坐姿弯举是一种以哑铃为训练工具的上肢力量训练方法，执行该项练习需要一把哑铃、一个坚固的凳子或凳子端部。练习者首先坐在凳子端部，双脚自然分开，并稳稳地放在地上。一只手握住哑铃，而另一只手的手掌则置于持哑铃手的同侧膝盖上部。开始时，握哑铃的手臂应伸直，使哑铃的顶端处于身体的一侧。上臂应保持静止，且与身体的垂直线平行，起始姿势被称为"预备姿势"。练习者将有哑铃的手臂肘部上升到与膝盖的一侧的手背上，然后慢慢屈肘，将哑铃缓慢移向胸前，此过程是哑铃弯曲动作。哑铃应在最高点触及胸部，然后在受控状态下缓慢返回到预备姿势，该动作重点是手臂肌肉的收缩。

2.手腕屈伸负重练习

手腕屈伸负重练习是一种针对前臂肌肉力量的训练方法，可以使用杠铃或哑铃作为训练工具，练习需要一根杠铃或一对哑铃，以及一个坚固的平面。练习者坐在一张椅子或凳子上，双脚，自然分开，稳稳地放在地上。前臂分别贴在两大腿上，手腕伸出位于膝关节的外侧。手握方式分两种，为反握（掌心向下）和正握（掌心向上），个体根据需求和训练计划来选择。开始时，手腕在膝关节外侧伸展，手持杠铃或哑铃，双手自然下垂，杠铃或哑铃处于体前方。练习者将手腕向上屈曲，使杠铃或哑铃抬升，然后再缓慢下降到起始位置，此过程是手腕的屈伸动作。在最高点抬升时，手腕应尽量弯曲，以实现最大幅度的运动。

（四）腹部肌肉力量训练

1.悬垂举腿

练习者站在单杠下，双手正握住单杠，握住的位置略宽于肩宽，手臂伸展，身体悬垂下来，下肢放松，脚离地。开始时，练习者的身体完全悬垂，双腿直直地下垂。练习者依靠腹部力量将双腿缓慢地向上抬升，直到脚腕触及单杠或更高位置。在最高点抬升时，双腿应尽量向上抬高，以实现最大的肌肉收缩。练习者以受控的方式将双腿慢慢下降到起始位置。

2.支撑举腿

练习者站在双杠设备两侧，双手握住杠上，握持的位置略宽于肩宽，双臂伸直，身体伸展，下肢放松，双脚并拢，脚离地。开始时，练习者的身体完全支撑在双杠上，双腿下垂。练习者依靠腹部力量将双腿缓慢地向上抬升，直到双腿与地面平行或达到所能达到的最高位置，此过程是腹部肌肉的收缩和力量的发挥。在最高点抬升时，双腿应尽量向上抬高，以实现最大的肌肉收缩，再控制双腿慢慢下降到起始位置。

（五）胸部肌肉力量训练

1.斜卧推举

练习者躺在长凳上，头、背、臀部与凳面贴合，形成一个稳定的"桥形"姿势。双脚放在地面上，双腿分开，以提供额外的稳定性。双手握住杠铃，手臂充分伸直，将杠铃举在胸部上方。开始时，杠铃位于胸部上方，双臂伸直，呼吸平稳。呼气，练习者缓慢屈臂，将杠铃下放到胸部上方的锁骨下沿。在下降过程中，练习者应该感到胸部肌肉的伸展。吸气，然后用胸部肌肉的力量将杠铃举起，直到双臂伸直。在上升过程中，可以稍微憋气，以扩大胸腔，从而提供更多的支撑和力量。练习者可以根据训练计划目标重复进行。每组重复训练之间应有适当的休息时间。

2.仰卧扩胸

练习者仰卧在坚固平台上，背部贴合平面，双脚放在地上，膝盖弯曲，脚掌着地。双臂伸直，各持一只哑铃，哑铃放在胸部上方。开始时，哑铃位于胸部上方，双臂伸直，呼吸平稳。呼气，慢慢弯曲肘部，将哑铃放到胸部正上方。吸气，然后用胸部肌肉的力量将哑铃举起，直到双臂伸直。在上升过程中，可以稍微憋气，以提供更多的支撑和力量。

（六）腿部肌肉力量的训练

1.卧抬上体

练习者俯卧在坚固平台上，上半身从台面的一端探出。双手置于头部后方，手指交叉或交叉放在胸前。下半身伸直，双腿并拢，脚趾着地。开始时，练习者的身体位于一条直线上，头部和上半身从平台上伸出，呼吸平稳。呼气，然后迅速用腹部、背部和臀部的力量抬升上半身，同时保持双腿伸直。上半身的抬升应持续至与腿部形成一个角度，该角度取决于练习者的灵活性和力量。吸气，然后慢慢控制上半身还原回开始位置。在这个过程中，练习者应感受到腹部、背部和臀部肌肉的收缩和伸展。

2.下蹲，腿后提铃

练习者站立，双脚与肩同宽，脚尖稍微指向外侧。杠铃放置在脚部，与脚后跟贴紧。双手采用正握姿势握住杠铃，双手的距离大约等于肩宽。开始时，练习者的身体保持直立，背部挺直，核心肌群收紧呼气，然后开始屈膝下蹲，保持背部直立，同时将臀部向后推，直到大腿与地面平行，或者更低，具体深度根据练习者的柔韧性和力量而定。在下蹲的低点，用力挺胸和挺直背部，同时直立起身。双手保持紧握杠铃，将其提起至臀部，确保肩部和背部都在直立状态。

3.负重深（半）蹲跳

负重深（半）蹲跳是一项重要的腿部肌肉力量训练练习，其目的是增加下半身的力量、爆发力和肌肉质量，同时提高垂直跳跃能力。练习者站立，双脚与肩同宽，脚尖稍微指向外侧。杠铃放在颈后，由两手握住，手臂在后方支撑杠铃，杠铃的重量应根据练习者的力量而定。开始时，练习者的身体保持直立，背部挺直，核心肌群收紧。呼气，然后开始屈膝深蹲或半蹲，将臀部向后推，同时将杠铃保持在颈后。下蹲时，双腿弯曲，直到大腿与地面平行或更低。在深蹲或半蹲的低点，练习者迅速用力推起,进行垂直跳跃。双脚离开地面,力求跳得尽可能高。在跳跃的最高点或所需高度时,练习者开始下落,落地时尽量保持半蹲或深蹲姿势。

三、肌肉耐力的训练方式

(一)重复爬坡跑

练习者需要选择一个15度的斜坡道作为训练场地,确保地面平整且无障碍物。为增加训练强度,练习者可以穿戴沙背心,进行上坡跑练习,每次至少进行5次重复,每次的上坡跑距离应不少于250米,此种训练方式强调爬坡的力量和肌肉耐力,同时减少心血管系统疾病的发生。随着训练的进行,练习者可以穿戴沙背心,增加身体对重力的承受能力,从而增加训练的难度,提高肌肉耐力的训练效果。练习者可以根据自己的训练目标和水平制订具体的训练计划,逐渐增加上坡跑的重复次数和距离,以逐渐提高肌肉耐力水平。

(二)沙滩跑

练习者需要选择一片平坦而宽敞的沙滩作为训练场地,沙滩表面的不规则性使其成为理想的耐力训练场所。训练者进行快慢交替跑练习,每组的距离通常为500～1 000米,但可以根据个人的体能水平进行调整。在快速奔跑时,注重肌肉爆发力和速度,而在慢跑阶段,注重肌肉的持久力和耐力。练习者可以选择穿戴沙背心,增加身体对沙滩的阻力,从而增强训练的强度。沙背心使训练更具挑战性,有助于提高肌肉耐力水平。沙滩跑的速度和距离可以根据每个人的训练目标和水平进行调整,初学者可以从较短的距离和适度的速度开始,逐渐增加难度和强度。

(三)连续跑台阶

连续跑台阶需要一个拥有20厘米左右高楼梯的合适场地,楼梯的高度和阶梯数量应符合训练计划。训练者需要连续跑上楼梯，每步跑2级，要求高度的肌肉爆发力和下肢协调。在上楼梯的过程中，动作不能间断，确保每一步都有力且被控制。训练的强度通常在55%～65%之间，可根据个人的体能水平进行调整。心率监测是评估强度的有效方式，训练者应在心率下降到120次/分钟时进行下一次练习，每次练习需要重复6次，每次练习之间休息5分钟，以确保恢复，这有助于模拟肌肉耐力，同时提供充分的间歇时间。为增加训练强度，训练者可以选择穿戴沙背心，增加肌肉耐力训练，有助于提高下肢肌肉的耐力水平。

（四）半蹲连续跳

半蹲连续跳需要一个平坦的草地或柔软的表面，以减轻跳跃时的冲击。训练区域应足够宽敞，以确保连续跳跃的流畅性。训练者站在起点，然后迅速用双脚连续向前跳跃。每次跳跃落地时，需要保持半蹲姿势，膝关节的弯曲度应在90°～100°之间。该动作要求迅速下蹲和起立，需要肌肉的爆发力和协调性。

（五）连续跳推举

连续跳推举需要一个稳固的平台或地面，以确保在跳跃时能够平稳地举起和放下杠铃杆，训练者需要足够的空间来执行跳跃和举起的动作。训练者站在起点，双手握住杠铃杆，将其提到胸部后方。接下来，通过连续跳跃动作，将杠铃杆举起并放下，此过程需要迅速的爆发力和协调性，以确保连贯的跳跃和推举。

（六）沙地后蹬跑或跨步跳

沙地后蹬跑和跨步跳需要在柔软的沙地上进行，从而增加训练的难度，提高下肢肌肉的挑战，选择一个平坦且沙质适中的地方进行训练。后蹬跑是一种在沙地上进行的有氧训练，训练者以较高的速度跑步，但在每一步后都会用力向后蹬出。此动作增强了大腿和臀部肌肉的耐力，同时提高了心肺功能。跨步跳是一种跳跃式的训练，训练者在沙地上进行大步跨越，对腿部肌肉的爆发力和稳定性有较高的要求。跨步跳可以有效锻炼腿部肌肉，尤其是大腿前侧和后侧的肌肉群。训练的强度和重复次数可以根据个体的体能水平进行调整，通常，每组后蹬跑距离80～100米，而每组跨步跳可括50～60米。根据实际需要，可以增加或减少重复次数和组数。

（七）双摇跳绳

双摇跳绳需要训练者具备跳绳的基本技巧，包括正确的摆动跳绳和节奏掌握。每摆一次绳索跳一次，这离不开精确的协调和节奏感。在双摇跳绳中，双臂需要进行双摇动作，即在跳绳的同时摆动双臂，主要锻炼上肢的肱二头肌，肩部和背部肌肉，上肢的协同动作使整个训练更具挑战性。通常，每组双摇跳绳可以包括30～40次的摆摇和跳跃。为确保有效的训练效果，应逐渐增加重复次数和组数。

（八）连续跳栏架

连续跳栏架要求训练者具备跳跃和着地的基本技巧，在跨越栏架的过程中，要确保每次跳跃的高度和着地的准确性，以减少潜在的受伤风险，主要侧重于下肢肌肉的训练，包括大腿肌群、腓肠肌和小腿肌肉，不断地跳跃和迅速起跳，可以有效提高肌肉的爆发力和耐力。通常而言，每组连续跳栏架可以包括前进和后退的往返，每往返一次算作一次。建议进行9组左右的跳跃，以确保全面锻炼下肢肌肉。

（九）连续引体向上或屈臂伸

引体向上是一项背部和腕部力量的耐力训练，练习者悬挂在单杠上，利用背部和腕部力量将自己拉向杠铃，直至下巴高于横杠，再控制降低身体至完全伸直位置，该动作通过多次重复来增强背部和上臂肌肉的耐力。屈臂伸练习主要侧重于锻炼胸部、肩部和三头肌，练习者双手支撑在双杠上，身体在两杠之间自由移动。在此过程中，腰部向下弯曲然后再用力推起，直至上臂完全伸直，重复该动作可以提高上半身肌肉的耐力。每组连续引体向上或屈臂伸练习通常为 20 ～ 30 次，建议进行 5 组左右的练习，以确保充分锻炼上半身肌肉。

（十）双杠支撑连续摆动

双杠支撑连续摆动练习要求练习者在双杠上进行直臂支撑，以肩膀为轴心做前后摆动动作。练习者将身体向前摆动，然后再向后摆动，同时保持双杠支撑的姿势。在前后摆动的过程中，练习者的双腿需要保持伸展，并且尽量摆到与杠面平行的位置，旨在提高上半身和核心肌群的耐力。每组双杠支撑连续摆动大约 40 次，通常建议进行 4 ～ 5 组的练习，每组之间休息时间约为 3 分钟。在训练过程中，应保持适度的强度，一般而言，在 40% ～ 55% 的最大力量水平范围内。

第二节 心血管适能训练方式推动体适能与多维健康发展

一、心血管适能训练的处方

（一）运动强度

心血管适能训练的适宜运动强度通常根据最大吸氧量贮备（VO_2max）或最大心率来确定。一般来说，适宜的运动强度范围为 40% 到 85%，最大吸氧量贮备或 55%（或 65%）到 90% 最大心率。此范围的选择可以根据个体的健康状况、体能水平和训练目标来进行调整，对于体质较差或刚刚开始锻炼的人，可以适当降低运动强度，以减少运动引起的不适和风险。

（二）运动持续时间

运动持续的时间是有氧训练中一个的关键参数，直接影响心血管适能的提高。无论是持续训练还是间歇训练，每次有氧训练的时间通常应保持在 20 到 60 分钟之间，在此范围内的训练才能产生较好的效果，从而提高心血管机能水平。运动时间和运动强度之间存在密切关系，运动强度决定了需要的时间，如果运动强度较低，那么每次有氧训练的时间就应该较长，以确保充分的训练效果。在高水平训练中，训练者每次的训练时间至少要持续 20 分钟，而且随着训练水平的提高，持续时间也需要延长，有助于进一步提高心血管适能水平。过于追求延长运动时间可能导致负荷过大，增加运动损伤的风险。因此，在制订有氧训练计划时，需要平衡持续时间和运动负荷，以确保训练的安全性和可持续性。尤其对于大学生等初学者，建议采用中等强度的长时间训练模式，从而在不增加过多风险的前提下提高心血管适能水平。由于每个人的身体状况和适应能力都不同，因此在制订有氧训练计划时，应充分考虑个体差异的情况。建议在专业教练或医疗专家的指导下进行训练，根据个体的特点和目标，量身制订适合自己的运动计划。

（三）运动频率

进行心血管适能训练时，运动频率是一个关键因素。通常情况下，有氧运动训练是主要内容，每周进行 3 到 5 次是一个合适的频率，可以确保足够的训练量，有助于提高心血管机能。然而，对于初学者或身体状况较差的个体，可以先减少然后逐渐增加训练频率，但需慎重，以避免过度训练可能会产和一的潜在的受伤的风险。

（四）运动方式

不同的运动方式可以有针对性地提高不同位置的体适能方面，应根据个人的需求和目标来选择。如果目标是提高肌肉适能，那么重量训练是一种非常有效的方式。通过重量训练，可以增强肌肉的力量和耐力，改善肌肉的质量和形态。重量训练还有助于骨骼健康，并可以增加基础代谢率，有助于控制体重。另一方面，如果要提高心血管适能，有氧运动是关键。有氧运动可以提高心肺功能、增加心脏的泵血效率、降低血压、改善血脂水平、提高全身的氧气输送能力。有氧运动方式包括慢跑、游泳、骑自行车等，可以根据个人兴趣以选择最适合的方式。在有氧运动训练中，热身活动是不可或缺的。充分的热身可以减少运动损伤，并帮助身体逐渐适应运动负荷。适量的伸展练习也是必要的，可以增加关节的柔韧性、减少肌肉紧张、提高运动效果。在运动过程中，可能会出现肌肉酸痛的情况，这是正常的生理反应。但随着训练的进行，这种酸痛感会逐渐减轻。不过，如果中断训练时间过长而后突然增加负荷，可能会重新出现肌肉疼痛，因此应保持训练的连续性和做到逐渐适应负荷。合理编排有氧运动训练计划和运动处方，也能有效提高心血管适能，根据个人的实际情况，包括运动强度、持续时间和频率在内，制订合适的计划。完成一个训练周期后进行心血管机能测评，根据测评结果进行调整和优化。逐渐增加训练强度，可以帮助训练者取得更好的训练效果。

二、心肺适能训练的方式

（一）趣味定向跑

趣味定向跑是一项有趣而又具有挑战性的户外活动，参与者可以通过此活动增强体能，提高合作意识，并在探索过程中增进对环境的了解。趣味定向跑活动可以在不同场合举行，无论是校园内还是户外自然环境中，都可以根据实际情况进行组织。活动的核心概念是利用地点标志，如（建筑物、雕塑、地标等），通过比赛鼓励参与者前往这些地点。教师或组织者可以事先将这些地点标志拍照并打印出来，分发给参与者。每组成员都有特定的目标、地点，他们需要根据照片中的特征和线索找到该地点。该活动可以促使参与者积极运用头脑，提升其观察和解决问题的能力。参与者需要阅读地图，理解指示，做出决策，迅速适应不同的环境，并且要保持团队合作。因为不同学生有不同的目标、地点，所以这个运动有助于防止跟跑现象发生，鼓励每个小组都会全力以赴。对于年龄较小的群体，可以选择较短的距离和较少的景点，而对于成年人或体能较强的人群，可以增加难度，增加探索范围。

（二）网球练习

网球练习是一项适用于各年龄群体的锻炼活动，它既可以提高身体的协调性和灵活性，又能够锻炼心肺功能。这项练习需要一定的场地和网球设备，可以在室内或室外进行。

首先准备好足够数量的网球以及网球拍。参与者站场地的中间，教练或组织者站在对面场地的网前，负责送球。这种练习可以在一个标准网球场上进行，但也可以根据场地大小进行调整，使不同参与者能够适应不同的场地。

练习的目标是提高学生的移动能力和手眼协调能力。学生需要采用交叉步或侧滑步的方式迅速移动，以接住教练送来的球。一旦接到球，他们需要将球扔过网，然后迅速返回原来的位置，准备接下一个球。这个过程需要不断地重复，以帮助学生提高反应速度和移动能力。

网球练习可以应对不同水平的参与者。对于初学者，可以降低球的速度和难度，而后再逐渐增加挑战性。而对于高水平的参与者，可以增加球的速度和难度，提高练习强度。

（三）组合跳练习

组合跳练习结合了多种跳跃和转体动作，能提高身体的协调性、爆发力和心肺功能，在室内或室外的场地都可以进行，无需特殊设备。练习一包括多个不同的跳跃动作，每种动作都有一定的次数。先进行 32 次双脚并拢的前后跳跃，这有助于锻炼腿部肌肉和提高跳跃能力。再进行前后交叉步 32 次，这有助于提高协调性和灵活性。然后，进行左右跳跃 32 次，以练习身体的侧向移动能力。接着，进行开合 32 次，加强核心肌肉和腰部的力量。最后，进行开合交叉 32 次，这结合了前述多种动作，综合锻炼了身体的各个部位。练习二包括一系列旋转动作。首先进行前—右转腰 32 次，锻炼腰部和髋部的灵活性。接着，进行前—左转腰 32 次，以平衡身体。然后，原地跳跃旋转一圈，这是一种具有挑战性的动作，能训练出良好的协调和爆发力。最后，进行原地收腹跳 10 次，有助于强化腹部肌肉。

（四）手球竞赛

手球竞赛活动有助于锻炼身体素质，并培养团队协作和战术意识，此项竞赛可以在室内或室外的适当场地进行，只需一些基本装备，除了球以外还有书或类似的道具。竞赛的规则是将参与者分成两组，每组人数均等。在场地的两端搭建模拟球门，球门的宽度为 2 米。一名选手被安排在球门前担任守门员，其任务是防止对方球队将球投进球门，其他队员通过三步传球、运球等方式，相互传球，寻找进攻机会。进攻队员需要协作并运用战术，以欺骗守门员并将球投进球门。规则要求进球时球的高度不得超过守门员的腰部，增加了进攻的技巧性和挑战性。

（五）单人与多人跳绳

单人或多人跳绳比赛是一项适用群体较为广泛的有趣运动，参与者可以单独或组成小组跳绳，在规定的一分钟内尽量多地跳绳，允许中途休息，然后累计一分钟内的总跳绳次数。单人或多人跳绳比赛活动既能锻炼心肺功能，又有助于提高协调性和耐力。无论是个人锻炼还是团队竞技，单人与多人跳绳都是一项富有挑战性的体育活动，适用于各种场合，如学校体育课、户外活动或休闲娱乐。

（六）扇形折返跑

扇形折返跑活动具有一定的挑战性，此项练习的规则很简单：从起点跑到目标位置，碰触标记桩，然后迅速折返回起点，再跑向下一个目标位置，如此循环，最终触摸到所有 8 个桩。扇形折返跑练习有助于提高爆发力和速度，并锻炼转向和协调能力。扇形折返跑可以在户外操场、运动场地或健身房内进行，适合各种场合，是一项多样化的运动，有助于培养全身的体能和灵活性。

（七）一分钟篮球运球与跑篮

一分钟篮球运球与跑篮是一项精彩的篮球训练，适用于各年龄层和体能水平的运动爱好者。运动者从一侧篮下底线出发，迅速运球到对面篮架，并尝试投篮。成功命中后，再次运球回到另一侧篮架，持续一分钟内反复进行此过程。一分钟篮球运球与跑篮练习可以提高篮球技巧，有助于锻炼爆发力、速度和耐力，可以在室内或室外的篮球场地进行，是一项激动人心的体育活动，团队或个人的模式都可以进行，有助于培养协调性和比赛精神。一分钟篮球运球与跑篮练习可以激发运动热情，提高身体素质，是一种富有挑战性的锻炼方式。

（八）向前快速跑桩

1.一步一桩

一步一桩练习可以在户外或室内进行，无需复杂的设备，旨在提高个体的速度、协调性和爆发力。在进行一步一桩训练时，要摆放 8 到 10 个桩，相邻桩之间的距离为 60 到 80 厘米，这种设置有助于练习者保持适度的步幅。练习者需要做好准备姿势，包括屈膝和身体前倾。然后，以前脚掌着地的方式，迅速跨越每一个桩，一步一桩地前进。练习者跨越所有桩后，需要返回原点，反复进行这个动作。一步一桩练习可以锻炼下肢的肌肉力量和爆发力，提高心肺耐力和协调性，不仅适用于个人锻炼，还可以用于团队训练或比赛。由于一步一桩练习不需要特殊的场地或设备，因此可以在各种环境中进行，是一种非常便捷和有趣的运动方式。

2.两步一桩

在进行两步一桩的训练时，同样需要摆放 8 到 10 个桩，相邻桩之间的距离保持在 60 到 80 厘米之间，以确保练习者能够保持适度的步幅。练习者需要采取合适的准备姿势，包括屈膝和身体前倾。以前脚掌着地的方式，迅速跨越每两个桩，完成两步后再跨越下一组两个桩，依此类推。练习者跨越所有桩后，需要返回原点，反复进行这个动作。两步一桩练习可锻炼下肢的肌肉力量和爆发力，提高心肺耐力和协调性。与一步一桩类似，此练习同样适用于个人锻炼、团队训练或比赛。其便捷性和简单性使其成为一种受欢迎的锻炼方式，不受时间和场地的限制。

（九）行进间侧向高抬腿

摆放 8 到 10 个桩，相邻桩之间的距离保持在 60 到 80 厘米之间，具体距离可以根据个体的能力来调整。练习者站在桩的一侧，身体侧对着桩，然后开始高抬腿动作，依次跨过每一个桩，将腿抬得尽可能高。一直到达终点后，练习者再返回原点，继续进行这个动作。行进间侧向高抬腿训练能锻炼腿部的肌肉力量，特别是大腿和臀部肌肉。同时，高抬腿动作也有助于提高身体的协调性和平衡能力。这是一项低风险的锻炼活动，无需额外的器材，并且可以在户外或室内进行，较为适合人们在日常生活中增加运动量以及灵活性。

（十）分腿、并腿跳

分腿、并腿跳训练时，需要摆放 8 到 10 个桩，相邻桩之间的间隔距离通常保持在 60 到 80 厘米之间，可根据个体的能力进行微调。练习者站在桩的一侧，然后开始跳跃。练习者用一只腿跨过第一个桩，接着用两只腿跳过第二个桩，然后再用一只腿跨过第三个桩，依此类推，直到跳完所有桩后再返回到起点。分腿、并腿跳训练对于锻炼下半身的大腿、臀部和小腿肌肉非常有效，由于需要在不同的腿部状态之间迅速切换，因此可以提高身体的协调性和平衡感。此外，分腿、并腿跳还可以帮助提高爆发力，对于需要快速起跳或变换方向的运动非常有益。

（十一）小碎步绕桩跑

在进行小碎步绕桩跑训练时，摆放 8 到 10 个桩，相邻桩之间的间隔通常保持在 60 到 80 厘米之间，这个间距可以根据个体的能力和训练目标进行调整。练习者站在桩的一侧，以小碎步的方式绕过每个桩，依次跳跃。绕完所有桩后，再以同样的方式返回到起点。小碎步绕桩跑训练对身体的好处多种多样，可以显著地提高下半身的灵活性和协调性，因为在绕桩时需要频繁地改变腿部的方向和动作。小碎步绕桩跑还能够加强大脑与肌肉的协调，练习者需要快速做出决策以避开桩子。同时，可以锻炼反应能力，在不同情况下需要做出迅速的动作调整。

（十二）跑台阶

练习者需要快速地跑上所有台阶，然后返回到起点。重复的次数可以根据个体的体质和训练目标来调整，通常可以逐渐增加次数和难度以获得更好的训练效果。跑台阶训练可以有效提高心肺耐力，因为爬台阶需要大量氧气供应，从而促进心血管系统的改善。跑台阶还可以强化下肢肌肉，包括大腿、小腿和臀部肌肉，提高身体的爆发力。练习者在参与跑台阶训练时，需要在不断上、下台阶时保持平衡，进而增强身体的协调性。

（十三）斜向跨步跳

斜向跨步跳是一项有益的体能训练活动，在训练过程中，练习者需要跳过一系列桩，以促进下肢的力量、灵活性和协调性。斜向跨步跳训练要求在相邻两桩之间保持一定的距离，练习者开始时双手放在身体后面，然后屈膝跳过桩，停在桩的侧面，要确保下颌与脚尖在同一垂直线上，以保持身体的平衡。斜向跨步跳训练可以有效提高下肢肌肉的力量，尤其是大腿和臀部肌肉。跳跃需要准确的时机和动作控制，可以增强身体的协调性。并且，在此项练习中，练习者需要在跳跃时屈膝和弯曲身体，从而促进身体的灵活性。

（十四）变向与转向游戏

变向和转向游戏是一项有趣的体能训练活动，练习者在活动中采用侧滑步的方式进行移动。教师与教导者会发出不同的方向口令，例如向左、向右、前进、后退等。参与者需要根据口令迅速作出反应，使用侧滑步按指定方向移动。教师还可以随时改变口令，要求参与者立刻调整方向，锻炼练习者身体的协调性和反应速度。变向和转向游戏无需复杂的装备或器材，既可以作为锻炼身体素质的有趣方式，也可以作为团队建设和合作的一部分。通过持续训练，参与者可以提高他们的运动能力，增强身体的机动性，更好地应对各种运动和日常生活中的变化和挑战。

第三节　柔韧适能训练方式推进大学生体适能与多维健康发展

一、柔韧适能的训练原则

为了有效提升身体的柔韧适能，强化运动能力，并且有效避免发生运动损伤，确保安全性，在进行柔韧适能训练的过程中应严格遵守有关原则，具体如下。

（一）做好准备活动

在进行柔韧性练习之前，应做好准备活动，无论是针对哪个年龄段或体能水平的人群。准备活动有助于预热身体，提高体温，并减少肌肉和肌腱的黏滞性，从而为柔韧性练习做好充分准备。准备活动通常包括轻松的小跑或慢跑，以逐渐提高体温和心率，从而激活肌肉和关节，使它们处于更好的运动状态。通过逐渐增加运动强度，身体可以更好地应对柔韧性练习的挑战，同时减少因运动前没有准备而导致的肌肉拉伤或损伤。不仅如此，准备活动还可以提高身体的灵活性和协调性，为柔韧性练习创造了更有利的环境。无论参与者年龄或体能水平如何，都应该将准备活动纳入运动例行中，以确保身体在进行柔韧性练习时能够充分适应和受益。

（二）柔韧性练习应与呼吸相互配合

在柔韧性练习期间，应该采用深而缓慢的呼吸方式。当进行伸展或扭转动作时，随着动作的进行，深呼吸有助于放松肌肉，提高关节的灵活性，同时减少肌肉的紧张。相反，屏住呼吸或者不协调的呼吸会导致动作不流畅，容易造成肌肉拉伤或扭伤。通过深呼吸可以将氧气输送到肌肉和组织中，帮助其更好地适应伸展和扭转压力，有助于提高身体对柔韧性练习的耐受性，使人更容易做到更深或更具挑战性的姿势。

（三）运动前后做拉伸运动

虽然人们常常关注运动前的拉伸，但运动后的拉伸同样不可忽视。运动前的拉伸利于准备肌肉和关节，使它们更好地适应即将进行的运动，从而预防扭伤、拉伤和其他运动相关损伤。运动前的拉伸可以在一定程度上增加肌肉的柔韧性，使人在运动时能够更轻松地完成广泛的动作，并且有助于提高运动表现，帮助肌肉更好地协同工作，减少不必要的紧张，从而提高力量和速度。运动后的拉伸练习有助于促进康复，帮助肌肉更快地恢复，减少酸痛感；还可以改善血液循环，将养分输送到肌肉组织中，促进修复。运动后的拉伸还可以帮助放松紧张的肌肉，减轻运动后的疲劳感，提高舒适感，促进身体恢复。

（四）拉伸动作缓慢且温和

缓慢的拉伸可以帮助肌肉和关节逐渐适应伸展，减少过度拉伤或扭伤的风险，而急剧的拉伸动作则可能导致肌肉或关节受伤。温和的拉伸有助于逐渐增加肌肉的柔韧性，而不会造成过度的肌肉紧张，帮助人们更好地完成各种运动动作和活动。缓慢的拉伸动作可以刺激肌梭神经和肌腱感受器，传递肌肉伸展的有关信息给大脑，提高肌肉的协调性和感知。通过逐渐伸展肌肉可以增加其潜在的伸展范围，在无形中提高柔韧性和运动表现。

（五）替换拉伸不同肌群

进行适当的拉伸时，需要考虑到不同肌肉群，以确保全身各部分都得到足够的伸展和放松。替换拉伸不同肌群有助于平衡身体上肌肉的发展，一些肌肉群可能比其他肌肉群更容易发展，因此通过拉伸不同肌肉，可以减少其不平衡性和不稳定性。每天的活动可能导致某些肌肉变得紧张，而其他肌肉变得松弛，替换拉伸不同的肌肉，可以减轻不同紧张的肌肉，减少不适感。不同肌肉群需要不同类型的伸展，通过拉伸全身各个方向的肌肉，可以提高整个身体的灵活性和运动范围。如果只拉伸一组肌肉，其他肌肉可能会过度紧张，导致不平衡，替换拉伸不同肌肉群有助于减少运动损伤的风险。身体不同部位的肌肉群与维持正确姿势和对齐身体有关，拉伸不同肌肉群则可以改善姿势，减少因姿势不正确引起的不适。

（六）拉伸幅度应适度

拉伸练习时，适度的"张力感"或"酸胀感"是正常的体验，这些感觉通常表明人们正在有效地伸展肌肉，有助于提高柔韧性和减轻肌肉紧张。然而，当出现肌肉疼痛感明显时，则应加强警惕，可能是拉伤或肌肉扭伤的前兆。因此，在进行拉伸练习时，要注意保持适度的拉伸幅度，避免过度用力。如果感到明显的疼痛或不适，应立即停止拉伸动作，以预防潜在的损伤。

二、柔韧适能训练的方式

（一）肩关节柔韧训练

1.向内拉肩

站立时，将一只手的肘部抬至与肩平齐，然后用另一只手从对侧抓住肘部，呼气时向后轻轻拉伸，保持片刻，该动作有利于拉伸肩部肌肉和肩关节周围的组织，帮助增强肩部的柔韧性。肩关节的柔韧性对于日常活动和运动都非常重要，特别是在需要上举、携带重物或进行各种手臂动作时。定期进行此类柔韧性训练，可以减少肩部不适和受伤风险，同时提高肩部关节的可动性。要确保动作平稳、不过度用力，以免引发不适或伤害。

2.向后拉肩

站立时，将双手伸至背后，掌心相贴，手指向下。在吸气时，将手腕缓慢地旋转，让手指向上。再次深吸气，将双手向上移至能够达到的最高点，并将肘部轻轻向后拉伸，保持片刻。向后拉肩练习能够增强肩部的柔韧性，并且能改善手腕的灵活性。灵活的肩部和手腕可以增大上半身的活动范围，减轻肩颈部的紧张感，降低因肌肉紧张引起的不适。

3.背向拉肩

肩部柔韧性的提升还可以通过背向拉肩练习来实现。在背向拉肩练习中，练习者需要背靠墙站立，将双臂伸直向后，与肩部平行。随着呼气，屈膝下移重心，使手臂和上半身得以充分伸展，并保持这个姿势片刻。这一简单而有效的练习有助于舒缓肩部紧张，增强肩关节的柔韧性。经常进行肩部柔韧性练习可以减轻肩、颈部的不适感，增大上半身的运动范围，以便通过改善姿势来减少肩部不适。

4. 握棍直臂绕肩

握棍直臂绕肩可以帮助改善肩部的柔韧性和运动范围，在练习中需要双腿直立站姿，双手握住一根木棍。随着呼气，将直臂从髋前部开始向上绕到髋后，然后再慢慢绕回。握棍直臂绕肩动作有助于放松肩部肌肉，增加肩关节的灵活性。通过定期进行握棍直臂绕肩练习，可以减轻肩颈部的压力，改善上半身的运动能力，同时让姿势更加稳定。

5. 助力顶肩

助力顶肩练习需要两个人一起进行，其中一个人是练习者，另一个是辅助者。在助力顶肩动作中，练习者双臂上举，双手交叉于身后，由辅助者在颈后支撑。辅助者的手扶在自己的髋部，触碰练习者的肩胛部位，然后后仰，用髋部向前上顶，帮助练习者进行肩部的伸展。助力顶肩练习可增加肩部的柔韧性，同时为练习者提供一定的拉伸帮助。通过合作进行这项练习，可以更好地伸展肩部肌肉，减轻肩颈部的紧张感，促进上半身的舒适度。

6. 助力转肩

助力转肩同样需要两个人一起进行。练习者将一只手的肘关节屈肘至 90°，然后侧举这只手，形成一个直角。同伴协助固定肘关节，然后轻轻向后推手腕，以协助练习者完成肩部伸展。助力转肩动作能增加肩部的柔韧性，并提供拉伸帮助。

（二）腕关节柔韧训练

1.向内旋腕

该柔韧性练习是针对腕关节的，被称为向内旋腕。练习者站立，双手合掌，臂伸直。在完成这个动作时，需要呼气的同时将手腕向内旋转，逐渐分离双手。向内旋腕动作可增强和改善腕关节的柔韧性，对腕部内侧的肌肉和关节区域有很大作用。

2.跪撑侧压腕

练习者以跪姿撑地，手指指向身体的一侧。在这个动作中，练习者需要呼气并缓慢将身体向前或后方向移动。跪撑侧压腕练习主要针对腕关节和手部的柔韧性，可以增强有关区域的灵活性和稳定性。跪撑侧压腕是一个适用于各年龄段和体能水平的练习，特别是对于需要强化手腕和前臂的人（比如经常使用键盘或从事手工活动的人）有很大益处。

（三）髋关节柔韧训练

1.身体扭转侧屈

练习者站立，将左腿伸展并内收，同时将右腿前交叉于左腿前。在身体扭转侧屈动作中，需要呼气并将上半身向右侧屈曲，同时双手尽量去触碰左脚跟，然后保持这个姿势片刻。增强髋关节周围的柔韧性对髋部外侧和腰部有较大作用。身体扭转侧屈练习可以改善身体的旋转能力，有助于预防髋部和腰部的不适。

2.台上侧卧拉引

台上侧卧拉引练习中，练习者侧卧在台上，双腿伸展。呼气的时候，一条腿会直膝并分腿后移，悬在空中，然后保持这个姿势片刻。台上侧卧拉引练习有助于增强髋关节周围的柔韧性，特别对外展股四头肌和髋部内侧作用较大。台上侧卧拉引练习可以提高髋部的稳定性，改善身体的平衡和协调性。

3.仰卧髋臀拉伸

仰卧髋臀拉伸练习中，练习者平卧在地上，外侧的腿从台子上向下悬垂在空中。在吸气过程中，内侧的腿会屈膝，双手抱膝并缓慢地拉向胸部，然后保持这个姿势片刻。仰卧髋臀拉伸练习能增强髋关节的柔韧性，尤其对外展股四头肌和髋部的内侧作用较大。

（四）踝关节的柔韧训练

1.跪撑后坐

跪姿，双手撑地，双脚并拢，脚掌支撑在地面上。在呼气过程中，臀部会向后下方移动，然后保持这个姿势片刻，从而增强踝关节的柔韧性，特别是跖屈和背屈的运动范围。

2.上拉脚趾

将一只小腿放在另一只大腿上，然后用一只手抓住踝关节，另一只手抓住脚趾和脚掌。上拉脚趾动作能提高踝关节的柔韧性和稳定性，同时可以增加脚趾的灵活性。

3.踝关节向内拉伸

执行踝关节向内拉伸练习时，将一条腿的小腿移到另一条腿的大腿上，用一只手抓住踝关节的上部，另一只手抓住脚的外侧。在呼气的同时，将小腿向内拉伸，以拉引踝关节外侧的肌肉。从而改善踝关节的柔韧性和稳定性，可以在锻炼前或日常生活中使用，有助于减少受伤的风险，并提高身体的舒适感。保持这个姿势片刻，然后慢慢松开，在另一条腿上重复进行。

第四节　平衡适能训练方式助力大学生体适能与多维健康发展

一、一般平衡适能训练

（一）坐立练习

坐立练习，可提升腿部力量和踝关节力量，同时锻炼平衡感。在椅子上端坐时，不要依靠椅背，双臂交叉于体前。尽量不依赖双臂力量，迅速站起再坐下，重复这个动作 10 次。一般平衡适能练习对增强下肢肌肉，提高踝关节稳定性以及增强身体的平衡感都非常有效，定期进行一般平衡适能练习，可以提升身体的整体适能水平。

（二）单腿站立

单腿站立练习旨在增强腿部力量和肌肉稳定性，在单腿站立练习时，要站成双腿开立姿势，双臂伸直前伸。将一腿屈膝约 45°，向后抬高，保持这个姿势静止，坚持 5 秒或更长时间。重复这个动作 5 次，然后切换到另一条腿，屈膝向后抬高，继续练习。随着时间的推移，练习者可以尝试在双目紧闭的情况下进行单腿站立练习，从而增加练习的难度并增强平衡感。可以随时随地进行该练习，比如等公交车、做家务或打电话等日常生活中都可练习。进而使练习更有趣，增加了练习效果。人们坚持这个练习，可以逐渐增强腿部肌肉，提高肌肉的稳定性，从而改善整个身体适能水平。这项简便的练习可轻松融入在日常生活中，从而有助于提高生活质量和身体健康。

（三）侧步练习

侧步练习是一项不错的身体训练，能增强腿部肌肉力量和提高协调性。练习者站在面向墙壁的位置，左脚向左侧迈出一步，紧接着右脚跟上，重复该动作 10 次，然后换反方向，从右脚开始移动。简单的侧步移动可以有效锻炼你的腿部肌肉和协调性。当熟练掌握基本的侧步移动后，可以考虑结合舞蹈元素来增加挑战性。左脚向左侧迈出一步，右脚从身体后交叉移动到左脚的左侧，接着左脚从身体前越过右脚再向左迈一步，如此重复 10 次，再换方向，以右脚开始。此种变化增加了动作的复杂性，同时增强了腿部肌肉和身体协调性的锻炼效果。侧步练习可以提高身体适能水平，并增加一些娱乐性。人们可以随时在家中或户外进行这些练习，从而改善身体的力量和灵活性，提高生活质量。

（四）瘪球练习

瘪球练习是一项有趣且有效的训练方法。练习者单脚站在气压逐渐减少的篮球球体上，刚开始时可以用手抓住栏杆以避免摔倒，随着熟练度的提高，可以尝试独立练习。瘪球练习有助于锻炼腿部肌肉和提高平衡感，挑战身体的稳定性，同时增加乐趣。长期坚持这个练习可以逐渐提高自己的身体控制能力，增强腿部力量，从而提升身体的整体适能水平。在进行有趣的瘪球练习时，应确保安全，特别是在刚开始练习时，应使用栏杆作为支撑，以减少摔倒的风险。

（五）前脚跟碰后脚尖式行走

前脚跟碰后脚尖式行走是一项随时可做的练习，最好在平坦的地面上进行。前脚跟碰后脚尖式行走练习较为简单，只需将一只脚放在另一只脚的前面，前脚跟与后脚尖轻轻触碰。然后，按照这种方式向前走 3 米，重复此动作 2 次。前脚跟碰后脚尖式行走练习对于提高平衡感和脚踝的稳定性有很大效果，而且不需要任何特殊的场地或器械，可以随时随地进行。无论是户外还是室内，都可以找到合适的地方进行这项练习。通过反复锻炼前脚跟碰后脚尖式行走，可以增强脚踝和小腿肌肉的力量，提高整体平衡性，从而改善步态和减少受伤风险。这是一项简单但非常有效的练习，有助于提高身体的适能水平。

二、健身房的平衡体适能训练

（一）借助健身球训练平衡性

健身球是专门用来锻炼平衡感的器材，可以通过手抱球或双腿静止在球上，有效提升平衡能力。进行平衡感练习时，可以选择不同大小的健身球，逐渐增加训练难度，以加强训练效果。

1. 小球训练

小球训练是一种高效的平衡感锻炼方式，练习者可以在软榻上单腿站立，一只手拿着小球。小球训练要求身体保持平衡状态，需要手和腿协调配合，以维持动态平衡，有助于增强腿部肌肉和踝关节的稳定性，提高身体的协调性和反应速度。长期持续练习小球训练，可以明显改善自己的平衡感，增加对身体的控制能力，从而在各种日常活动和运动中表现得更加出色。

2. 大球训练

大球训练是一种平衡感锻炼方式，通过降低重心，让两腿跪在大球上，同时向两侧打开双手，减少身体的晃动，从而维持平衡状态。此项练习有助于加强核心肌肉和腿部肌肉的力量，提高身体的协调性和稳定性。大球训练可以改善练习者的身体控制能力，增加躯干的稳定性，对于预防受伤和提高运动表现都有很大益处。

3. 大球加小球训练

大球加小球训练结合了平衡和协调要素，是一项高效的身体锻炼。

练习者跪在大球上，同时将一只手拿着小球。在保持平衡后，左手向右手抛球，然后右手接住球后再向左手抛球，反复进行这个动作。大球加小球训练要求身体保持平衡，还需要精准的眼手协调，确保不让球掉落，并且要防止双腿从大球上滑下来。大球加小球训练能在潜移默化中锻炼核心肌肉和上肢力量，提高反应速度和平衡感。

（二）借助软榻训练平衡性

软榻有多种类型，包括正方形、长条形和斜坡形，训练难度可以逐渐升级，以满足不同人的需要。在第一式中，双脚站立在软榻上，双手侧平举，该练习要求练习者感受并主动调整身体以保持平衡，培养身体的平衡感觉和核心稳定性。第二式要求双脚呈前后状站立在软榻对角线上，双手侧平举，进一步增加了平衡训练的难度，练习者需要更多的力量和协调性来维持稳定。在第三式中，练习者单脚站立在软榻上，双手侧平举，这是平衡训练的高级阶段，离不开强大的核心肌肉和卓越的平衡能力，以保持稳定。软榻平衡训练能有效增强肌肉力量和协调性，改善训练时的姿势和减少受伤风险。通过逐渐提高难度，练习者可以不断挑战自己，改进平衡能力。无论是初学者还是高级运动员，都可以从这些训练中受益，提高整个身体的适能水平。平衡性的提升对于日常生活和运动都至关重要，因此软榻训练是一个非常有价值的健身方式。

（三）借助普拉提训练平衡性

普拉提训练方法可以有效提高身体的平衡性。第一式，站在垫子较长的一侧，采用高跪姿势，保持膝盖和脚踝在地面上。第二式，将左手伸直放在垫子上以支撑身体，并将右手置于额前上方，抬起右腿，伸直，直至与地面平行。第三式，在吸气的同时，尽力向前伸展右腿到最高点，轻轻地点两下，确保伸腿时不使肋骨突出或改变左脚在垫子上的位置。第四式，继续吸气，将右腿向后伸展到最大限度，再次轻轻点地两下。然后回到第一式，抬起左腿并重复上述练习。普拉提平衡性练习有助于锻炼核心肌群，增强腹部和背部肌肉，提高平衡感，并且能改善身体的协调性和柔韧性。在练习过程中，要求细致的控制和专注力，培养身体的稳定性和平衡感觉。

三、专业平衡适能训练

（一）布带训练

布带训练需要准备一条宽约 10 厘米、结实耐用的布带，并固定好布带两端，将其悬挂在离地面一定高度的位置，在悬挂的布带上行走，可以有效锻炼练习者平衡感和稳定性。布带训练的关键在于悬挂高度，高度应该是适宜的，既能提供足够的挑战，又要避免造成损伤。教师在这方面需要承担重要的责任，确保练习者的安全。布带训练对于锻炼核心肌群和提高平衡感非常有效，尤其适用于运动员和需要高强度身体控制的人，如体操运动员和舞者。练习者参与布带训练可以提高肌肉的稳定性和协调性，增强踝关节的力量，从而减少受伤的风险。这是一项专业的平衡适能训练，能帮助练习者改善运动表现和身体适能水平。在进行这个练习时，教师的指导和监督至关重要，以确保安全和效果。

（二）梅花桩训练

梅花桩训练可通过准备一些较粗的木棍来进行，将木棍摆放成各种形式，例如六边形或其他几何图案。练习者需要在这些木棍之间行走，在此过程中锻炼平衡适能。为增加练习的难度，可以在行走时将较轻的物品放在头上，增加平衡挑战。梅花桩训练十分利于提高平衡感和身体控制能力，由于木棍相对笨重，搬运它们需要一些力气和协调性，从而使得练习更加综合和具有挑战性。在不容易获得木棍的情况下，练习者可以选择使用书籍来设计梅花桩阵型，此种创新方法可以取代木棍，提供相似的平衡训练效果。

（三）专业设备训练

专业设备训练在平衡适能领域具有独特的价值，专门的仪器设备可以对人体的静态平衡性和动态平衡性进行测试和锻炼。结合测试，可以全面了解个体的平衡能力，为制订个性化的平衡适能训练计划提供科学依据。专业设备还能利用听觉反馈和视觉反馈，促进平衡适能的改善或康复。专业设备训练的价格较高，在普通高校中相对较少见。尽管如此，由于它们能够提供高度精确的数据和定制的训练方案，这些设备在运动医学、康复治疗和高水平运动训练中都可以得到广泛应用。

第六章 运动处方促进体适能与多维健康发展的实践应用

健康体适能对人体力活动的促进作用是毋庸置疑的，要实现最佳的促进效果，不仅需要进行科学的训练，还需要精心设计和应用科学的运动处方。

第一节 运动处方的基本概述

一、运动处方的概念

运动处方是一种以医学检查数据为基础的健康管理工具，结合体育锻炼者或康复患者的健康状况、体力水平和心血管功能，将运动计划以处方的形式制订，包括运动的种类、强度、时长和频率，并提供必要的注意事项。人们能够通过运动处方获得对身体锻炼或康复治疗的针对性指导，确保运动或治疗的科学性。对于运动员而言，运动处方可以帮助他们提高竞技水平，减少受伤风险。对于康复患者而言，运动处方可以更好地管理和改善他们的健康状况，加速康复进程。运动处方的制定需要依赖医学检查和专业的医疗知识，以确保个体的健康和安全，其不仅是一种指导性的工具，还是一种预防措施，有助于降低潜在风险。运动处方的目的性、计划性、科学性使其成为促进健康体适能的有力工具，同时为康复治疗提供了可靠的支持。

科学合理的运动处方可以改善锻炼者的健康状态，提高身体的健康水平。运动处方明确规定了运动的种类、强度、时长和频率，能够使个体逐步适应锻炼，促进肌肉力量和有氧能力的提高，增强了适应环境的能力，还在疾病的预防方面产生积极影响。科学的运动处方可以有针对性地帮助人们降低心血管疾病、肥胖、糖尿病等慢性疾病发生的风险。科学合理的运动处方必须遵循循序渐进和持之以恒的原则，从而确保运动处方的科学性和有效性，使其在提高身体素质水平和综合运动能力方面发挥作用。个体逐渐增加运动的强度和时长，能逐步适应并获得最佳锻炼效果。坚持运动处方利于人们养成健康的生活方式，保持长期的健康效益。科学合理的运动处方在康复治疗中有助于减少意外伤害的发生概率，根据个体的健康状况和康复需求制定个性化的运动处方，从而确保康复治疗的安全性，使康复患者更好地管理和改善他们的健康状况，加速康复进程，避免不必要的伤害。

二、运动处方的内容

（一）运动方式

运动处方中的运动方式包括有氧耐力运动、伸展运动、健身操、力量性锻炼，它们各自具有独特的益处和适用情况。有氧耐力运动项目有步行、速度游戏、游泳、骑自行车、滑冰、划船、跳绳和跑台运动等，这些项目有助于提高心肺功能，增加心脏的耐力和健康，对于希望改善心脏功能、减轻体重、增强耐力的群体来说，都是理想的选择。例如，慢跑或游泳是优秀的心肺锻炼方式，能够帮助人们增强体力和提高健康水平。伸展运动、健身操对于提高柔韧性和身体的协调性较为有益，包括广播体操、气功、武术、舞蹈以及各类医疗体操和矫正体操项目，可以增强关节的灵活性，减少肌肉紧张，改善身体的姿势和平衡。对于长时间坐在课桌和办公桌前的人来说，伸展运动和健身操可以减轻肌肉疲劳，改善姿势，降低颈部和背部疼痛发生的风险。力量性锻炼是健身计划的关键组成部分，主要涉及自由负重练习和部分健美操等，能够增强肌肉质量和骨密度，提高身体的代谢率。[①]例如，使用哑铃进行举重练习可以有效提高肌肉质量，增加身体力量。

人们在选择适合自己的运动项目时应根据自身的目标和能力来进行，有氧运动适用于那些希望改善心肺健康的人，伸展运动适用于需要增强柔韧性和协调性的人，力量性锻炼适用于想要提高肌肉质量、增加力量的人。太极拳、按摩、散步和放松体操等项目也可以帮助人们放松精神、缓解压力和改善心理健康。

（二）运动强度

运动强度是评估运动训练效果和康复治疗效果的关键因素，它在个体的健康管理和体适能提升中具有重要地位。制定科学合理的运动强度应遵循因人而异的原则，在选择运动负荷强度时，需要依据心率、自感用力度以及最大吸氧量贮存百分比等指标来进行定量化设计和监测。[②]个体差异决定了运动强度，每个人的身体状况、健康目标和运动经验都各不相同，在制定运动处方时，必须充分考虑个体的差异，以确保运动强度的合理性和适应性，不同的人可能需要不同的运动强度以达到他们的健康目标，因此个性化的运动处方是相当重要的。心率、自感用力度和最大吸氧量贮存百分比等监测指标可以帮助确定适当的运动强度。心率是一个常用指标，通过测量运动时的心率可以了解运动的强度和对心血

---

① 郝光安．健身健心健美 运动处方 [M]．北京：群众出版社，1996：4.
② 郝光安．健身健心健美 运动处方 [M]．北京：群众出版社，1996：4.

管系统的负荷，自感用力度是个体主观感受的反映，通常以 RPE 评分来表达，可以用来确定运动的感知强度。而最大吸氧量贮存百分比是根据个体的最大吸氧量来计算运动强度的百分比，利于确保运动处方的科学性。运动强度应该适宜，不太高也不太低。太高的运动强度可能导致过度疲劳和受伤，而太低的运动强度则可能无法达到预期的训练效果。适宜的运动强度应该具有一定的挑战性，可以通过适度的努力实现。适度的挑战性利于运动训练和康复治疗，可以促进身体适应性的提高，同时降低潜在的伤害风险。

（三）运动持续时间

在运动训练中，运动的总量是由运动强度和运动时间相互影响而确定的，两者之间存在着密切的关系，因为总运动量可以表示为运动强度与运动时间的乘积。这意味着，如果人们确定了总运动量，那么运动强度和运动时间之间呈现反比关系。具体来说，如果人们希望在有限时间内完成一定的运动总量，那么可以选择适度的运动强度，从而在较短的时间内完成所需的运动。相反，如果人们想要降低运动强度，则需要延长运动时间，以确保达到相同的总运动量。

（四）运动频率

运动频率直接影响着运动效果和身体的适应性，研究表明，运动频率与体适能的改善之间存在密切联系，增加运动频率可以显著提高运动效果，特别是在体适能和体重控制方面。一般来说，每周运动 6 次的频率比每周运动 3 次的效果约大两倍，意味着适当增加运动频率可以增加体适能水平，并且对体重控制也有显著效果。然而，人体需要时间来适应运动刺激，而且长时间的运动需要一定时间的休息来恢复运动能力。因此，可以选择每隔一天进行运动，以提高运动的持续时间，同时给身体足够的休息时间。运动频率应该因人而异，不应一概而论。对于体能素质较差或不经常进行运动训练的个体，每周 3 次的运动频率已经足以改善有氧适能。但如果运动强度和持续时间逐渐增加，那么运动频率也需要相应增加，以持续提高有氧适能水平。

三、运动处方的特点与功能

（一）运动处方的特点

1.目的性较强

运动处方的设计始终注重目的性，通常会设定明确的近期目标和远期目标。以促进健康为目标的运动处方是一个典型例子，其明确的目标包括强身、健心、益智、怡情与健美。近期目标通常涉及短期内身体的改善和适应，比如增强心肺健康，改善肌肉力量，减轻压力等，此类目标在短期内可以带来实际的体验和改善，激发个体的积极性和动力。远期目标通常与长期的健康和体适能改善有关，涉及降低慢性疾病的风险，维持长年健康的生活，提高生活质量等，此类目标鼓励个体坚持长期的运动计划，以实现更加持久的健康收益。

2.计划性较强

运动处方的设计和应用都注重个体的实际情况，因此具有强烈的计划性特点。计划性有助于确保运动处方的实施与个体的需求相匹配，从而使其更容易坚持。练习者根据事先制定的运动处方进行锻炼，提高对运动的兴趣，并逐渐养成终身运动的习惯。运动处方的计划性能够明确运动的种类、强度、时间和频率，并设定明确的目标和时间表。明确性和计划性可以激发个体的动力，帮助他们保持锻炼的连贯性。运动处方的个性化设计使练习者能够更好地适应自己的能力水平，满足自己的需求，从而降低放弃锻炼的概率。更为重要的是，运动处方的计划性有助于建立终身运动的习惯。通过定期锻炼逐渐提高锻炼水平，可以培养个体持续锻炼的健康生活方式，使其长期维持健康和体适能。

3.针对性较强

运动处方的设计强调针对性，往往需要根据个体的实际情况来进行定制，其中包括健康状况、体能水平、兴趣爱好、职业特点和环境条件等因素。针对性能够使得运动处方具有独特的个性化特征，更好地适应个体的需求，因此在提高适应性和促进健康方面具有积极影响。根据个体的实际情况而设计运动处方，可以确保运动的种类、强度和频率与个体的能力和目标相匹配，进一步降低运动过程中受伤的风险，最大程度地提高运动效益。针对性的运动处方还可以增强个体的参与意愿，使得锻炼变得更有趣。另外，针对性的运动处方可以更好地满足个体的健康需求。不同的人可能有不同的健康目标，比如降低血压、控制体重、增加肌肉质量等，根据个体的目标来调整运动计划，可以更有效地实现这些健康目标。

4.科学性较强

科学性是运动处方设计与应用的主要特点之一，其设计应基于相关学科知识与原理，确保处方的科学性、可操作性和实效性。科学性的运动处方能够在相对较短的时间内实现提高体适能，防治疾病，促进健康的效果，达到既定的健康目标。运动处方的科学性要求运用生理学、运动科学、医学和营养学等领域的知识来制定，还必须考虑个体的生理特点、健康状况和运动目标，以确保锻炼计划不仅安全而且有效。科学性的运动处方应该根据个体的基础数据，如心率、最大吸氧量、体脂含量等，来设定合适的锻炼强度和频率。科学性的运动处方应该有明确的评估和监测机制，以便于随时调整和优化计划。

（二）运动处方的功能

1.提升免疫力

当免疫系统正常运作时，机体能够有效地抵抗疾病，维持正常的生理状态。但是当免疫系统出现问题时，机体的免疫功能就会受到影响，降低其抵抗疾病的能力。在运动训练过程中，合理的运动负荷可以产生积极影响，刺激中枢神经、呼吸系统、心血管系统和内分泌系统等，促使这些系统产生适应性变化，包括提高白细胞数量和活性，增强免疫细胞的功能，以及改善机体对炎症和感染的应对能力。研究表明，适度的有氧运动和体力活动可以增强免疫系统的功能，减少感染的风险。运动还有助于降低慢性炎症的程度，与多种慢性疾病的预防和治疗有关。运动能促进健康的生活方式，如保持适当的体重、戒烟和饮酒，均与免疫系统的健康密切相关。

2. 改善心肺功能

通常来说，运动处方包括中等强度的有氧运动，可以有效地锻炼和提升心肺功能。有氧运动能够降低安静时的心率。定期进行有氧运动可使心脏在休息状态下更加高效地工作，因此安静时的心率会降低，心脏可以更轻松地维持正常心跳，减轻心脏负担。有氧运动可以增强心脏的收缩力量和每搏输出量。每次心脏跳动时，可以将更多血液泵送到身体各部位，提高心血管功能，对于维持全身的供氧和养分分配非常重要。运动处方的合理应用是关键，一旦设计了合适的运动处方，需要按照计划进行运动，以实现理想的效果。例如，定期的有氧运动可以增加肺部组织的弹性，提高肺活量，增加机体的摄氧量，从而全面改善呼吸系统的功能。

3. 治疗现代文明病

当前，人类的健康水平逐渐下降，与现代文明病的普遍发生有密切关系。现代社会的高压力、久坐不动、不健康的生活方式等因素都导致各种健康问题频发，包括心理疾病、肌肉骨骼问题以及心血管疾病等。长时间处于紧张状态会导致心理疾病的产生，如抑郁、焦虑和恐惧等。科学的运动处方可以帮助人们释放压力，缓解焦虑情绪，促进心理健康。

适量的有氧运动能够释放大脑中的多巴胺和内啡肽等神经递质，提升情绪感受，改善心情。现代社会中，脑力劳动占据主导地位，体力劳动和运动机会减少，使得体重控制、肌肉力量、心血管健康等方面的问题普遍增加，运动处方的制定可以有针对性地改善这些健康问题。个体选择适当的运动形式和强度，可以改善体重控制，增强肌肉力量，降低心血管疾病发生的风险，预防和治疗现代文明病。

四、运动处方的结构

（一）准备活动

准备活动部分的存在可以确保身体在开始运动前做好准备，发挥热身的作用，以减少意外伤害的风险，为心血管系统、呼吸系统，以及运动器官如肌肉、韧带和关节等，提供必要的适应时间，使它们逐渐适应运动的负荷，从而降低受伤的可能性。通常情况下，准备活动部分包括轻度的有氧运动和伸展性体操，此类运动形式具有较低的运动强度，例如步行、慢跑、徒手操和太极拳等，它们可以帮助提高心率，使血液流动更顺畅，增强肌肉的弹性和关节的灵活性。准备活动的时间相对较短，但其重要性不可低估。在锻炼的早期阶段，准备活动可能需要持续10～15分钟，以确保身体充分准备好接受更高的运动负荷。随着锻炼的进展，准备活动的时间可以逐渐减少至5～10分钟，因为此时身体已经进入较高的运动状态，不再需要过长的热身。

（二）基本活动

经过准备活动部分的热身后，进入运动处方的主体部分，即基本活动部分。此部分承载着康复治疗和健身目标的实现，因此其设计和实施至关重要，基本活动部分的运动内容、强度、时间等都应根据具体的运动处方来进行精确的安排。基本活动部分的内容取决于个体的康复或健身目标，对于患者，可能需要特定的运动动作或体位以帮助康复，例如特定的肌肉锻炼或关节活动，而对于健身者，此部分可能包括有氧运动、力量训练、伸展等，旨在提高心肺健康、肌肉力量和柔韧性。基本活动部分还需要明确定义运动的强度和持续时间，运动强度应根据个体的体能水平和运动目标来确定，通常在运动过程中应达到适度的挑战性。运动时间应根据处方要求来确定，以确保实现康复或健身效果。

（三）整理活动

整理活动部分的设计和实施能在较大程度上确保运动的有效性和安全性，旨在逐渐恢复机体的正常状态，防止因突然停止运动而引起不适和运动损伤。一般来说，整理活动部分的方法和内容是有针对性的。散步是一个常见的整理活动，可以帮助降低心率和呼吸率，逐渐将身体从高强度运动状态恢复到平静状态。放松体操和自我按摩也可以用来减轻肌肉紧张和疲劳，促进血液循环，从而加速康复和恢复。整理活动的时间通常为 5 分钟左右，这个时间足以有效地将身体从高度活跃状态过渡到休息状态，同时避免急剧的运动停止可能引发的不适。整理活动部分有助于预防头晕、恶心等不适症状的发生，减少运动后的肌肉疲劳和酸痛，提高运动的愉悦度。适当的整理活动还可以降低运动后的肌肉损伤风险，为运动者提供更好的康复和健身体验。

五、制订运动处方

运动处方的制定在较大程度上影响着运动处方的可操作性，还影响着最终的应用效果。

（一）制定运动处方遵循的基本原则

在制定运动处方时应遵循一定原则，从而确保运动处方的合理性、实用性、科学性。

1. 针对性

针对性原则强调个性化的重要性，因为每个人的身体条件、体质和健康状况都不同，在制定运动处方时，必须考虑到个体的差异，以确保处方的有效性和安全性。针对性原则要求根据个体的体质状况和可承受的负荷来科学安排运动负荷，不同年龄、体质和疾病状况的人需要不同类型和强度的运动。例如，一个年轻且身体健康的人可以承受更高强度的锻炼，而一个老年人或患有某种疾病的人则需要更谨慎的负荷设置。针对性原则还包括在锻炼后的恢复期中根据个体的营养需求进行合理的饮食规划，不同运动负荷和锻炼方式会对身体的营养消耗产生不同的影响，因此，根据运动负荷的强度和类型，以及个体的健康目标，调整饮食结构，以满足身体对能量和营养的需求。

2. 渐进性

渐进性原则强调在锻炼过程中逐渐增加运动难度和负荷的必要性，以适应个体的体质状况和身体的发展规律。体质增强是一个渐进过程，无法通过突然进行高强度、长时间和多次重复的锻炼达到理想的效果。相反，渐进性原则要求根据每个人的体质状况。逐渐增加运动的难度和负荷，以确保身体能够适应逐渐增加的挑战，此种做法有助于提高体质，还能减少潜在的风险和受伤的可能性。如果忽视了渐进性原则，进行过于剧烈的运动，可能导致身体机能失调，甚至伤害到身体。此种不合理的运动方式既难以增强体质，也可能导致疲劳、肌肉拉伤、关节损伤等问题。

3. 全面锻炼

全面锻炼原则的核心思想是，在制定健身锻炼处方时，应该全面考虑身体的不同系统、器官和功能，以实现身体和身心的全面发展。人体由多个系统和器官组成，如心血管系统、呼吸系统、肌肉骨骼系统等。每个系统都有其特定的功能和作用，它们相互联系，相互影响，不可互相替代。因此，在锻炼时，必须确保每个系统都得到适当的训练，以保持身体的整体平衡和健康。全面锻炼原则还涵盖了锻炼的内容、方法以及对不同部位的锻炼顺序和效果的考量，健身锻炼处方应该包括多种类型的运动，以满足不同系统和器官的需求。同时应该确保锻炼涵盖全身的各个部位，从而实现全面的身体发展。

4.可操作性

可操作性原则强调考虑到个体的环境、资源和实际锻炼条件，以确保运动处方能够在实际生活中有效执行。个体所处的环境和实际锻炼条件因人而异，有些人可能拥有更多的体育资源和锻炼设施，而有些人可能受到限制。因此，在制订运动处方时，必须根据个体的实际情况来确定合适的锻炼方式和地点，包括在校园内或附近进行户外运动，或者充分利用学校的体育设施，如体育馆、游泳池等。可操作性原则还强调运动处方的可行性，运动处方应该根据个体的时间表和日常生活安排来制定，以便能够轻松地融入他们的生活，这个可以通过合理安排锻炼时间，选择适当的锻炼强度和时间来实现。

5.安全性

为了确保个体的安全和健康，必须首先进行全面的健康评估和体力测定，检查身体的健康状况，了解潜在的健康问题，以及评估个体的体能水平和运动能力。进行健康评估和体力测定可以确定个体适宜的运动负荷和运动量范围，从而有利于制定针对性的运动处方，以确保他们在合适的强度和持续时间下进行锻炼活动或康复活动，避免过度运动或受伤。安全性原则还强调在运动过程中监测和适时调整的重要性，定期跟踪个体的运动进展和身体反应，以便在必要时进行调整，以确保锻炼仍然保持在安全范围内。

（二）制定运动处方的基本步骤

制定运动处方除了应遵循有关原则，还应依照相关步骤实施。

1. 健康调查及评价

充分了解参与运动锻炼个体的基本健康情况和运动历史，可以更好地定制适合他们的运动处方，确保锻炼的安全性和有效性。询问病史及健康状况是关键的一步，了解个体的健康史，包括已知的疾病、过去的手术、药物使用等，能够识别潜在的健康风险因素，进而确定是否需要特殊注意或制订运动计划，以适应个体的健康状况。了解个体过去的运动经历和活动水平，可以帮助确定他们的体能水平和锻炼经验，从而确保运动处方的适应性，不会过于繁重或不足。掌握其参与锻炼的具体目标，如健身、体重管理、康复等，可以制定相应的运动处方，以满足他们的需求。社会环境条件也是重要的，通过了解个体的社会环境，如工作、家庭、日常生活等，可以帮助规划合理的锻炼时间和方式，以确保锻炼计划的可操作性。

2. 运动试验

在制定运动处方时，通常会以运动试验结果为依据，也可作为评估锻炼者心脏功能的关键标志。然而，在选择运动试验方法时，必须充分考虑检查的目的以及被检查者的具体情况，从而确保运动处方的科学性和安全性，主要是由于不同的人可能需要不同类型的测试，以确定他们的体能水平和适应性。因此，在进行健康评估时，必须谨慎选择适当的运动试验方法，以确保其符合个体的需求和健康状况。运动试验具有一定的范围，主要包括以下几项功能（图6-1）。

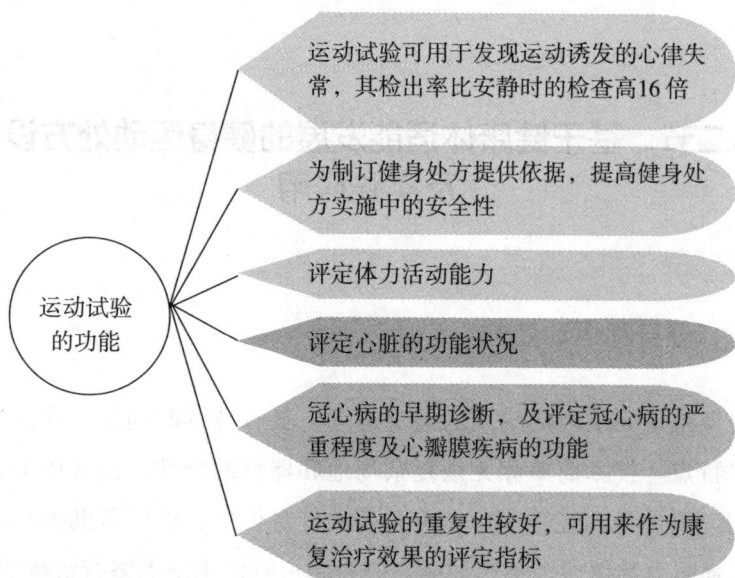

图 6-1　运动试验的功能

目前而言，运动试验所采用的方式主要是逐级递增运动负荷。在实际测定过程中，运用到的实验工具与设备主要有跑台与功率自行车。

3. 体质测试

制订运动处方时，必须综合考虑体质测试的结果，为选择适当的运动项目、强度和频率提供了关键依据。典型的体质测试包括运动系统、心血管系统、呼吸系统和有氧耐力，能够全面评估个体的健康状况，为个性化和科学的运动处方提供了重要信息。通过体质测试可以明确人体的强项和弱项，从而设计出更具针对性的锻炼计划，确保锻炼的安全性和有效性。因此，体质测试在制订运动处方中扮演着不可或缺的角色，帮助确保每个人都能够根据自身状况和目标获得最佳的锻炼体验。

第二节　基于健康体适能发展的健身运动处方设计及实践应用

一、健身跑运动处方

健身跑是一项广泛应用的健身运动，具有持续时间长、速度慢、距离长等特点。技术简单和无须复杂场地和器材的特性，使其成为青少年健身的理想选择。健身跑运动有显著的健身价值，可以帮助提高心肺功能，增强耐力和体能。不仅如此，健身跑也有助于培养坚持锻炼的习惯，提升身体素质，减轻压力，增强心理健康。因此，无论年龄或体质如何，健身跑都是一项可行的运动方式，能够带来全面的健康益处。

（一）健身跑运动处方内容

健身跑运动处方的主要目的是强身健体，同时注重青少年的有氧耐力、心肺功能以及力量速度的提高。健身跑运动处方主要包括跑步和徒手力量练习。两种方式相互结合，可全面锻炼身体。建议每周进行 2～3 次，每次之间要隔一天休息，以确保充分的恢复时间。每次运动时长为 30～40 分钟，确保足够的运动时间达到健身效果。运动强度可以根据心率和脉搏来控制，运动时的最高心率应该控制在合理范围内，以确保安全性和负荷适度。

健身跑运动先进行 5 分钟的低强度慢跑，能提高体温和血液循环。在慢跑时或结束前，可以进行一些头、颈、肩、腰、髋、膝等关节的轻微活动，确保关节得到充分的热身。接下来的 20 分钟，进行低强度慢跑与强度稍高的快跑轮换练习。一般来说，每次慢跑 4 分钟，然后快跑 50 秒，交替进行，有助于提高心肺功能和耐力。运动结束时，要进行 5 分钟的慢走，以促进身体逐渐恢复正常状态。同时，可以在放松慢走时或结束后进行一些头、颈、肩、腰、髋、膝等关节的活动，以减轻肌肉紧张度。健身跑运动处方综合考虑了运动者的年龄、身体状况和健身目标，以科学合理的方式进行锻炼，可全面提高身体素质和健康水平。[①]定期坚持这一处方，人们可以享受到运动带来的多重益处。

（二）健身跑的注意事项

参与健身跑活动时，必须特别注意一系列事项，以确保运动的安全性和有效性。在健身跑过程中，练习者应根据自己的体力和感觉，调整跑台的速度，并且要确保跑步姿势和动作正确，以减少受伤的风险。如果在快跑时感到过于吃力，练习者可以适当缩短快跑的时间，以减轻运动负荷。健身跑结束后要进行深呼吸，确保呼吸均匀。在进行力量练习之前，要等到呼吸完全稳定。如果在运动过程中感到身体不适，或出现感冒、发烧等症状，青少年应该立即停止运动，等身体康复后再继续。练习者可以根据自己的感觉来调整运动强度，以确保锻炼后第二天没有明显的疲劳感，轻松或吃力的感觉可以作为强度调整的依据。健身跑的环境在较大程度上影响了锻炼效果，在严寒、酷暑、风暴等恶劣环境下，不适合进行运动锻炼，应选择适宜的天气和环境进行。在运动前、后应注意适宜地补液，尤其是在天气炎热的夏天，以防脱水。根据能量平衡和膳食平衡的原则，练习者应做好饮食的调节，确保获得足够的营养来支持运动和生长发育。

二、游泳健身运动处方

游泳是一项全面性的健身活动，可以有效锻炼身体。定期参与游泳锻炼能使人们改善身体形态，实现健身和健美的目标。游泳适用于不同

---

① 张全成，陆雯. 高级体适能与运动处方[M]. 北京：国防工业出版社，2013：35.

性别和年龄段的人群，但务必采取适当的安全措施，以确保健康和安全。

（一）游泳健身运动处方内容

游泳健身运动处方的目标是增强心肺功能，改善体形。游泳健身运动方式包括各种形式的游泳，通常建议中等运动强度。心率控制方面，水中的最大心率比陆地上锻炼的最大心率平均低 11 次 / 分钟，因此目标心率要每分钟低 7 ～ 11 次 / 分钟。游泳健身运动处方旨在在游泳中提供足够的运动强度，以促进心血管健康，还有助于塑形和健美。这是一种全面的健身活动，可以为健康和体形带来多重益处。

（二）游泳健身运动的注意事项

在进行游泳健身之前，要进行充分的热身准备活动，通常持续 5 到 10 分钟。热身活动包括呼吸练习、胸部扩展、弯腰、关节伸展以及小腿按摩等，准备身体，提高游泳效果，减少受伤的风险。特别是游泳初学者，应该在有教练指导的情况下逐渐学习各种游泳技能，逐步学习和掌握技能的过程不仅能够提高游泳效率，还可以确保安全。游泳是一项全面的锻炼方式，但切记要在安全环境中进行，遵循基本的安全原则，以保护自己的身体。

三、柔韧素质发展运动处方

（一）柔韧素质发展运动处方的内容

柔韧素质发展运动处方包括动力拉伸和静力拉伸等柔韧性训练，该运动处方的目的是提高青少年的柔韧性和协调性，增强身体机能。具体内容如下：慢跑 20 分钟进行热身，准备身体进行柔韧性锻炼；立位体前屈，慢慢弯腰向前，尽量触摸脚尖，拉伸背部和腿部肌肉；弓步压腿，打开弓步，弯曲前膝盖，拉伸大腿和髋部；上体前屈压肩，弯腰向前，尽量将手放在肩膀下方，拉伸背上部和腿部；纵叉，分开腿，尽量扩展，拉伸腿部内侧肌肉；横叉，分开双腿，进行横向的扭转，拉伸腿部外侧肌肉；2×50米慢速跑，进行短距离的慢速跑，加速跑10～15米，以提高协调性；50米抬膝、向上踢腿，跑步时，交替抬膝盖和向上踢腿，提高柔韧性和协调性；运动推荐在下午或晚上进行锻炼，每次持续30～50分钟；运动频率建议每周进行3～4次，以保持身体的柔韧性和协调性。柔韧素质发展运动处方旨在全面提升练习者的身体素质，培养他们的协调性和灵活性。在具体实施过程中，应确保进行训练时采取适当的预防措施，避免受伤，并根据自身的感觉适度调整运动强度。在教练的指导下，练习者可以更好地实现身体素质的提升。

（二）柔韧素质发展的注意事项

柔韧素质练习是一项有益身体健康的活动，为了确保在练习过程中不受伤害，应注意有关事项。在柔韧素质练习中，应采用缓慢和主动的运动方式，避免过多的快速拉伸练习，以减少肌肉和关节的受伤风险。在进行柔韧素质练习之前，进行适当的热身是不可或缺的。热身活动包括轻松的慢跑、关节活动、伸展运动等，以帮助身体准备好更深层次的拉伸运动。在练习柔韧性时，要小心避免过度伸展或用力过猛，以免引发肌肉或关节损伤，保持适度的张力，渐进地增加拉伸幅度，以避免猛烈的运动引发问题。练习柔韧素质应该有适度的时间和频率，不要强迫自己进行过长时间的拉伸，也不要过于频繁地进行练习，以免肌肉没有足够的时间恢复。在柔韧性训练中，要随时倾听身体的信号，如果感到不适或疼痛，应立即停止练习，以免损伤严重。逐渐增加柔韧性练习的难度和幅度，不要一开始就尝试极端的拉伸，而要通过渐进的方式，慢慢提高柔韧性。定期评估柔韧性的进展，并根据需要修正练习计划，确保练习的有效性。

四、力量素质发展运动处方

（一）力量素质发展运动处方内容

力量素质发展运动处方的目的是增强肌肉力量，提高协调性，促进身体素质的全面发展。主要采用抗阻训练，包括以下几种动作：卧推、深蹲、硬拉、俯卧撑、引体向上、杠铃弯举等，全面锻炼不同部位的肌肉群。力量素质发展运动采用金字塔训练法，负荷逐渐增加，重复次数逐渐减少。具体如下：

组 1：负荷为最大负荷的 70%，做 4 组，每组 4 次。

组 2：负荷递增至 80%，做 3 组，每组 3 次。

组 3：负荷进一步递增至 90%，做 2 组，每组 2 次。

组 4：最后一组使用 100% 的最大负荷，做 1 组，每组 1 次。

每次训练持续 40 至 45 分钟，包括热身和逐渐增加负荷的训练。建议每周进行 2 至 3 次力量素质发展训练，确保练习间有足够的休息时间。

（二）力量素质发展的注意事项

力量训练是一项极具益处的活动，为了确保安全性和有效性应遵循一些注意事项。初次锻炼时，应选择较低的负荷和适量的组数，使身体逐渐适应新的训练负荷，减少潜在的受伤风险。在举重过程中，绝对不要憋气。憋气可能导致血压升高，增加心脏负担，还可能导致腹部压力增加，增加疝气发生的风险。应举起重物时呼气，放下重物时吸气，以保持正常的呼吸。为了获得均衡的肌肉发展，重要的是交替锻炼不同肌群，不应连续多天锻炼相同的肌肉群，要允许肌肉有足够的恢复时间。在一次训练课中，各组训练之间的休息时间要充分，从而恢复能量，以便在下一组或下一个训练动作中发挥最佳状态。在锻炼之前进行适当的准备活动，包括伸展和轻量级的热身，以准备肌肉和关节。同样，锻炼结束后进行整理活动和伸展，有助于减轻肌肉酸痛，促进恢复。

五、心肺功能运动处方

通常来说，人体的心肺功能好，精力与体力也会很好，工作效率得到大幅度提升，不易产生疲劳，且睡眠质量也能因此而改善。

（一）心肺功能运动处方的内容

1.运动处方的基本构成

个体了解自己的健康状况和心肺功能，可以通过医疗评估和体能测试来实现。了解自身的基本数据，如最大心率、静息心率、身体质量指数（BMI）等，能进一步制订适合的运动处方。运动处方的每次锻炼都应始于准备活动，包括进行轻松的健身操或活动，以准备身体进行更高强度的运动。准备活动能提高关节的灵活性，预防受伤，并为心肺系统提供逐渐升级的挑战。锻炼模式是运动处方的核心，主要涉及运动类型、时间、强度和频率。根据个体的目标，可以选择各种不同的运动方式，如慢跑、游泳、举重等，并且应明确每次锻炼的时间和强度，以及每周的频率。锻炼结束后，应进行整理活动和伸展练习，从而减少肌肉酸痛，促进身体恢复，并减少受伤风险。整理活动通常在锻炼结束后，包括轻松的慢跑或步行，然后进行肌肉伸展等。每个人的体质和目标都不同，因此运动处方应该是个性化的。根据个体的健康状况、体能水平、目标和偏好，适时调整运动处方。

2.运动方式

运动方式应涉及大肌群的协同工作，更有效地提高心肺功能。大肌群包括腿部、臀部和核心肌群。心肺锻炼的关键是有氧运动，因此选取的运动方式应具备这个特性。有氧运动会提高心率，增强呼吸，从而促进心肺功能的改善。对于初学者或者是想要提高心肺功能的人来说，低强度和慢节奏的运动方式是理想的选择，包括步行、慢跑、骑自行车以及游泳等。运动方式应该是安全的，可以减少受伤的风险，并且在个体的能力范围内可行。更应该是令人愉快的，以增加坚持锻炼的动力。根据以上要素，个体可以选择适合自己的运动方式，以提高心肺功能。最终目标是找到一种能够坚持的方式，使锻炼成为日常生活的一部分，从而取得良好的健康效益。

3. 运动频率

要提高心肺功能，应保持合理的运动频率。通常情况下，适合大多数人的起点是每周进行 2 ～ 3 次的锻炼，可以有效提高心肺功能，涵盖有氧运动，如慢跑、步行或游泳等。如果练习者的目标是达到最高的心肺适应水平，每周进行 3 ～ 5 次的锻炼是合理的。过多的锻炼次数也可能适得其反，因为身体需要足够的时间来休息和恢复。因此，一周锻炼次数不宜超过 5 次。

4. 运动强度

要有效增强心肺功能，运动强度是一个关键因素。一般来说，心肺功能的提高需要在一定运动强度下。通常，接近最大摄氧量的 50% 左右是一个起点，但更为理想的运动强度范围是 50% ～ 85% 的最大摄氧量。在进行有氧锻炼时，练习者的运动强度应该在舒适但稍微有挑战性的范围内。我们可以通过监测心率来帮助控制运动强度，确保它在 50% ～ 85% 的最大摄氧量之间，这个范围内的锻炼可以有效提高心肺功能，增强体能，促进身体健康。

5. 持续时间

一般情况下，每次锻炼的最有效时间范围为 40 ～ 60 分钟，这个时间段内的锻炼可以有效刺激心肺系统，提高最大摄氧量。然而，锻炼时间并不是固定的，而是根据个体的体质状况、锻炼目标和健康状态进行调整的。一些人可能逐渐适应更长的锻炼时间；而对于一些初学者或体能较差的人来说，开始时可以选择较短的锻炼时间，并逐渐增加。持续时间的选择应该根据个体的需求和能力来确定，以确保锻炼既能够有效提升心肺功能，又不至于过于疲劳或受伤。最好在专业的指导下，根据自身情况来合理规划锻炼时间。

（二）心肺功能的整理活动

整理活动是每次运动锻炼结束后都应该进行的环节，有助于使血液重新回流至心脏，防止过多血液滞留在上肢和下肢，从而避免头晕和瘀血等不适感。不仅如此，练习者进行整理活动还能够减轻剧烈运动后的肌肉酸痛和心率不规则的情况。一般来说，整理活动应该是正式锻炼结束后 5 分钟左右的小强度恢复性练习，包括步行、慢跑，以及一些柔韧性练习和拉伸练习。帮助身体逐渐从高强度锻炼状态过渡到平静状态，减少运动后的不适感，有助于维持心血管系统的平稳运行，同时促进肌肉的舒张和恢复。

六、耐力素质发展运动处方

（一）耐力素质发展运动处方的内容

1.运动目的

耐力素质发展的运动处方旨在实现两个主要目的，分别是增强心脏泵血功能和提高有氧耐力，遵循这一处方，个体可以改善心血管系统的健康和性能，同时提高身体在长时间运动中的耐力水平。通过有氧运动，如慢跑、游泳或骑自行车，可以有效增强心脏的泵血功能，使其更有效地将氧气和营养输送到身体各个部位，从而有效改善整体的心血管健康，降低心脏疾病发生的风险。

2.运动内容与方式

耐久跑涉及变速跑，即 1000 米的距离，其中包括 200 米的慢跑和

200 米的快跑，反复交替进行。另一种选择是定时跑，持续时间为 6 ～ 8 分钟。专门性练习有哑铃摆臂，每组持续 30 秒～ 1 分钟，共进行 3 组。并且还包括在沙坑进行两脚交换跳，每组练习 1 分钟，共进行 3 组。

3.运动负荷

要求控制心率在每分钟 130 ～ 150 次，以确保适度的有氧锻炼。每次锻炼的持续时间为 30 ～ 50 分钟，心率需要在上述标准范围内保持 10 分钟以上。每周进行 4 次锻炼，降低锻炼频率，提高耐力和有氧适能。

（二）耐力素质发展的注意事项

锻炼要有连续性和渐进性，不宜时断时续，锻炼计划应该持之以恒，不要间断太久，并且逐渐增加锻炼的强度和持续时间，以免伤害身体。如果在运动中出现异常症状，如胸闷、头晕等，应该立即停止运动。这类症状可能是身体对过度运动或其他健康问题的反应。在此种情况下应该休息，让身体恢复正常，如果需要，可咨询医生。

七、健美的运动处方

（一）健美运动处方的内容

1.颈部健美

颈部健美是一个锻炼颈部肌肉的方式，能改善颈部的力量和灵活性。仰卧颈屈伸练习可以在床或长条凳上完成。首先，仰卧在床上或凳子上，头部放在床或凳顶端之外，颈部肌肉保持放松状态。然后，慢慢将头向前上方运动，直到下颌触碰到胸部，保持片刻，然后慢慢还原头的位置。抬头时要确保背部紧贴凳面，而还原时要非常缓慢地下降头部。建议每周进行 2 ～ 3 次，每次做 35 组，每组重复 10 ～ 15 次。耸肩练习运动可以帮助锻炼颈部的肩部肌肉。站直，双手握住哑铃或重物，然后尽量将两肩往上提起，直到不能提高为止，然后慢慢还原。每周建议进行 3 ～ 5

次，每次做 3 组，每组重复 12 ～ 16 次。

2. 肩部健美

哑铃举练习可以帮助加强肩部的前侧和侧部肌肉。站直，双脚与肩同宽，双手分别持一只哑铃，然后将哑铃垂直向上举起，或者进行侧平举。每周建议进行 3 ～ 5 次，每次做 5 组，每组重复 15 ～ 20 次。随着练习时间的延长，你可以逐渐增加每组的次数，以提高肩部力量和耐力。哑铃绕环练习可以帮助锻炼肩部的各个肌群，包括前、中、后三角肌。站直，双手分别持一只哑铃，然后做直臂大回环动作。先将双手由前向后绕环做 15 次，然后再由后向前绕环做 15 次，右手和左手分别进行。每周建议进行 3 次，每次做 5 组。随着臂力的增强，你可以逐渐增加绕环的次数。

3. 胸部健美

仰卧推举是一个经典的胸部训练动作，可帮助增强胸大肌。仰卧在长凳或专用卧举凳上，两脚踏在地上。双手握住杠铃，将杠铃举到胸部以上，保持臂部伸直。接下来，屈臂，平稳而有控制地将杠铃下降，让杠铃触到胸部后再用力上推杠铃，完成一次推举。每周建议进行 2 次以上的训练，每次进行 3 ～ 5 组，每组重复 8 ～ 12 次。仰卧飞鸟练习可以帮助人们锻炼胸部的外侧和上部肌肉。双手各持一只哑铃，置于胸前。仰卧在凳子上，双臂伸直，与身体垂直。两腿分开，脚踏地面，随后将两臂缓缓向侧下分开，直至肘部低于体侧。同时，胸部高高挺起，腰部离开凳子，只有肩背部和臀部着凳。胸大肌用力收缩，将微屈而分开的两臂内收至胸部上方伸直。再将哑铃沿原路举至仰卧直臂持哑铃的准备姿势。在练习过程中，向下侧分两臂时，肘部要微屈并低于体侧，以更好地刺激胸大肌。每周建议进行 2 ～ 3 次训练，每次进行 3 ～ 4 组，每组重复 10 ～ 15 次。

4. 背部健美

引体向上练习可以显著增加背部和上臂的力量。练习者需要找到一个横杠，然后以正握的方式握住横杠，两臂和身体要充分舒展。用力将身体拉向横杠，身体拉得越高越好，直到下巴高于横杠为止，再慢慢放下身体。在练习过程中，逐渐增加次数和重量。每周建议进行 2 次锻炼，每次进行 3 组，每组的重复次数可以从 5 逐渐增加到 20 次。俯卧两头起练习可以增强腰背肌肉和腹肌，有助于改善整体背部的肌肉协调性。练习者俯卧在床或垫子上，两臂向上伸直，腰背肌要发力。抬头挺胸，同时用力将两腿伸直后伸，形成身体的弓形，然后还原成俯卧姿势，反复进行。每周建议进行 3 次锻炼，每次进行 4 组，每组的重复次数可以在 12 ～ 18 次之间。

5. 臂部健美

直体双臂胸前弯举练习主要针对上臂肌肉进行练习，包括二头肌。站直，双脚与肩同宽。握住一根杠铃，双手下垂，握距与肩宽相同。屈臂将杠铃慢慢弯举至胸前，确保在动作前将两臂伸直。在举起杠铃时，用力吸气，然后慢慢放下杠铃时呼气。避免身体前后摆动，专注于上臂的运动。建议每周进行 3 次锻炼，每次进行 5 组，每组的重复次数可以从 10 次逐渐增加到 30 次。小臂肌肉健美法练习有助于加强小臂肌肉，包括前臂和手腕。站直，双臂自然下垂。然后屈小臂，使小臂与大臂成直角，掌心朝下，五指张开。用力握拳，再松开手。反复做该动作 25 ～ 30 次。直体双臂胸前弯举练习可以每周进行 3 次。

6. 腰、腹部健美

仰卧起坐练习有助于加强腹肌。练习者可以选择仰卧在凳子或床上，双手可以抱头或者握住负重物，然后快速地收腹，进行起坐，慢慢地回到仰卧姿势，连续重复这个动作。建议每周进行 2 ～ 3 次，每次进行 3 ～ 5 组，每组做 30 ～ 40 次。仰卧起坐并转体练习不仅有助于锻炼腹部肌肉，还可以加强腰部的灵活性。练习者可以平仰在床上，双手抱头。上半身快速抬起，向左或右转动，用肘关节触碰到前屈的对侧膝盖，慢慢放下，再向另一侧转动，不断重复此动作。每周可进行 2～3 次，每次进行 5 组，每组做 3～5 次。

7. 腿部健美

负重深蹲是一个大腿肌肉练习方式，可以通过肩负杠铃或请人提供支持来完成。练习者站立，双脚与肩同宽，然后将杠铃放在肩膀上或者请人骑在你的肩膀上。屈膝下蹲，确保大腿充分弯曲，使大腿贴着小腿。伸膝还原站立，连续进行。建议每周进行 2 次，每次进行 3～5 组，每组做 8～16 次。在进行负重深蹲时，最好有人近前提供支持和保护，以确保安全。负重提踵练习有助于加强小腿三头肌。肩负杠铃或者负沙袋等重物，双脚稍微分开，用力将双脚的后跟充分提起，稍作停顿，然后慢慢还原。每周进行 2 次，每次进行 4 组，每组做 15～20 次。

（二）健美运动处方的运动量与运动强度

制订适合自己的健美运动计划，需要考虑运动量和运动强度。根据薄弱部位进行针对性练习，明确想要特别改善的区域，如胸部、背部、腿部等。选择特定的练习，直到看到明显的效果，再逐渐将这些练习组合起来形成全身锻炼计划。一旦你选择了适合自己的练习方法，不要轻易改动。应该将练习动作、次数和组数稳定在一个周期内，通常为两周，以便身体适应和产生效果，稳定性有助于练习者更好地衡量进展和调整计划。健美锻炼的量应该根据身体的变化和反应来进行适当的调节，如果发现练习变得相对容易，可以逐渐增加重量、次数或组数，以增加挑战性。相反，如果感到过度疲劳或出现过度紧张，可以减少一些负荷，以避免过度训练。随着健美锻炼水平的不断提高，可以逐渐增加运动的复杂性和挑战性，以确保身体继续进步。

八、矫正身体形态发展不平衡的运动处方

（一）"O"形腿

内外旋腿练习：双脚分开站立，双手扶住膝关节的外侧。屈膝半蹲，然后用手向内推压膝部，让两膝尽量内扣。慢慢还原。重复此动作10～15次。跳跃练习：用一根绳子绑紧膝部（松紧度适中），双脚并拢。连续进行垂直跳跃，同时用双臂屈臂摆动，此动作做20～25次。躺卧侧拉伸：侧卧，用一只手撑地，另一条腿后弯。用手握住相应踝部，将腿向臀部拉回。然后翻身成仰卧，弯曲膝盖靠近身体，同时双臂侧举，换另一侧腿进行同样的动作。小腿外侧训练：进行小腿外侧练习，可以用平踢毽子或小沙袋等工具。夹物体行走：将一物体放在双膝之间，然后慢慢向前走路。物体的厚度可以逐渐改变，从较厚到较薄，以增加挑战性。

以上练习活动旨在强化大腿、小腿和髌骨肌群，有助于改善"O"形腿。需要注意的是，此类练习需要持之以恒，可能需要一段时间才能看到明显改善。最好在专业教练的指导下进行。

（二）"X"形腿

矫正身体形态的不平衡需要坚持和耐心，针对"X"形腿问题，应及时采用改善的运动处方。直腿上举：坐在椅子上，双手后撑，用脚踝夹住一个物体，可以逐渐增加物体的厚度（从厚到薄）。将双腿并拢，然后抬起直到与地面平行，再慢慢放下。每组做15～20次，共进行3组。膝关节压迫练习：坐在地上，弯曲双腿并使膝盖向外打开，双脚掌相对。用双手扶住膝盖内侧，用力向下压迫膝盖至最大限度，保持2秒，然后慢慢还原。小腿夹物练习：坐在地上，双腿伸直。用双手后撑地，将一软物体（例如小皮球）夹在双腿之间，同时用橡皮筋将踝关节绑紧。练

习 5 分钟，要求小腿用力夹住物体。小腿向内踢毽子：双腿交替进行小腿向内踢毽子的动作，帮助强化小腿内侧肌群。

（三）扁平足

足底多方位走路：赤脚或穿着柔软的鞋子，进行足尖、足跟着地走路，也可以尝试足底内侧和外缘着地走路，并且可以手持重物或哑铃进行练习，每种姿势练习 1～2 分钟，交替进行。足尖跳绳：连续跳绳 2 分钟，共进行 3 组，有助于强化足底肌肉。足部伸展练习：坐在椅子上，双脚伸直。进行足部的伸展、屈曲、内翻和外翻动作，增强足部肌肉的柔韧性和力量。足底滚动：坐在椅子上，双脚横向踩在一根体操棒上，用足底滚动体操棒，或者尝试双脚在体操棒上纵向行走，每种练习进行 1～2 分钟。平衡练习：使用足底滚动实心球或站在实心球上进行平衡练习，提高足部的平衡感和稳定性。脚跟抬起练习：双脚下蹲，然后用力抬起脚跟至足底稍感疲劳为止，强化脚背和小腿肌肉。

第三节　健康体适能视域下的治疗性运动处方设计及实践应用

一、外科疾病的康复运动处方

（一）颈椎病的康复运动处方

颈椎病，也被称为颈椎综合征，是一种包括颈椎骨关节炎、增生性颈椎炎、颈神经根综合征和颈椎间盘脱出症在内的退行性、病理性疾病，该疾病尤其常见于那些长期低头伏案工作的人群。近年来颈椎病的发病率不断上升，并且患者的年龄也有年轻化的倾向，这种现象可能与现代生活方式中长时间使用电子设备、久坐不动和不良的颈部姿势有关。

1.运动目的

适当地进行运动，可以促进颈部血液循环，提高颈椎的营养供应，强化颈椎椎间关节的功能，减弱炎症和加快刺激受损组织的修复。运动有助于增强颈部周围的肌肉、韧带和关节囊的张力，提高颈椎的稳定性，对于支撑和保护颈椎至关重要。适度的运动可以刺激神经系统，促使其改善和调节神经系统的功能，有助于减轻神经症状，如疼痛和麻木。运动可以改善多个器官和系统的功能，包括消化、循环和呼吸系统，促进药物的吸收，从而增强治疗效果。适当的有氧运动有助于提高心肺功能，增加氧气供应，改善全身健康，有助于应对颈椎病的挑战。运动还可以加强颈部肌肉，帮助维持正确的颈部姿势，对于纠正因不良姿势引起的颈椎问题有着至关重要的效果。

2.运动类别

颈椎病的康复锻炼通常分为三个阶段，每个阶段采用不同的运动种类和方法。

（1）第一阶段。在康复锻炼开始的前三个月内，重点是进行伸展运动。该阶段的目标是温和地拉伸颈部肌肉，从而有助于缓解颈椎病的症状。伸展运动包括颈部伸展动作和一些轻度的有氧运动，以维持全身的健康。

（2）第二阶段。从康复锻炼开始的三个月后直到完全康复。在该阶段，运动方法会变得更多样化，主要包括伸展运动和有氧运动的结合。伸展运动依然是关键，但开始逐渐引入一些有氧运动，如散步、游泳或自行车骑行，以提高心肺功能和增强全身的新陈代谢。该阶段的目标是逐渐增加运动强度，但要注意，不要引起过多的疼痛或不适。

（3）第三阶段。完全康复后的阶段。该阶段的锻炼包括伸展、有氧运动和力量训练的结合，这种训练有助于增强患者的体质，强化抵抗疾病侵入的能力。力量训练包括使用轻负重器材进行肌肉强化练习，以帮助维持颈部和全身的稳定性。

需要强调的是，颈椎病患者在进行任何锻炼之前都应咨询专业医师，以确保选择适合自己的运动方式，并且避免过度或不适当的运动。此外，锻炼过程中要注意疼痛和不适的信号，随时调整运动强度和方式，以确保康复过程的顺利进行。综合运用不同阶段的运动种类和方法，可以更有效地帮助颈椎病患者康复，从而提高生活质量。

3. 运动强度

颈椎病患者在进行康复期的锻炼时，需要根据个体情况来控制运动强度，通常是根据心率来进行调节。一般来说，可以使用以下公式来估算最大心率：对于男性，最大心率（次／分钟）＝ 220−0.7 × 年龄；对于女性，最大心率（次／分钟）＝ 220−0.8 × 年龄。在颈椎病患者的康复期，适当的运动心率通常在最大心率的 60% ～ 85% 之间。该范围可以根据患者的体能和医师的建议进行微调，以确保锻炼既有效又安全。通过控制运动心率，能够更好地适应个体的体能水平，并确保康复锻炼的效果最大化，同时避免过度劳累或不适。

4. 运动时间

颈椎病患者在制订运动计划时，需要根据个体情况逐渐增加运动时间。一般来说，每次康复锻炼的时间应该从短到长，逐步增加。通常，每次运动的时间控制在 40 ～ 60 分钟之间，这个时间包括了准备活动和整理活动。通过逐渐延长运动时间，患者可以更好地适应锻炼的强度和持续时间，从而提高锻炼效果，但也要确保不超过个体的承受范围，以免过度劳累或引发不适。

5. 运动频率

颈椎病患者的运动频率应该每周进行 3 ～ 5 次，该范围内的锻炼可以有效促进康复，增强颈椎的稳定性和其功能。然而，不要过度锻炼，超出该频率范围可能会适得其反，导致肌肉疲劳和不适。因此，在制订锻炼计划时，要充分考虑个体的身体状况和反应，遵循医师或专业教练的建议，并根据自身的感觉来调整运动频率，以确保康复过程安全而有效。

6.注意事项

康复运动处方应在医生的同意和监督下进行，不同患者的情况各异，医生能够根据个体情况为其定制适当的锻炼计划。对于急性发作期内的颈椎病患者以及患有颈椎化脓性病变、颈椎结核、恶性肿瘤等疾病的患者，通常不适合进行康复运动，所以首要考虑的是锻炼的安全性。运动处方应该是科学的，需要符合患者的身体状况和康复需求，需要专业医生或康复教练的指导和制定。运动计划应该循序渐进和持之以恒，患者应逐渐增加运动强度和时长，以提高康复效果。患者可以通过自我感觉来调整运动量、运动强度和运动时间，如果出现不适感或疼痛，应停止运动并咨询医生。在运动前后进行适当的颈部准备和整理活动，包括按摩等方法，从而进一步提高运动效果并减轻不适感。

（二）半月板损伤的康复运动处方

半月板损伤往往是因为身体承受了扭转外力而发生的，半月板损伤的康复过程相对较复杂，因此需要进行高度复杂的运动锻炼，以帮助康复。

1.运动目的

康复期间的运动计划旨在实现多重目标，以促进半月板受损区域的修复，同时增强膝关节的整体功能。增强膝关节周围的血液循环、血液供应和周边软组织的循环功能，可以加速受损半月板的愈合，良好的血液供应可提供必要的营养物质，促进半月板细胞的修复和再生。引入适度的引导性旋转膝关节活动可以有效刺激膝关节，使其逐渐适应旋转运动，从而提高关节的适应性和稳定性，对于减少进一步的损伤风险起着非常关键的作用。另外，通过增强血液循环，有助于改善关节囊和软组织的健康，增加润滑液分泌，保持关节的润滑和灵活性，助力减轻疼痛感和提高关节的功能。

2.运动类别

在半月板损伤的康复过程中，有多种运动种类可以积极促进康复，有助于增强膝关节的功能和稳定性，同时促进半月板的修复。变速走是一种适度的有氧运动，有助于提高血液循环，促进半月板受损区域的营养供应，逐渐增加步伐的速度和时间可以强化膝关节周围的肌肉的力量。旋膝活动可以有效刺激膝关节，帮助适应旋转运动、可以提高关节的适应性和稳定性，减少进一步的损伤风险。支撑摆腿运动可以有针对性地锻炼膝关节周围的肌肉，特别是股四头肌，维持膝关节的稳定性。有针对性地进行肌力锻炼，可以增强膝关节的支撑力量，减轻关节的负担，有助于康复的进程。

3.运动强度

在半月板损伤的康复锻炼中，运动强度应根据个体情况和康复阶段来确定。康复锻炼应以中小强度为主，运动不应过于剧烈或超负荷，适度的运动可以刺激血液循环，促进康复，但不会给膝关节和半月板带来额外的负担。在康复期间，应避免使膝关节和下肢肌肉过度紧张的情况。运动后，膝关节和肌肉应该感到轻松，而不是紧绷或疼痛。如果出现疼痛或不适，说明运动强度可能过大，需要适度降低。增加运动强度时，应以不引起运动结束后膝关节的疼痛为标准。如果锻炼后膝关节感到不适或疼痛，表明运动强度过高，需要调整或减少运动量，以保护受损的半月板。

4.运动时间

每次康复锻炼的时间宜控制在 40 到 60 分钟之间，该时间范围允许足够的运动，以促进康复，同时避免过度疲劳和膝关节的不适。在实际锻炼前，应进行10分钟左右的准备活动，包括热身运动，比如轻松的步行、骑自行车或慢跑，以提高心率和肌肉温度，准备身体进行更高强度的运动。锻炼结束后，同样需要进行大约10分钟的整理活动，包括舒缓的伸展运动，有助于减少运动后的肌肉紧张并防止肌肉酸痛。

5.运动频率

半月板损伤的康复锻炼方法通常涉及较小的运动量，因此可以将运动频率分为每天一次或每天两次进行。分散的运动频率有助于减轻膝关节的负担，减少运动时的不适感。在整个康复过程中，选择适当的运动频率非常重要，因为要确保康复进展顺利，同时要达到避免过度使用膝关节的目的。

6.注意事项

半月板损伤的康复过程需要高度注意，运动时应该有专业医护人员的指导和监督，以确保不会对半月板造成二次伤害，保证康复的效果。对于同时伴有肌肉拉伤、侧副韧带和后十字韧带损伤的患者，需要特别小心地控制动作的幅度，避免过度伸展或扭曲膝关节，从而减少再次损伤的风险程度。康复过程需要细心和耐心，患者应该与医疗专业人员密切地合作，及时报告任何不适或疼痛，以便及时调整康复计划。

二、心血管系统疾病的康复运动处方

（一）高血压患者的康复运动处方

高血压的治疗和预防是一项重要任务，适当的运动锻炼是一种有效的方法。高血压疾病患者在医生的指导下可以制定适合自己的运动处方，通过锻炼可以改善血管功能、控制血压、减轻体重、提高心肺功能等，从而降低高血压的发病率和减轻病症的程度。长期坚持适量的运动，可以有效提高生活质量，预防并控制高血压疾病的发展。

1.运动目的

运动可以对大脑皮质的兴奋与抑制转化过程起到促进作用，也就是说运动意味着有助于大脑能够更好地调节心血管系统的功能，改善对血压变化的自然调节。结合此种方式，意味着运动可以有助于稳定血压的波动，有效避免血压骤然上升现象的发生，从而减少高血压疾病发生的风险。康复运动可降低血液的黏滞性，提高血液的流变性，从而改善微循环，增加血流的畅通度，降低整体血压水平，特别是舒张压。运动通过减少血液的黏稠度，利于改善血管内皮的功能，降低血栓形成的风险，对高血压患者的心血管健康大有裨益。康复运动能在较大程度上增强患者的身体素质，提高身体对高血压疾病的抵抗力。适当增加运动量能使患者的心肺功能得以改善，肌肉力量得到增强，体重得以控制，全身的新陈代谢活动水平得到提高。一系列的生理效应使患者更能够应对高血压带来的不良影响，从而减轻疾病的严重程度。

2.运动类别

对于高血压疾病的康复运动，应当选择适当的运动种类。首选运动类型应具备全身参与、有规律的运动节奏、容易达到身心放松状态，并且方便监测运动强度和心率的特点。步行是一项简单且易于开始的有氧运动，慢跑则可以逐渐加强心血管系统，两种活动可以提高心率，促进血液流通，减轻高血压疾病症状。游泳是一种全身性的有氧运动，对关节没有冲击，适合各个年龄段的高血压患者，水中的浮力有助于减轻身体负担，同时提供舒缓的运动体验。跳舞既能锻炼心肺功能，又可以增强协调性和平衡感，跳舞也是一种愉悦的社交活动，能够愉悦患者的心情。降压体操、太极拳和气功的运动形式注重呼吸、姿势、平衡和柔和的动作，对于高血压患者来说，是一种安全而有效的运动方式，利于降低心率，减轻压力，提高身体的灵活性。高血压患者可以根据自己的兴趣爱好选择其他合适的运动项目，但在选择之前最好咨询医生，以确保安全性和适宜度。

3. 运动强度

高血压患者在进行康复运动时，需要控制运动强度。通常来说，高血压患者的理想运动强度应该在最大心率的50%～70%之间，既能有效地锻炼心血管系统，又能避免在运动时引起过度压力。高血压疾病患者需要根据不同阶段的具体情况来选择合适的运动强度。对于初次开始运动的患者或者病情较为稳定的人，可以选择较低的运动强度，然后再逐渐增加运动的时间和强度，以适应身体的变化。对于已经有一定锻炼基础的患者，可以考虑适度增加运动强度。

4. 运动时间

高血压患者在进行康复运动时，需要合理安排运动时间，以确保锻炼的效果和安全性。一般来说，高血压患者的总运动时间包括运动前的5～10分钟的准备活动和运动结束后的5～10分钟的整理活动，总体应控制在40～60分钟之间，具体时间范围仍然需要根据每位患者的实际情况来进行调整，针对身体较为虚弱或缺乏运动经验的患者，可以适当减少运动时间，开始时可以选择较短的锻炼时间，确保不会过度劳累或引发不适症状。随着时间的推移，随着病情的改善和身体素质的提升，可以逐渐增加运动时间，但仍需注意保持适度，不要使身体出现过度负荷的现象。

5. 运动频率

对于高血压患者来说，合适的运动频率是确保康复锻炼效果的重要因素。一般情况下，每周进行3～5次运动建议。然而，运动频率不是一刀切的，需要根据每位高血压患者的个人病情、对运动的反应以及适应程度进行相应的调整。运动频率的选择应当充分考虑患者整体健康的状况，有些患者可能在开始康复运动时会感到疲劳，需要较长的恢复时间，因此运动频率可以适当减少。另一方面，一些患者可能已经拥有较好的体力和较高的运动耐力，可以选择较高的运动频率，但也需要确保不过度劳累。

6.注意事项

高血压患者进行康复运动时需要特别注意一些关键事项，以确保安全和有效的康复过程。并非所有高血压患者都适合进行康复运动，急进性高血压、重症高血压或存在严重并发症的患者，具体比如心脏问题或肾脏问题，可能不适合进行康复运动。在开始康复运动之前，必须咨询医生，根据医生的指导来决定是否进行锻炼。运动期间，高血压患者需要时刻关注自己的身体感觉，如果出现任何不适的感觉，如头晕、胸闷、气短、心悸等，应立即停止运动，并观察病情的发展状况。自我感觉异常时，不应强迫自己坚持锻炼。避免在清晨和晚间进行康复运动，主要是由于这两个时间段高血压患者的血压波动较大。最好选择在早中午或下午进行锻炼，从而有助于更好地控制血压。康复运动疗法通常需要与药物治疗结合使用，高血压患者应按照医生的处方和建议定时服药，不要自行更改药物剂量或停止服药。康复运动和药物治疗的综合应用可以更好地控制血压，提高整体康复效果。

（二）心脏病患者的康复运动处方

心脏病，包括心脏本身和心脏瓣膜等多种疾病。心脏病对人们的生活质量、工作能力以及整个身体的健康构成了严重威胁。然而，科学合理的康复运动也适用于心脏病患者，前提是必须在医生的指导下进行，可以提高骨骼肌肉的血液供应和摄氧能力，增强人体血管的调节能力，改善冠状动脉供血和心肌氧合作用，推动心脏功能的有效加强，提高患者的生活质量，在此基础上也有助于提高工作能力。

1.运动目的

康复运动的首要目的是提高心脏功能水平，即通过改善心脏健康，改变心脏疾病的自然进程。定期的康复运动可以降低心脏病发病率和死亡率，显著提高患者的生存质量。运动有助于增强心脏的泵血功能，改善血液循环，减少冠状动脉供血不足的风险，从而降低心脏疾病的发生率。此外，康复运动还可以提高患者的体力和耐力，减轻心脏负担，帮助他们更好地应对日常生活和工作中的需求。

2.运动类别

一般而言，心脏病康复治疗的程序分为急性阶段、恢复阶段以及社区康复阶段，不同阶段应采取不同方式。

（1）急性阶段的运动方式。在急性（住院）阶段，针对心脏病患者的运动方式需要特别谨慎地适应病情，以确保其心脏病的安全和有效的康复。缓慢步行活动的每次运动时间应控制在 5 到 10 分钟之间。患者的主观体力感觉（RPE）应保持在小于 12 的范围内，所以运动强度应该降为较低，以避免给心脏带来过度的负荷。运动可以采取间歇的方式，让患者有足够的休息时间。简单的体操包括上肢活动、下肢活动和转体运动等形式。在进行这些体操时，需要特别关注运动的速度和幅度，确保患者不会过度用力或做出高强度的动作。慢速上下楼梯活动的开始阶段，每次运动时间应控制在 5 到 10 分钟，以适应患者的身体状况。随着适应能力的提高，可以逐渐延长每次的运动时间。

（2）恢复阶段的运动方式。在心脏病患者的恢复（门诊）阶段，运动方式需要更具挑战性，以逐渐提高患者的心脏功能和体能。患者可以自由步行或在活动平板上步行，步行速度应保持在每分钟 80 ～ 100 米之间。初始距离可以较短，然后逐渐增加至 2000 或 3000 米，提高心肺功能和耐力。走跑交替方式让患者更容易坚持，例如，步行 1 分钟然后慢跑 0.5 分钟，一共进行 20 次，总时间为 30 分钟，步行速度约为每分钟 50 米，慢跑速度约为每分钟 100 米。交替运动有助于提高心血管的适应性和耐力。患者可以慢跑，速度约为每分钟 100 米。初始距离可以较短，然后逐渐增加至 1000 或 2000 米，总时间为 15 ～ 20 分钟，提高心肺功能和全身代谢。

（3）社区康复阶段的运动方式。患者可以在社区（家庭）康复阶段选择一些适宜的运动方式，以促进康复并保持身体的健康状态。慢走是一个简单而有效的方式，每次进行大约10分钟的慢走，开始时速度较慢，然后逐渐加快，以自我感觉良好为目标。慢走能够提高心肺功能，同时不会过于劳累。下蹲起立运动可以在扶墙或其他物体的帮助下进行，每组进行10次下蹲和起立，共进行3组，锻炼下肢的力量和稳定性。斜俯卧撑活动是双手撑在一定高度的物体上进行俯卧撑，每组进行10次，共进行3组，加强胸肌和上肢力量。仰卧收腿活动中，仰卧位，双手置于体侧，屈膝向胸腹部收腿再伸腿。每组进行10次，共进行3组，锻炼腹部和下背部的肌肉。进行每次5分钟的健身跑，速度要保持在让自己感到稍微有点累的水平，控制心率在目标心率范围内，以提高心肺功能和全身的新陈代谢。

3. 运动强度

在开始锻炼时，心脏病患者的心率相对适宜的范围是每分钟110～120次。随着身体逐渐适应运动的强度，心率可以逐渐提高到每分钟125～135次，此范围可以根据患者的具体情况和医生的建议进行微调。无论采取的运动强度如何，患者都应注意自身的感觉。在运动过程中和运动后，应确保没有身体不适的感觉，如胸闷、气短、头晕等。如果出现了这些症状，应立即停止运动并咨询医生。心脏病患者在进行运动前应接受全面的健康评估，确保他们的身体可以承受所选择的运动强度。医生或康复专家可以根据患者的具体情况为他们制订适当的运动计划，以确保康复的效果和安全性。

4. 运动时间

刚开始锻炼的心脏病患者应将运动时间控制在30分钟以内，包括缓慢步行、简单体操或其他轻度运动，使患者逐渐适应锻炼，减少不适感。随着锻炼的进行，心脏病患者可以逐渐增加运动时间。在运动适应后，运动时间可以延长到约 30 分钟到 60 分钟，但仍需保持较低的运动强度。对于已经有一定锻炼经验的患者，运动时间可以根据体能逐渐增加，但应在医生或康复专家的指导下进行。

5.运动频率

心脏病患者的康复运动频率应根据个体情况而定，没有固定的标准。一般来说，康复运动的频率可以隔天进行一次，或者每天进行一次，具体取决于患者的身体状况和康复进展。重要的是，运动频率应在医生或康复专家的指导下确定，以确保患者能够安全地进行运动，避免引发不适或并发症。根据个体需要和逐步增加运动的难度，运动频率可以进行调整，以帮助患者逐渐提高体能和心脏功能。

6.注意事项

康复运动应与医生制订的药物治疗方案有机结合，患者必须按照医嘱服药，不可自行停药或更改用药方式，并定期复查药物疗效。运动方案必须是科学的和合理的，刚开始时，运动强度应该较低，然后逐渐增加，遵循渐进，促使患者的身体能够适应运动负荷。患者在运动过程中应时刻关注自身感觉，如果出现胸痛、呼吸急促、头晕、恶心或其他不适症状，应立即停止运动并就医，因为自我感觉不适是一个重要的预警信号。定期体检可以帮助医生了解患者的康复进展和身体状况，从而调整运动处方，及时发现问题并采取措施，以防止潜在风险发生。

三、呼吸系统疾病的康复运动处方

（一）哮喘、慢性支气管炎病人的康复运动处方

哮喘和慢性支气管炎是常见的呼吸系统疾病，其典型症状包括咳嗽、咳痰、喘息以及反复慢性发作。此类疾病的发病原因多种多样，主要包括细菌感染、刺激性烟雾、粉尘、大气污染、寒冷的刺激、花粉过敏等

因素。细菌感染可以引发急性呼吸道疾病，而长期接触刺激性烟雾、粉尘和大气污染则可能导致慢性支气管炎的发展。寒冷的刺激可能诱发哮喘发作，而花粉过敏则在某些季节或环境中触发哮喘症状。

1.运动目的

患者通过采用腹式呼吸技巧，能够提高呼吸效率，增加肺活量，并改善呼吸的畅通性，有助于减轻呼吸困难的症状，提高患者的生活质量。康复运动有助于改善呼吸功能，使其更加协调和有力，对于减轻哮喘和慢性支气管炎的症状具有积极作用（如咳嗽和呼吸急促）。康复运动不仅有益于呼吸系统，还有助于恢复全身的健康和增强体能。患者进行适当的锻炼，可以提高心肺耐力、增强肌肉力量和灵活性，增强免疫系统，从而提高对抗哮喘和慢性支气管炎的能力。

2.运动类别

（1）呼吸练习。哮喘和慢性支气管炎患者的康复运动方案通常包括呼吸练习，以帮助患者纠正不合理的呼吸方式，改善呼吸状态。腹式呼吸是一种重要的呼吸技巧，哮喘和慢性支气管炎患者练习腹式呼吸技巧可逐步恢复正常的呼吸方式。腹式呼吸的步骤为：站立或坐下，分腿直立，双手相叠置于小腹部；放松全身肌群，用鼻子慢慢吸气，将注意力集中在横膈上；随着吸气，横膈下沉，腹壁逐渐隆起，手可以感觉到这种起伏，可以适当加压于腹部；缓慢地用口呼气，呼气至腹部瘪陷为止；呼气时，横膈上升，肺容量增加，腹壁下陷，同时有意识地再次收缩腹肌，以增加腹压，促使膈肌上升；重复这个过程，10次为一节。腹式呼吸练习能逐渐改善患者的呼吸方式，增加肺活量，降低呼吸困难的程度，以应对哮喘和慢性支气管炎的症状。

（2）呼吸体操。呼吸体操是一种有效的康复运动，特别适用于哮喘和慢性支气管炎患者。呼吸体操可以帮助患者改善呼吸功能，增加肺活量，减轻症状，并提高生活质量。以下是一些常见的呼吸体操，它们可以在康复计划中进行，每个动作可重复 4 ～ 8 次。

①腹式呼吸。坐在凳子上，双脚分开与肩同宽，双手放在大腿上。通过嘴呼气，慢慢地收缩腹部。鼻子缓缓吸气，同时缓缓鼓起腹部。该动作有助于建立有效的腹式呼吸方式，提高呼吸效率，增加肺活量。

②侧屈运动。坐着，双手叉腰，拇指朝后。向左侧弯曲躯干，左臂下垂，右肩抬起，同时呼气。还原姿势时吸气，然后轮流向右侧进行，从而增强躯干的柔韧性，改善胸部活动度。

③压胸运动。坐着，双臂弯曲于胸前交叉，上臂和肘部贴近胸廓。呼气时，低头弯腰，两臂自然地挤压胸部。吸气时，慢慢挺直腰部，回到起始姿势。压胸运动有助于锻炼胸部肌肉，提高胸部的灵活性。

④转体运动。坐着，双手叉腰，拇指朝后。向左转体，同时将右手向左前方推出，呼气。还原姿势时吸气，然后轮流向右侧进行。利于增强躯干的柔韧性，提高腰部活动度。

⑤压腹呼吸。坐着，双手按压腹部前侧，拇指朝后。呼气时低头弯腰，同时两肘前摆，手自然按压腹部。吸气时，慢慢还原到预备姿势。这一动作有助于锻炼腹部肌肉，改善呼吸。

⑥转体弯腰。坐着，双腿伸直分开，后跟着地，双臂侧平举。向左转体，同时用右手触碰左脚，呼气。还原姿势时吸气，然后轮流向右侧进行。转体弯腰动作有助于增加腰部的柔韧性，提高腰部活动度。

⑦折体呼吸。坐着，双臂半屈，抬起到与肩同高，稍微挺胸。呼气时，低头弯腰，将胸部贴近大腿，同时两臂环抱大腿。吸气时，慢慢还原到预备姿势。此动作有助于增强腰部的柔韧性，锻炼腰部肌肉，促进躯干的伸展。

⑧抬腿运动。坐在凳子的前沿，双下肢伸直并分开，后跟着地，双手撑在椅子边缘，身体稍后仰。尽量抬高一条腿，然后吸气，再慢慢放下腿，呼气。两腿轮流进行，从而锻炼腿部肌肉，提高下肢的灵活性。

⑨抱膝呼吸。坐正，双臂半屈，抬起到与肩同高。一条腿弯曲并提

起，用双手抱住小腿的中下段，将膝盖贴近胸部，呼气。还原姿势时吸气，然后轮流进行两侧。此动作有助于伸展背部和腰部，提高腹部的柔韧性。

⑩整理运动。站立，双手交叉于腹前，腰部放松。双臂腹前交叉上举，抬头看着手，吸气。双臂分开，体侧划弧，还原到预备姿势，呼气。进而放松整个身体，改善腰部的柔韧性。

（3）步行。对于年老体弱者和哮喘、慢性支气管炎患者来说，步行是一种简单、易于实施、动作温和、强度适中而又有效的康复运动方式，特别适用于急性期的康复锻炼。走跑交替是一种逐渐从步行过渡到慢跑的运动形式，将步行和慢跑结合在一起，逐渐提高身体的运动强度，而不会过于负担。走跑交替可以根据患者的个体能力进行调整，使每个人都能够根据自己的情况进行适当的运动。在走跑交替中，患者可以开始时以步行的方式进行运动，然后逐渐增加慢跑的时间。

3.运动强度

在进行康复运动时，应注重运动强度的控制，尤其对于哮喘和慢性支气管炎患者。步行时，步速应保持在 50～60 米/分钟之间，运动时不应引起气短或气急等呼吸困难的症状。此外，运动中心率应保持在每分钟 90 次左右，以确保适度的运动强度。走跑交替是一种逐渐过渡到慢跑的运动方式，步行速度应在 90～120 米/分钟之间，而慢跑速度则应控制在 100～120 米/分钟。走跑交替的方式可以根据个体能力逐渐增加慢跑的时间，但要确保不超出自身的舒适范围。适宜的运动心率范围通常在 90～140 次/分钟之间，不同年龄和体力水平的个体可以在这个范围内选择适合自己的运动方式来进行锻炼，可以通过心率监测仪或手动测量脉搏掌握自己的心率。

4.运动时间

呼吸练习、呼吸体操以及气功的锻炼时间应该具有灵活性。通常，每天的锻炼时间可以分为两次，每次持续 30 ～ 60 分钟，分次进行的方式有助于减轻疲劳感，同时确保充足的呼吸锻炼时间。对于步行和走跑交替的运动，建议将时间控制在 20 ～ 30 分钟之间，该时间范围足以提供有效的有氧运动，同时不会让呼吸系统过度疲劳。随着身体康复的进展，可以逐渐增加运动时间，但要根据个人的适应能力和医生的建议来调整。

5.运动频率

呼吸练习、呼吸体操以及气功的频率应保持每天 1 次或每天早、晚各 1 次，具体可以根据个人情况和需求随时进行练习。至于步行和走跑交替的运动，可以选择每天进行一次，或者隔天进行一次，以确保身体有足够的休息时间。

6.注意事项

哮喘和慢性支气管炎是呼吸系统常见的慢性疾病，康复运动能有效改善患者的呼吸功能和生活质量。在进行康复运动时，必须遵循一系列注意事项，以确保安全和有效的康复过程。患者应该在医生的指导下进行康复运动，特别是在急性期，运动量和运动强度必须受到控制，以避免加重病情。选择合适的运动环境同样十分重要，避免在污染严重或空气不良的地方进行锻炼，这可能会对呼吸系统产生不利影响。康复运动与药物治疗应该结合使用，从而增强治疗效果。患者需要坚持循序渐进的原则，逐渐增加运动量和运动强度。在运动过程中，如果发生哮喘或其他不适症状，应立即停止运动，并根据需要进行治疗或调整运动计划。患者应避免在寒冷干燥的天气下进行运动，这种天气可能会引发或加重哮喘，因此最好选择在适宜的天气条件下进行锻炼。

（二）肺结核病人的康复运动处方

肺结核是一种慢性、缓发的传染病，多数情况下由呼吸道感染引起，一般可分为原发性和继发性两种类型。

1.运动目的

康复运动的主要目的之一是改善肺功能，增强抗病能力，有效控制疾病的发展。运动还可以提高患者的体质，为康复创造良好条件。从而使肺结核患者能够更好地应对疾病，提高生活质量。

2.运动类别

（1）保健体操。刚开始时可进行一些简单的广播体操，适当减小动作幅度，以缓和运动强度，再逐渐过渡到完整的体操的强度，但每个动作仅重复两次（两个八拍），以确保康复锻炼的治疗效果。此步骤有助于肺结核患者逐渐适应康复运动，减少运动引起的不适感，提高身体的适应性，并在安全的前提下促进肺功能的改善。保健体操不仅可以锻炼身体，还有助于增强免疫力，对于肺结核患者来说，是一种可行的康复运动。

（2）散步。散步是适合肺结核患者的良好的康复运动，最初可以选择在平坦的道路上慢慢散步，随着时间的推移，逐渐增加步行的速度和持续时间。渐进的方法有助于肺结核患者逐渐适应运动，减少运动引起的不适，同时提高他们的体能。散步既能促进肺部功能的改善，又不会对身体造成过大负担，是一种非常安全和有效的康复运动。

（3）太极拳。太极拳是肺结核患者的另一种理想的康复运动，可以从学习简化的太极拳开始，最初只练习半套动作，然后逐渐过渡到全套，有助于患者逐渐适应太极拳的动作和呼吸控制，同时有效提高他们的肺部功能和整体体质。太极拳动作的缓慢和平和不仅有助于呼吸的调整，还可以增强身体的协调性和柔韧性。

3.运动强度

初期以中、小强度的运动为主，包括保健体操和太极拳。在实际活动中，可以通过控制动作的数量和重复次数来逐渐增加运动强度。散步也是一项适合肺结核患者的运动，初始速度可以较慢，再逐渐增加到每小时 3 至 4 千米。让患者逐步适应运动，可以确保他们的康复过程安全而有效。

4.运动时间

对于肺结核患者，每次康复运动的时间不宜过长，最好控制在 20 至 40 分钟之间。随着康复的进展，可以逐渐延长每次运动的时间，但在加量的时候一定要谨慎，以确保患者的身体能够适应并不会感到过度疲劳。逐步增加运动时间的方法有助于保持康复效果，同时保护患者免受运动过度的不良影响。

5.运动频率

针对肺结核患者，保健体操和太极拳的运动频率应为每天 1 次或每天 2 次，但需要注意总运动量不宜过大。至于散步，初始阶段可每天 1 次或隔天 1 次，然后逐渐过渡到每天 1 次或 2 次。确保运动对身体的影响是积极的，而不会引起过度疲劳或不适。在医生的指导下，恰当控制运动频率可以提供更好的康复效果。

6.注意事项

对于肺结核患者，康复运动不一定是适用的治疗方式。因此，患者在开始锻炼之前必须咨询医生，并在医生的指导下进行康复运动。医生可以评估患者的病情和身体状况，确定是否适合运动康复治疗。长时间的耐力性运动通常适合肺结核患者，但运动的类型和强度应根据患者的具体情况来调整。不仅如此，肺结核患者应避免深呼吸运动，尤其是在病情不稳定时期，避免深呼吸运动可以帮助其减少咳嗽和胸痛的发生，以确保患者的康复过程更加舒适和有效。

四、消化系统疾病的康复运动处方

（一）消化性溃疡患者的康复运动处方

慢性消化性溃疡病的发生与胃酸和蛋白酶在胃和十二指肠内的消化作用密切相关，主要表现在了胃和十二指肠，因此通常被称为胃、十二指肠溃疡病。

1.运动目的

康复运动有助于改善大脑皮层对胃肠的调节功能、促进胃肠道的吸收与分泌的功能。通过加强腹肌和膈肌的运动，可以刺激胃肠蠕动，提高中枢神经系统的功能，从而有益于整体康复。康复运动还能改善腹腔内的血液供应，增强免疫系统的功能，减轻炎症和疼痛，从而提高患者胃黏膜的抵抗力，对于促进溃疡的有效愈合至关重要，有助于减轻患者的症状，提高生活质量。

2.运动类别

适合消化性溃疡患者的康复运动类型主要有推拿疗法、慢跑、散步、行走等。

（1）推拿疗法。推拿疗法是一种能明显改善和愈合消化性溃疡症状的有效治疗方法。然而，并不是所有的消化性溃疡患者都适合采用这一方法。例如，存在出血或穿孔倾向的溃疡患者通常不适合接受推拿疗法，推拿疗法的主要目标是通过按摩和刺激特定的穴位来促进患者的康复和缓解疼痛，常用的推拿疗法包括：

①推背。在患者取俯卧位的情况下，按摩者站在患者的体侧，使用拇指或四指平缓地推动背部的两侧，着重在下背部进行推拿。此过程可以让患者感受到背部发热的感觉，进而促进血液循环和放松背部肌肉。

②推穴位。推拿者会按摩背部的特定穴位，如脾俞和胃俞穴，或者

按摩发现敏感点或敏感区域。每个穴位或敏感点的推拿时间大约为1分钟，刺激有关区域，改善气血流动。

③揉腹。患者在仰卧位时，推拿者会按摩或揉患者的腹部，先按照顺时针方向用手掌摩擦或揉捏腹部，然后按摩上、中腕穴，采用指掐或指振法，以帮助促进腹部的气血循环。

④得气。按摩四肢的特定穴位，如上肢的合谷、内关、神门穴，下肢的足三里、三阴交等穴位，从而利于患者的气血平衡，提高免疫力和整体康复效果。

（2）气功。气功作为一种康复治疗方法，对消化系统溃疡患者具有一定的疗效和益处。特别是内养功，采用卧式或坐式姿势，通过意守入静的方式，在较大程度上影响了康复治疗效果。在进行气功练习时，应保持全身放松和内心宁静。意守是气功练习中的核心，可以在全身放松的基础上帮助患者能够更容易进入静态状态，意守的部位通常选择在丹田（小腹）或深长的腹式呼吸上。呼吸在气功中具有直接影响，有两种常见的呼吸方式，分别是顺呼吸法和逆呼吸法。不论选择哪种呼吸方式，都需要逐步达到细、匀、深、长、慢的要求，以确保呼吸的流畅和有效。但是，并非所有的患者都适合进行气功康复治疗，特别是那些年老体弱或患有高血压、冠心病等疾病的患者，这些患者采用气功治疗时需要格外谨慎，特别是在逆呼吸法的练习中，如果掌握不正确可能导致不适症状，如胸闷和头晕。

3.运动强度

一般来说，中小强度的运动是较为适宜的选择。初始阶段的康复锻炼可以采用医疗体操、太极拳和推拿等形式，但必须严格控制运动强度，以确保患者的安全和适应程度。随着康复的进展，可以逐渐增加运动的强度和时间。医疗体操、太极拳和推拿等形式的康复运动可以帮助消化系统溃疡患者在较小强度下进行锻炼，促进肌肉放松和血液循环，提高免疫功能，缓解炎症和疼痛，从而有助于溃疡的康复。在该阶段，运动时需要特别注意不要过度用力,以免引起不适。随着患者康复的进展,可以考虑逐渐引入更多的运动形式,如散步和慢跑。散步是一种适宜的低强度有氧运动,每分钟 60 到 80 米的速度,每次 20 到 30 分钟,每日走完 1500 到 2000 米。慢跑可以在后续阶段进行,每分钟 90 到 100 米的速度,每次跑完 2000 到 3000 米,每日 1 次,加快心肺功能的提高,促进血液循环,增强体力,但同样需要注意不要过度运动,以免对胃部产生负担。

4.运动时间

在康复过程中,应合理控制运动时间。对于推拿疗法,每个部位的推拿时间应控制在 5 ～ 10 分钟,总时间大约在 50 分钟左右,以确保充分的按摩效果。对于其他康复项目,每次的运动时间应在 20 ～ 40 分钟之间,逐渐延长运动时间,以适应患者的体力和康复进展。

5.运动频率

针对消化系统溃疡患者的康复锻炼应确保运动频率合理,保健体操和太极拳可以每天进行 1 次或者每天 2 次,但要注意不要让总运动量过大,以免过度劳累。散步和球类运动在初始阶段可以每天进行 1 次或隔天 1 次,但随着锻炼的进行,可以逐渐增加到每天 1 次或每天 2 次。

6.注意事项

患者需要确保医疗方案的协调性,注意自己的病情状态,运动疗法并不适用于处于急性活动期或伴有穿孔、出血等严重症状的溃疡病患者。

(二)慢性胃炎患者的康复运动处方

慢性胃炎是由各种不同病因引起的胃黏膜慢性炎症,是最常见的胃病之一。

1.运动目的

康复运动旨在促进身体代谢,增强胃肠功能,减轻症状,提高整体健康。通过增加能量消耗,促进新陈代谢,刺激胃肠蠕动,有助于改善消化液分泌，增强消化吸收功能，减轻腹胀、嗳气、反酸和便秘等不适症状，提高生活质量。康复运动能够使患者增加食欲，从而促进体重增加。患者可以通过适度的运动，更好地应对慢性胃炎带来的不适，有助于缓解疾病的症状，提高整体健康水平。

2.运动类别

（1）散步。散步被认为是中老年慢性胃炎患者的一种非常合适的锻炼方式，在散步过程中，整个身体内部的器官都会微微颤动，再加上有规律的呼吸，使得腹部肌肉可以有规律地前后收缩，横膈肌也上下运动。此种微妙的内部运动有助于有效按摩肠胃，同时刺激胃黏膜分泌更多的消化液，促进胃肠蠕动，从而提高整体的胃肠消化功能。

（2）腹部按摩。腹部按摩是对慢性胃炎患者较为有益的康复方法，患者可以仰卧，用右手的掌心以顺时针方向进行腹部按摩，或者缓慢地从上腹向下腹进行按摩。简单的按摩动作有助于刺激腹部器官，特别是胃肠道的蠕动，促进胃液的分泌，从而增强食物的消化和吸收过程，从而有效减轻腹部胀痛和其他消化不适症状。

（3）体转运动。在体转运动中，患者需要站立目视前方，双臂自然下垂，双腿同肩宽的姿势下进行练习。在动作过程中，下肢需要保持固定不动，而上半身则以腰部为轴进行左右转动。同时，双手半握拳，双臂会随着上半身的转动而自然摆动。

3.运动强度

慢性胃炎患者的运动强度应该以中小强度为宜，重要的是逐渐增加运动强度，而不应盲目提高。在进行腹部按摩时，手法应由轻到重，以确保舒适感。步行的运动强度应控制在每小时 2～3 千米之间，而体转运动则应每次进行 300～400 次。

4.运动时间

初始阶段，建议每次运动时间较短，控制在 30～60 分钟之间，以减少过度劳累。随着适应的增强，可以逐渐延长运动时间。

5.运动频率

散步、太极拳和转体运动建议每天至少进行一次，如果患者身体状况允许，也可以早、晚各进行一次，以增加运动的频率和效果。腹部按摩可以每天进行 3 ～ 4 次，将按摩时间分成不同的时段，促进胃肠蠕动和胃液的分泌，从而改善消化功能。

6.注意事项

康复运动应结合控制饮食和戒除烟酒等不良习惯，以全面促进康复进程。运动时间应确保在饭后 1 ～ 1.5 小时后进行，以避免因运动干扰消化过程而引起不适或加重病情。在康复过程中，患者应密切关注和遵守医生的建议，以确保康复计划的顺利执行，从而达到最大程度地改善胃肠健康的目的。

第七章　体适能与多维健康发展的策略

在当今数字化时代，运动和健康科学在不断地发展中越发地适应新的技术变革。在体适能训练领域，数字化技术为训练的优化提供了新的策略和手段。

第一节　数字化背景下的优化体适能训练的策略

一、数字化技术与体适能结合的趋势

如今，数字化技术已经渗透到各行各业中。随着全民健身热潮的兴起，数字化与体适能的结合也愈发地紧密。现代的健身设备和应用程序不仅能够帮助人们跟踪运动成绩，还能提供实时数据，如心率、步数、热量消耗等，从而能够更好地评估身体的运动状况。借助数字化技术，人们可以更精确地调整自己的锻炼计划，确保在力量、耐力、柔韧性和平衡等方面实现全面的体适能提升。

（一）大数据分析技术

数字化技术的一大优势在于其能够处理大规模数据，并通过智能分

析以提供有益信息。对于专业训练者来说，数字化技术可以帮助他们更深入地了解运动员的身体状况和需求。分析海量数据，包括心率、运动时的身体姿势、力量输出等，使训练者可以全面地评估自身的体适能水平。有关信息可以用来制订更为精确的训练计划，针对自身的弱点和潜在的潜能进行有针对性的提高。例如，针对一名田径运动员，通过分析其速度和耐力表现的大数据，可以确定训练重点，帮助他在短跑和长跑项目上取得更好的成绩。大数据分析还有助于教练员制定个性化的战术策略，通过对运动员和对手的数据进行分析比对，教练可以更好地了解竞争对手的优势和劣势，进而指导教练员在比赛中做出更明智的战术决策。例如，在棒球比赛中选择何时换投手，以获得最佳效果。从非专业的体育运动爱好者的角度来说，大数据分析技术也具有实际应用价值，他们可以通过智能健身应用追踪自己的运动数据，包括每天的步数、热量的消耗和睡眠质量等，帮助他们更好地了解自己的身体状况和健康需求。例如，一个人可以通过应用程序了解自己一周内的运动量是否达到健康的标准，然后调整自己的运动计划，以实现体适能的目标。应用程序还可以提供专业的锻炼指导，确保运动爱好者在锻炼过程中得到最大的益处。

（二）物联网技术

物联网技术在体适能领域为运动者和训练者提供了更全面、实时的数据收集和分析手段，从而推动了体能训练的发展。物联网技术可以用于实时监测和记录运动者的生理指标，穿戴式智能设备，如智能手表、心率监测器和运动追踪器，运动员可以在训练和比赛中实时收集数据，包括心率、体温、步数、运动强度等，并且可以将数据传输到云端进行分析，训练者能够随时查看运动员的状态并做出针对性的调整。例如，如果一个马拉松选手的心率持续升高，教练可以迅速做出干预，以避免过度训练和受伤。物联网技术也为普通体育运动爱好者提供了更多的锻炼选择和个性化建议。智能健身设备可以监测用户的运动姿势和效果，并通过应用程序提供反馈和建议。例如，一款智能瑜伽垫可以检测用户的体姿是否正确，然后通过应用程序提供调整建议，以确保每个体势都得到正确练习。个性化的指导有助于提高锻炼效果，减少运动伤害。物联网技术还可以促进社交互动和竞技体育的发展，用户可以应用智能设备和应用程序，与朋友和其他运动爱好者进行竞技比拼，共同完成挑战的目标。社交互动和竞技性激励可以增加锻炼的乐趣和动力，使体适能活动更具吸引力。

（三）VR技术

VR技术在体适能领域的应用为运动者和体育爱好者提供了前所未有的沉浸式体验和教育方式，改变了传统体育教学方式，是一种能够为人们带来了更富有趣味和效果的训练方法。VR技术可以使运动者摆脱场地、天气和设备等因素的限制，随时随地进行虚拟体育活动。例如，在滑雪课程中，运动者可以穿上VR头盔，仿佛置身于高山雪坡之上，体验滑雪的刺激和乐趣，而无需亲自前往滑雪的地方。沉浸式体验不仅提高了训练的趣味性，还可以提高运动者的动力和参与度。VR技术还为体育教育提供了更多的教学工具和资源，通过虚拟现实，教练和教育者可以向学生展示复杂、多样的体育动作和策略，帮助他们更好地理解和掌握技能。例如，在篮球教学中，学生可以通过VR模拟体验如何进行投篮、传球和防守等动作，有助于提高他们的技术水平和比赛感知。

二、数字化技术在体适能训练中应用的优点

（一）体适能运动更科学

如上文提到的，数字化技术可以通过大数据分析技术，结合运动者的自身条件以及想要达到的运动效果，制定出更加科学的运动方案，有针对性地帮助运动者达到运动目的。同时，根据运动者自身体征的变化，

适时地调整运动策略和运动方案，说明了体能运动的训练可以更加科学和个性化，不再是一概而论的标准化训练。

（二）体适能运动更有针对性

在体适能运动的初期，运动者通常会快速取得明显的进展，因为他们的起点相对较低，有较大的改进空间。然而，随着训练的深入，运动者可能会遇到瓶颈期，进展变得缓慢，这时数字化技术的优势显而易见。通过大数据分析，可以追踪和记录运动者的各项体征数据，如力量、柔韧度、速度等的变化趋势，有关数据能使运动者了解自己的身体状态，同时为教练提供了更全面的信息，以制订更有针对性的训练计划。

三、数字化技术在体适能训练中的应用

在现代社会，数字化技术正在越发地成为体适能训练的强有力的助手。多元化的信息技术不仅可以捕捉和分析大量数据，从而辅助制定更有针对性的训练方案，而且还可以便捷地通过在线平台和移动设备的应用来分发训练内容和指导。

（一）数据驱动的个性化训练方案

数字化技术通过穿戴设备，如智能手环、智能运动服等，能够实时监测和记录个体的生理数据，包括心率、睡眠质量、步数、热量消耗等，帮助个体了解自己的身体状态，包括是否有潜在的健康问题以及在运动中的表现如何。例如，一个人可能会发现自己在夜间睡眠质量不佳，从而影响白天的运动表现。通过数据分析，可以进一步采取相应的措施来改善睡眠，从而提高白天的训练效果。数字化技术可以根据个体的身体成分和运动能力制定个性化的训练方案，根据智能软件及其算法，可以将个体的生理数据与训练目标相匹配，从而确定适当的运动类型、强度和频率。例如，一个人如果想要减脂增肌，数字化技术可以根据他的体

脂率、肌肉质量和运动历史，制订出适合他的锻炼计划，包括有氧运动、力量训练和饮食建议。个性化的训练方案可以提高训练效果，减少受伤风险，并增强个体的训练动力。

（二）虚拟教练与 AI 辅助教学

虚拟教练和 AI 辅助教学在体适能训练中提供了个性化的训练建议和指导，并且在多个方面提升了训练的效率和安全性。虚拟教练和 AI 辅助教学能够根据个体的身体状况、目标和进展水平提供个性化的训练方案，无论是想要增肌减脂，提高耐力还是增加力量，此类技术都能够根据个体的需求调整训练计划。例如，如果一个人的目标是减脂，虚拟教练可以制订高强度有氧运动计划，并在适当时增加力量训练，以最大程度地燃烧脂肪，提高训练效果，减少不必要的训练时间和为训练付出的努力。虚拟教练和 AI 辅助教学通过提供实时反馈来改善运动技巧和姿势，它们可以监测运动者的动作，并指出任何潜在的错误或不规范的动作，改善运动技巧，降低受伤的风险。例如，在举重训练中，虚拟教练可以监测杠铃的运动轨迹，以确保运动者姿势正确，减小对腰部或腿部损伤的风险。虚拟教练和 AI 辅助教学可以根据个体的反馈和进展动态调整训练计划，如果练习者在某个动作上表现出较高的进展，虚拟教练可以提高该动作的难度，以继续挑战个体。另一方面，如果运动者感到疲倦或出现不适，系统可以调整训练强度，确保安全和舒适。

四、体适能训练中的虚拟现实（VR）技术与增强现实（AR）技术

虚拟现实 (VR) 技术和增强现实 (AR) 技术可以为体适能训练提供更加沉浸和现实的训练环境，从而提高训练的趣味性和效果。

（一）沉浸式训练体验

沉浸式训练体验是数字化技术在体适能领域中的一项重要突破，为

训练个体提供了前所未有的训练感受。采用 VR 技术和 AR 技术，个体可以沉浸在各种运动场景中，获得更加真实和身临其境的体育锻炼体验。沉浸式训练可以让运动者在虚拟环境中进行综合性的体能训练。例如，运动者可以借助 VR 技术使自身仿佛置身于户外山地骑行、高山徒步或者深海潜水等各种运动场景中，体验到不同环境下的挑战和乐趣，激发更多的锻炼兴趣，提高训练的动力，从而更容易地坚持锻炼。沉浸式训练可以提供更加直观的反馈和指导，在虚拟环境中，运动者可以实时观察到自己的动作和姿势以及与虚拟教练的互动。实时反馈，有助于改善运动技巧，确保运动者的动作正确，降低了受伤的风险。

（二）智能化的体能测试与训练反馈

VR 技术和 AR 技术可以实时监测个体的运动姿势和动作，运动者在进行体能训练时，虚拟教练可以通过智能感知和摄像技术对运动者的动作进行全面记录和分析，包括动作的准确性、幅度、速度以及节奏等方面的数据，从而对运动者的训练姿势进行实时评估，及时纠正不规范的动作，从而提高训练效果并降低受伤的风险。智能化的体能测试可以提供更加详细和全面的身体数据，穿戴设备和传感器可以实时监测个体的心率、血压、肌肉收缩情况以及其他生理参数以便帮助运动者更好地了解他们的身体状况，评估训练的强度和效果。

（三）5G 技术与云计算在体适能训练中的应用

5G 技术的高速度和低延迟特点极大地改善了数据传输的效率，在体适能训练中，数据的及时传输至关重要，因为个体需要实时监测自己的身体状态和训练数据。5G 技术可使训练者在近乎实时的情况下获取数据，无需担心数据传输速度慢或存在延迟。所以，虚拟教练可以即时监测运动者的训练情况，及时提供反馈和调整训练方案，从而更好地指导运动者达到训练目标。云计算的应用使数据存储和分析变得更加高效和智能，大量的体适能数据需要存储和分析，以制定个性化的训练方案。云计算可以将这些数据集中存储在云端服务器中，训练者和教练可以随时随地访问和管理这些数据，无需担心数据丢失或存储空间不足的问题。同时，云计算还可以利用强大的数据分析和人工智能方式的算法，为运动者提供更准确和个性化的训练建议，从而提高训练效果。

（四）远程在线训练与指导

训练者可以结合在线平台和移动应用，随时随地连接到网络，访问训练内容和指导。无论是在家中、健身房、还是户外，个体都可以通过5G技术实时获取训练数据和反馈，与虚拟教练互动。训练者和教练可以将个体的训练数据上传到云端服务器，无需担心数据丢失或存储不足的问题。云计算可以利用大数据分析和人工智能算法，为个体制定个性化的训练方案，提供精准的训练建议，个性化的训练方案可以更好地满足个体需求，帮助他们达到训练目标。不仅如此，远程在线训练和指导可以实现全球范围内的互动和合作，个体可以与来自世界各地的虚拟教练互动，分享经验和知识。全球性的合作促进了体适能领域的交流和创新，用全球最先进的训练方法和理念使每个个体受益。

第二节　体适能与多维健康的行为改变策略

一、生活习惯

（一）日常活动的增加

增加日常活动，例如简单的步行和慢跑，对于改善体适能和多维健康具有显著的作用。日常活动的增加可以提高心肺健康，步行和慢跑等有氧运动可以增强心肺功能，提高心脏的泵血效率，使血液更好地供应给全身各个组织和器官，降低心血管疾病发生的风险，如高血压和冠心病。日常活动的增加可以使体重更加容易管理，多数人的日常生活方式以久坐的成份居多，增加简单的步行或慢跑可以消耗额外的热量，有助于维持或减轻体重。对于肥胖者来说，可以改善身体组成，减少脂肪含量，提高肌肉质量。增加日常活动对于改善骨骼健康也很重要，步行和慢跑等有重力的活动可以促进骨密度的提高，减少骨质疏松的风险，从而预防骨折和骨关节疾病。增加日常活动还有助于情绪和心理健康的改善，在锻炼过程中释放身体内的内啡肽和多巴胺等神经递质，提高娱乐情绪，减轻焦虑和抑郁情绪。此外，户外步行和慢跑也能让人放松，减轻压力。

（二）合理的作息时间

规律的作息能通过提高运动表现以确保充足的睡眠和饮食，可以使身体更好地恢复和储备能量，使运动者在训练和比赛中表现得更加出色。良好的作息有助于调整体内生物钟，确保身体在最佳状态下运转。不良的作息习惯可能导致疲劳、肌肉不适，甚至增加受伤的风险。充足的睡眠和休息时间可以帮助身体修复受损组织，减少运动伤害的发生。并且规律的作息有助于体重管理，不规律的作息可能导致食欲紊乱和代谢紊乱，增加体重波动的风险，保持一致的作息习惯可以维持正常的体重，有助于体适能的提升。规律的作息在潜移默化中影响了心理健康，睡眠不足和不规律的作息可能导致焦虑和抑郁情绪的加重。相反，规律的作息可以提供更好的精神状态，有助于应对日常生活中的各种挑战。

二、饮食习惯

（一）均衡饮食

体适能是一个综合性的概念，它不仅包括身体的力量和耐力，还包括其他方面的健康，如心血管健康、骨骼健康和免疫系统健康，均衡饮食习惯是实现综合性健康目标的基础。均衡饮食可以提供身体所需的各种营养素，主要有碳水化合物、蛋白质、脂肪、维生素和矿物质，其能有效维持身体机能，生长和修复组织。如果某种营养素摄入不足，可能会影响体适能和健康。不合理的饮食习惯，如高糖和高脂肪食物的过度摄入，可能导致体重增加，从而影响体适能。均衡饮食可以帮助控制体重，确保体重保持在适当的范围内。高盐和高胆固醇饮食可能导致高血压和心脏病，而均衡饮食可以降低这些风险，有助于维护心血管系统的健康。免疫系统需要各种营养素来正常运作，因此，良好的饮食习惯可以增强免疫系统的功能，减少疾病发生的风险。

（二）定时定量

定期进食可以帮助分散摄入能量，避免出现过度饥饿或饱腹，从而降低血糖波动的风险，稳定能量供应，提高注意力和减少对食物的渴望。固定的进食时间和食物量有助于防止过度进食，从而维持健康的体重。长期来看，可以降低肥胖和相关疾病的风险，包括心血管疾病和糖尿病。在体育锻炼前后，合理的饮食计划可以提供足够的能量和营养素，以支持训练和康复。适时的蛋白质摄入有助于肌肉的修复和生长，从而提高力量和耐力。规律的进食时间可以帮助消化器官的适应并更有效地处理食物，减少了胃肠道问题的风险，如胃灼热、胃胀和便秘。

三、运动训练

（一）个性化的运动方案

不同年龄段和健康状况的人在体能水平上存在差异，因此需要不同的训练强度和方式。一个年轻健康的个体和一个中年有高血压的个体需要完全不同的运动方案，个性化方案可以根据每个人的特点进行调整以确保训练既能够达到效果，又不会造成不必要的身体负担。当个体能够看到他们的训练方案与他们的目标和需求密切相关时，才会更有动力地去坚持训练，增加运动的乐趣和动力，从而建立长期的锻炼习惯。考虑个体的身体状况，可以避免不适当或过于激烈的训练，从而降低受伤的可能性。个性化的训练方案还可以考虑到特定的健康问题，如关节问题或慢性疾病，以确保训练的安全性。由于具体方案是根据个体特点和目标制定的，所以它们更容易引起身体适应性的变化，更加说明着运动者可以更快地提高体适能、增强力量、提高耐力和改善体形。

（二）运动的规律性与持续性

规律性的运动有助于建立稳定的体适能基础，当个体将运动纳入其日常生活并遵循一定的训练计划时，身体会逐渐适应这种规律性的刺激，以促进肌肉力量的增长、心肺功能的提高以及灵活性的增加，规律性运动还有助于控制体重，改善新陈代谢，降低慢性疾病发生的风险。持续性的运动能有效维持和改进体适能水平。体适能是一个动态的概念，需要不断地努力和维持。如果运动者中断训练或不保持一定的运动频率，体适能水平可能会下降。持续性的运动可以确保体适能水平的稳步提高，同时减少退化和康复所需的时间。

为了实现规律性和持续性的运动，个体可以制订一个详细的训练计划，包括运动的类型、强度、频率和持续时间，此计划应该与个体的体适能目标相一致，并考虑到日常生活时间的安排。可以与朋友、家人或专业教练一起锻炼，从而增加动力，互相激励，以确保规律性和持续性的运动。可将整个训练过程分解成小目标，并为每个小目标设定奖励，激发运动者的积极性。个体可以选择喜欢的运动和活动，增加对锻炼的兴趣，当个体的享受运动时，就更有可能坚持下去。

第三节　环境与设施对体适能与多维健康发展的影响及应对策略

一、环境对体适能与多维健康发展的影响以及应对策略

（一）体适能与城市交通工具的影响及应对策略

1.影响

城市交通方式对市民的体适能和多维健康产生了直接而显著的影响，一种常见的情况是，过度依赖机动车出行，如私家车或摩托车，可能会导致个体缺乏日常身体活动。机动车出行通常涉及较少的身体活动，因为个体在车内坐着，导致日常活动量的减少。随着时间的推移，缺乏活动习惯后可能导致体适能水平下降，包括心肺健康受阻、肌肉力量和耐力的减少，可能使个体更容易感到疲惫，难以执行日常任务，如爬楼梯或搬运物品。长期缺乏身体活动会导致肥胖风险明显增加，肥胖不仅对整体健康有害，还与多种慢性疾病，如糖尿病和心血管疾病等有关。过度依赖机动车出行可能会养成长时间的坐姿的习惯，容易导致心血管健康问题，如高血压和高胆固醇，进一步增加了患心脏病的风险。

2.应对策略

可以在城市里投资兴建更多的自行车共享站点，使个体更容易使用自行车，鼓励环保的骑行方式，并提供一个便捷的日常的运动选择，有助于改善心肺健康和体适能。城市规划中可以考虑增设更多的步行道和骑行道，以提供安全、便捷的环境，鼓励市民步行和骑自行车，将市区各个地点连接起来，可以使绿色出行更加吸引人。公共交通系统的改进

和推广使用能在一定程度上降低个体对机动车的依赖，更方便、高效的公共交通可以鼓励市民使用这种绿色出行方式，减少单独驾车的需求。通过教育和宣传，可以提高市民对体适能和多维健康的认识。宣传绿色出行方式的益处，以及如何在日常生活中融入更多的身体活动，可以激发个体的积极行为。城市社区可以组织集体运动活动，如团体骑行、慢跑或健身类课程，有助于增加日常身体活动量，还可以促进社交互动，提升整个身体和心理健康。综合应用有关策略，城市可以形成一个更健康和可持续的生活环境，提高市民的体适能水平，减少慢性疾病发生的风险，并提升整体生活质量。因此，需要社会与个人的相互配合、合作，共同努力，实现更加健康的城市生活方式。

（二）健身空间与环境结合

1.影响

自然环境的美丽和宁静可以使人们更愿意参与锻炼，自然中的新鲜空气、绿树成荫的景色和愉悦的氛围可以激发锻炼的动力，降低锻炼的枯燥感，从而提高锻炼愿望。在自然环境中进行锻炼，有助于缓解压力、焦虑和抑郁情绪，自然景色和大自然的声音有助于放松大脑，提升心理健康水平，使人感到更快乐和平静。自然环境为各种类型的户外运动提供了理想的场所，可以综合提高身体适能，包括有氧耐力、力量和柔韧性。结合自然环境的锻炼增强了人与自然的联系，从而促进生态意识的有效提高，同时增强了人们对大自然的尊重和欣赏。人们在自然环境中锻炼有可能会吸引其他锻炼者，从而为个体提供了社交机会，有助于建立友谊和锻炼他人，增加锻炼的社交互动。不同季节提供了不同类型的户外锻炼机会，鼓励人们尝试新的运动，增加锻炼的多样性和趣味性。

2.应对策略

提高城市的绿地率，增加城市公园和绿地的数量和面积，并且在这些区域内增设户外健身设备，如引体向上架、健身单车、仰卧起坐板等，提供免费或低成本的使用机会。创建专门的健身路径，将公园和绿地连接起来，让市民可以在户外进行漫步、慢跑、骑行等有氧锻炼。标明路径距离，帮助人们掌握自己的锻炼进度。在公共空间内引入多样化的体适能活动，如户外瑜伽、太极拳、体操等，从而吸引不同年龄和喜好的人参与，提供全面的体适能锻炼。定期组织各种户外健身活动，如周末晨练、自行车驾驶小组、登山俱乐部等，引导人们锻炼身体。举办有关体适能和户外锻炼的教育活动，向市民传授正确的锻炼方法和健康习惯，还可以通过信息宣传，鼓励人们认识到户外活动对身体和心理健康的益处。与此同时，可以鼓励家人一起参与户外锻炼，例如组织家人跑步或户外瑜伽课程，进一步培养健康的家庭生活方式。

二、设施对体适能与多维健康发展的影响以及应对策略

（一）设施完备程度

1.影响

运动设施的充足与否直接影响人们是否愿意参与体适能活动，如果附近缺乏运动场地、健身房或其他相关设施，人们可能会感到不便，从而减少锻炼的积极性。反之，如果运动场地丰富多样，容易访问，人们就更有可能定期参与锻炼，提高体适能水平。完备的运动设施通常提供了多种体适能活动的选择，不同的人可能对不同类型的锻炼感兴趣，有些人喜欢游泳，有些人喜欢打篮球，还有人可能更喜欢户外跑步或骑自行车。如果设施完备，人们可以选择符合他们兴趣和需求的锻炼方式，从而能够更有动力地坚持下去。

2.应对策略

为了提高体适能水平，社区和城市应该增加公共健身设施的数量，包括公园中的开放空间、多功能运动场地，以及配备各种健身器材的健

身角。如此一来，更多的人可以更方便地获得适合他们锻炼需求的场地和设备。设施的多样性是满足不同人群锻炼需求的关键因素，健身设施包括操场、篮球场、网球场、游泳池、健身房、瑜伽室等多种类型。个体可以根据自己的兴趣和目标选择合适的锻炼方式，增强锻炼的多样性。设施的位置在一定程度上决定了人们是否愿意去锻炼，要确保设施能够覆盖到人口密集的区域，减少前往健身设施的时间和交通成本，使得更多人能够方便利用这些设施进行锻炼。

（二）设施的安全性

1.影响

健身设施存在安全隐患时，个体在使用设施或器材时可能会面临受伤的风险，从而降低个体参与锻炼的积极性，尤其是对于那些担心受伤的人。健身设施的不安全可能会在一定程度上使人产生焦虑和担忧，担心受伤或发生事故，可能会阻止人们积极参与体适能活动，会更加影响其健康与体适能水平。

2.应对策略

为确保公共健身设施的安全性，需要建立定期的检查和维护程序。设施的管理者应定期检查器材、场地和设施的状态，及时修复或更换损坏的部件。应为使用者提供安全教育和培训，确保其正确、安全地使用设施和器材，引导其掌握如何正确使用器材，固定好正确的身体姿势，遵守安全规则等方面的知识。制定明确的安全标准和规则，并在健身设施中张贴，以提醒使用者正确使用设施和器材，以及避免潜在的危险。健身设施的管理者应派工作人员来监督设施的使用，以确保使用者遵守安全规则。在出现紧急情况时，工作人员应能够提供帮助和急救。

参考文献

[1] 姚峥嵘，陈娜，罗凤琦，等. 健康服务与管理专业导论 [M]. 南京：东南大学出版社，2021.

[2] 易锋，陈康. 互联网时代资源共享型社区公共体育发展模式研究 [M]. 苏州：苏州大学出版社，2021.

[3] 王高玲，申俊龙，钱学技. 健康管理模式与路径的新思维 [M]. 南京：南京大学出版社，2021.

[4] 金辉. 健康战略下高等公共卫生教育模式探索与实践 [M]. 南京：东南大学出版社，2020.

[5] 陈绍虎，朱玉峰. 健康管理与康复 [M]. 北京：中国轻工业出版社，2020.

[6] 李森. 国民体质与健康循证研究 [M]. 南京：南京大学出版社，2018.

[7] 王海明. 健康教育学 [M]. 重庆：重庆大学出版社，2018.

[8] 李琼. 运动与健身的益智功效 [M]. 北京：世界图书出版公司，2016.

[9] 陆学顺. 健康体适能教育在小学篮球教学中应用的实验研究 [D]. 广州：广州体育学院，2022.

[10] 刘冰. 篮球运动对青少年健康体适能及心理健康的影响研究 [D]. 北京：首都体育学院，2022.

[11] 李勇辰. 基于体适能教学平台开展羽毛球辅助教学的效果研究 [D]. 西

安：西安体育学院，2022.

[12] 于振东.大学生健康体适能的影响因素及提升策略研究[D].哈尔滨：哈尔滨师范大学，2022.

[13] 黄雅卓.羽毛球与体适能相结合的训练对少儿身体素质影响的研究[D].南昌：华东交通大学，2020.

[14] 杨嘉诚.体适能训练在少年男子业余篮球训练中应用的实验研究[D].乌鲁木齐：新疆师范大学，2019.

[15] 李梦瑜，宋雅，徐坚.慢性颈痛患者健康体适能的特征[J].中国康复理论与实践，2023，29（7）：756-760.

[16] 屈佳炜，杨椅，刘诗琪，等.加压训练对青少年肌肉适能的影响及可能机制[J].体育科技文献通报，2023，31（8）：233-239.

[17] 朱文斐，赵敏敏，王琳，等.体感游戏与有氧健身舞改善老年人健康体适能与平衡能力的效果对比研究[J].医用生物力学，2023，38（4）：784-790.

[18] 苗增强.儿童青少年基本动作能力、健康体适能、身体活动相关关系的总结与启示[J].体育科技文献通报，2023，31（7）：125-130.

[19] 林婷婷，王涛.大学生健康体适能的影响因素及提升策略研究[J].普洱学院学报，2023，39（3）：71-73.

[20] 王琳，郭嘉玮，张龙海，等.老年人身体活动、健康体适能与认知功能的相关性研究[J].福建体育科技，2023，42（3）：34-39.

[21] 李洲鹏，赵曼曼，马威.体适能对我国学校体育教学的影响探析[J].科技创新导报，2011（27）：172.

[22] 李志宏，周振华，姜六平.浅析"体适能"概念对体育教学和训练的影响[J].消费导刊，2008（7）：169，94.

[23] 贾洪洲，刘爱英.体适能解析[J].河北体育学院学报，2008（2）：73-74，94.

[24] 程娟，李建设.体适能理论进展与健康关系的相关研究[J].科技信息，

2007（22）：186-187，185.

[25] 肖夕君.体质、健康和体适能的概念及关系 [J]. 中国临床康复，2006（20）：146-148.

[26] 孙小蕊，马乐，李昊远，等.打造升级版体育公园 持续提升居民幸福感 [N].洛阳日报，2023-08-10（2）.

[27] 连晓东，卢梦琪，王信豪."智能体育"活力四射 [N]. 中国电子报，2023-07-14（1）.

[28] 王甜.体卫融合，让运动成为"良药" [N].新华日报，2023-05-10（4）.

[29] 丁媛媛."体卫融合"，构建健康新模式 [N]. 南京日报，2023-04-19（A03）.

[30] 孙惠."运动处方"诞生记 [N].中国人口报，2022-11-15（3）.